GENEVIÈVE

HISTOIRE D'UNE SERVANTE.

PAR

M. A. DE LAMARTINE.

DÉDICACE

A Mademoiselle Reine Garde

COUTURIÈRE,

AUTREFOIS SERVANTE A AIX EN PROVENCE.

PARIS.

IMPRIMERIE DE WITTERSHEIM,
RUE MONTMORENCY, 8.

1850.

GENEVIÈVE

HISTOIRE D'UNE SERVANTE.

—

PREFACE.

I.

Avant d'ouvrir par l'histoire de Genevieve cette série de récits et de dialogues à l'usage du peuple des villes et des campagnes, nous devons dire dans quel esprit ils ont été conçus, à quelle occasion ils ont été composés, et pourquoi nous dédions ce premier récit à Mlle Reine Garde, couturière et servante à Aix en Provence. Le voici.

II.

J'étais allé passer une partie de l'été de 1846 dans cette Smyrne de la France qu'on appelle Marseille, ville digne par son activité commerciale de servir d'*échelle* principale à la navigation marchande et de rendez-vous aux caravanes de feu de l'Occident, nos chemins de fer; ville digne par son goût attique pour toutes les cultures de l'esprit de s'honorer, comme la Smyrne d'Asie, des souvenirs des grands poëtes. J'étais logé hors de la ville, trop bruyante pour des malades, dans une de ces *villas*, autrefois *bastides*, sorties de terre dans toute la circonférence de son sol pour donner, avec le loisir du dimanche, la vue de ses voiles et les brises de sa mer à cette population avide de plaisirs naturels, et qui boit la poésie de son beau climat par tous les sens.

Le jardin de la petite *villa* que j'habitais ouvrait par une petite porte sur la grève sablonneuse de la mer, à l'extrémité d'une longue avenue de platanes, derrière la montagne de Notre-Dame-de-la-Garde, et tout près de la petite rivière voilée de lentisques qui sert de ceinture au beau parc et à la villa toscane ou génoise de la famille Borelli. On entendait de nos fenêtres les moindres mouvements de la vague sur les bords de son lit et sur son oreiller de sable, et quand on ouvrait la porte du jardin, on voyait les franges d'écume s'avancer presque jusqu'au mur, et se retirer alternativement comme pour tenter et pour tromper dans un jeu éternel la main qui aurait voulu se tremper dans l'onde. Je passais des heures et des heures assis sur une grosse pierre, sous un figuier, à côté de cette porte, à contempler cette lumière et ce mouvement qu'on appelle la mer. De temps en temps, une voile de pêcheur, ou la fumée rabattue comme un panache sur la cheminée d'un bateau à vapeur, glissait sur la corde de l'arc que formait le golfe, et interrompait la monotonie de l'horizon.

III.

Les jours ouvriers, cette grève était à peu près déserte; mais les dimanches, elle s'animait de groupes de marins, de portefaix riches et oisifs, et de familles des négociants de la ville qui venaient se baigner ou s'asseoir entre l'ombre du rivage et le flot. Un murmure d'hommes, de femmes et d'enfants, heureux du soleil du repos, se mêlait aux babillages des vagues légères et minces comme des lames d'acier poli sur le sable. De nombreux petits bateaux doublaient à la voile ou à la rame la pointe du cap de Notre-Dame-de-la-Garde, ombragée de pins maritimes. Ils traversaient le golfe en rasant la terre pour aller aborder sur la côte opposée. On entendait les palpitations de la voile, la cadence des huit rames, les conversations, les chants, les rires des belles bouquetières ou de ces marchandes d'oranges de Marseille, filles de Phocée, amoureuses des golfes, et qui aiment à jouer avec les écumes de leur élément natal.

IV.

A l'exception de la famille patriarcale des *Rostand*, ces grands armateurs qui unissent Smyrne, Athènes, la Syrie, l'Égypte a la France par leurs entreprises, et à qui j'avais dû tous les agréments de mon premier voyage en Orient; à l'exception de M. Miége, agent général de toute notre diplomatie maritime sur la Méditerranée; à l'exception de Joseph Autran, ce poëte oriental qui ne veut pas quitter son horizon parce qu'il préfère son soleil à la gloire, je connaissais peu de monde à Marseille. Je ne cherchais pas à connaître, je cherchais l'isolement pour le loisir et le loisir pour l'étude; j'écrivais l'histoire d'une révolution sans me douter qu'une autre révolution regardait déjà par-dessus mon épaule pour m'arracher les pages à peine terminées, et pour me remettre un autre drame de la France, non sous la plume, mais dans la main.

V.

Mais Marseille est hospitalière comme sa mer, son port et son climat. Les belles natures ouvrent les cœurs. Là où sourit le ciel, l'homme est tenté de sourire aussi. A peine étais-je installé dans ce faubourg, que les hommes lettrés, les hommes politiques, les négociants à grandes vues, les jeunes gens qui avaient un écho de mes anciennes poésies dans l'oreille, les ouvriers même, dont un grand nombre lit, écrit, étudie, chante, versifie et travaille à la fois des mains, affluèrent dans ma retraite, mais avec cette réserve délicate qui est la pudeur et la grâce de l'hospitalité. J'avais les plaisirs sans les gênes de cet empressement et de cet accueil; mes matinées à l'étude, mes journées à la solitude et à la mer, mes soirées à un petit nombre d'amis inconnus, venus de la ville pour s'entretenir de voyages, de littérature ou de commerce.

VI.

Ces questions de commerce, Marseille ne les rétrécit pas en questions de petit trafic, de mesquine épargne et de parcimonie de capital ; Marseille les voit en grand comme une dilatation et une expansion du travail français, et des matières premières de ce travail importées et exportées de l'Europe à l'Asie. Le commerce, pour les Marseillais, est une diplomatie lucrative, locale et nationale à la fois. Il y a du patriotisme dans leurs entreprises, de l'honneur sur leurs pavillons, de la politique dans leurs cargaisons. Leur commerce est une bataille éternelle qu'ils livrent à leurs risques et périls sur les flots, pour disputer l'Afrique et l'Asie aux rivaux de la France, et étendre la patrie et le nom français sur les continents opposés de la Méditerranée.

— VII —

Une rencontre inattendue donnait en ce moment une fermentation morale de plus à ces entretiens sur le commerce à Marseille. Un grand économiste, dont le nom venait de surgir nouvellement en France, et qui promettait ce qu'il tient aujourd'hui, bon sens, courage et conscience, M. Frédéric Bastiat, était à Marseille. Il y avait été appelé pour y traiter, dans des réunions publiques, la question du libre échange, cette révolution du commerce, cette liberté des dix doigts de la main contre l'arbitraire du travail. M. Bastiat, que je connaissais de nom et d'œuvre, vint me voir. Il m'engagea à assister à ces réunions. Je connaissais ces questions. Je partageais en grande partie ses opinions sur le libre échange ; je ne différais que sur l'application plus ou moins rapide et plus ou moins révolutionnaire de ses théories. Je les voulais lentes, graduées et transformatrices, pour donner au travail protégé lui-même le temps de se transformer sans périr. J'assistai à de magnifiques séances où M. Bastiat, M. Reybaud, les députés, les académiciens, les grands négociants de Marseille, luttèrent de bon sens et d'éloquence. Je fus amené à y prendre la parole. On me traita en hôte du pays ; Marseille me nationalisa par son accueil. Cette belle ville devint une patrie de reconnaissance pour moi, comme elle était déjà une patrie de mes yeux. Ces séances accomplies, je repris ma solitude et mon travail dans mon faubourg.

VIII

Un dimanche, au retour d'une longue course en mer avec Mme de Lamartine, on nous dit qu'une femme, d'un extérieur modeste et embarrassé, était arrivée par la diligence d'Aix à Marseille, et qu'elle nous attendait depuis quatre ou cinq heures dans une petite serre d'orangers qui faisait suite au salon de la villa sur le jardin. Je laissai Mme de Lamartine entrer dans la maison, et j'entrai dans l'orangerie pour recevoir cette pauvre étrangère. Je ne connaissais personne à Aix, et j'ignorais complétement le motif qui pouvait avoir amené cette voyageuse d'une patience si obstinée à nous attendre toute une demi-journée.

En entrant sous l'orangerie, je vis une femme, jeune encore, d'environ trente-six ou quarante ans. Elle était vêtue en journalière de peu d'aisance ou de peu de luxe ; une robe d'indienne rayée, déteinte et fanée ; un fichu de coton blanc sur le cou ; ses cheveux noirs proprement lissés, mais un peu poudrés, comme ses souliers, de la poussière de la route en été. Ses traits étaient beaux, gracieux, de cette molle et suave configuration asiatique qui exclut toute tension des muscles du visage, qui n'exprime que candeur et qui n'inspire qu'attrait ; de grands yeux d'un bleu noirâtre, une bouche un peu affaissée aux coins par la langueur ; un front pur de tout pli comme celui d'un enfant ; les joues pleines vers le menton et se joignant par des ondulations toutes féminines à un cou large et un peu renflé au milieu comme le cou des statues grecques ; un regard de clair de lune réfléchi dans une vague plutôt que du soleil de son pays, une expression de timidité mêlée de confiance dans l'indulgence d'autrui, émanant de l'abandon de sa propre nature. En tout l'image de la bonté qui la porte dans son attitude comme dans son cœur, et qui espère la trouver dans les autres. On voyait que cette femme, encore agréable, avait dû être très-attrayante dans sa jeunesse. Elle avait encore ce que le peuple, qui définit tout sans phrase, appelle le *grain de beauté*, ce prestige, ce rayon, cette étoile, cet aimant, ce je ne sais quoi qui fait qu'on attire, qu'on charme et qu'on retient. Son embarras et sa rougeur devant moi me donnèrent le temps de la bien regarder et de me sentir moi-même à l'aise, en paix et en bien-être avec cette inconnue. Je la priai de s'asseoir sur une des caisses d'orangers recouvertes d'une natte d'Egypte, et pour l'y encourager, je m'assis moi-même sur un e caisse en face. Elle rougissait de plus en plus, elle balbutiait, elle passait sa belle main potelée et un peu massive sur ses yeux. Elle ne savait évidemment quelle attitude prendre ni par où commencer. Je la rassurai, et je l'aidai par quelques questions pour lui ouvrir la voie de l'entretien qu'elle paraissait à la fois désirer et craindre.

IX.

— Madame... lui dis-je. — Elle rougit davantage encore.

— Je ne suis pas mariée, Monsieur, me dit-elle; je suis fille.

— Eh bien, Mademoiselle, voulez-vous me dire pourquoi vous êtes venue de si loin, et pourquoi vous avez attendu si longtemps notre retour pour m'entretenir? Est-ce que je puis vous être utile à quelque chose? Est-ce que vous avez une lettre à me remettre de la part de quelqu'un de votre pays?

— Oh! mon Dieu non, Monsieur, je n'ai rien à vous demander, et je me serais bien gardée de me procurer une lettre des messieurs de mon pays pour vous, ou de laisser connaître seulement que je venais à Marseille pour vous voir. On m'aurait prise pour une vaniteuse qui voulait se rendre plus grande qu'elle n'est en allant s'approcher des hommes qui font du bruit. Oh! ce n'est pas cela.

— Eh bien! alors, que venez-vous me dire?

— Mais rien, Monsieur!

— Comment, rien? Mais rien, cela ne vaut pas la peine de perdre deux jours pour venir d'Aix à Marseille, de m'attendre ici jusqu'au coucher du soleil, et de retourner demain d'où vous venez!

— C'est pourtant vrai, Monsieur; vous devez me trouver bien simple. Eh bien, je n'ai rien à vous dire, et je ne voudrais pas pour un trésor que l'on sût à Aix que je suis venue ici!

— Mais enfin, quelque chose vous a poussée à venir; vous n'êtes pas comme ces vagues que vous voyez, qui vont et viennent sans savoir pourquoi. Vous avez une pensée; vous paraissez spirituelle et vive; voyons, cherchez bien, quelle a été votre idée en prenant une place dans la diligence d'Aix, et en vous faisant conduire à ma porte ici?

— Eh bien, Monsieur, dit-elle en passant ses deux mains sur ses joues comme pour en faire disparaître la rougeur et l'embarras, et en rejetant ses belles boucles de cheveux noirs, humides de sueur, derrière son cou, c'est vrai, j'avais une idée, une idée qui ne me

laissait pas dormir pepuis huit jours. Je me suis dit : « Reine ! il
» faut te contenter ! Tu ne diras rien à personne, tu fermeras ta bou-
» tique le samedi soir de bonne heure, tu prendras la diligence de
» nuit, tu passeras le dimanche à Marseille, tu iras voir ce mon-
» sieur, tu repartiras pour Aix le dimanche soir, tu seras le lundi
» matin à ton ouvrage, et tout sera fini ; tu te seras contentée une
» fois dans ta vie, sans que les voisins ou voisines se doutent seule-
» ment que tu es sortie de la rue ou du cours. »

X.

— Mais pourquoi teniez-vous tant à me voir, et comment saviez-
vous seulement que j'étais ici ?

— Oh ! Monsieur, répondit-elle, voilà : Il y a un monsieur à Aix
qui est bien bon pour moi, parce que je suis couturière de ses filles
et que j'ai été autrefois servante à la campagne dans la maison de
sa mère. La famille a toujours conservé de l'amitié et des égards
pour moi, parce qu'en Provence les nobles et le pauvre peuple, ça
ne se méprise pas, au contraire, les uns en haut, les autres en bas,
mais tous de bon cœur sur le même pavé. Donc, ce monsieur et ses
demoiselles qui savent mon inclination pour la lecture, et que je
n'ai pas les moyens de me procurer des livres et les papiers, me
prêtent quelquefois la gazette quand il y a quelque chose qu'ils
pensent pouvoir m'intéresser, comme des gravures de modes, des
modèles de chapeaux de femmes, des romans bien intéressants ou
des vers comme ceux de Reboul, le boulanger de Nîmes, ou de
Jasmin, le coiffeur d'Agen, ou des vôtres, Monsieur ; car ils savent
que c'est tout mon plaisir de lire des vers, surtout des vers que
chantent bien dans l'oreille ou qui pleurent bien dans les yeux !

— Ah ! j'y suis, dis-je en souriant ; vous êtes poëte comme vos
brises qui chantent dans vos oliviers, ou comme vos rosées qui
pleurent dans vos figues ?

— Non, Monsieur, je suis couturière ; une pauvre couturière de
la rue***, à Aix, et même je ne rougis pas de vous le dire ; je ne me
fais pas plus dame que ma mère ne m'a fait ; j'ai commencé par
être domestique, et j'ai été dix-huit ans servante et bonne d'enfants
chez M. de***. Ah ! les braves gens ! Demandez-leur. Ils me regardent toujours comme étant de la famille, et moi de même. Ce n'est
que ma santé qui m'a obligée d'en sortir et de prendre l'état de couturière en gros, seule dans ma chambre avec mon chardonneret,

Mais ce n'est pas de cela qu'il s'agit. Vous me demandiez pourquoi j'étais venue, et comment j'avais su que vous étiez ici. Voilà, Monsieur :

XI.

— Il y a huit jours que je lus dans le journal de Marseille des vers superbes de M. Joseph Autran adressés à M. de Lamartine. Ces vers m'inspirèrent le désir passionné de voir la personne qui avait inspiré de si belles choses au poëte de notre province. Je demandai s'il était bien vrai que vous fussiez en ce moment à Marseille; on me dit que vous y étiez en effet. Je n'eus plus de cesse ni de repos que je n'eusse accompli mon désir. Je suis venue sans penser seulement que je n'avais ni une robe neuve, ni une coiffure décente, ni rien du costume qu'il m'aurait fallu pour me présenter chez des personnes d'une condition au-dessus de la mienne ; et maintenant que me voilà, je ne sais plus que dire, et je reste là devant vous comme une aventurière qui vient pour duper d'honnêtes gens. Je ne suis pas cela, cependant, Monsieur, soyez-en bien sûr, et la preuve, c'est qu'à présent que je vous ai vu et que vous m'avez reçue avec tant de politesse et de prévenance, je m'en vais contente sans rien vouloir de plus de vous que votre réception.

— Oh! soyez bien tranquille, Mademoiselle, lui dis-je, je ne vous ai pas prise une seule minute pour ce que vous n'êtes pas ; votre physionomie est la meilleure des recommandations. Les oreilles se laissent duper quelquefois, c'est vrai, mais les yeux ne trompent jamais; votre visage est trop transparent de candeur et de bonté pour servir de masque à une intrigante. La nature ne fait pas de si gros mensonges sur les traits. Je me sens aussi confiant avec vous, que si je vous connaissais depuis votre berceau. Mais je ne permettrai pas que vous vous en alliez ainsi sans avoir causé un peu plus amicalement avec vous, et même sans vous avoir donné un petit moment d'hospitalité à notre table de campagne. Ma femme qui s'habille pour dîner sera aussi enchantée que moi de vous accueillir. Restez la soirée avec nous, et en attendant l'heure du dîner, racontez-moi un peu comment est né en vous ce goût pour la lecture, ce sentiment de la poésie et cette passion de connaitre les hommes dont vous avez entrelu les ouvrages.

— Je le veux bien, Monsieur, dit-elle, mais ça ne sera pas long. Ma vie se compose de deux mots : Travailler et sentir.

XII.

— Je m'appelle Reine Garde ; je suis née dans un village des environs d'Aix en Provence. Je suis entrée toute jeune en condition chez Madame de ***, qui avait des jeunes demoiselles. J'ai été bonne d'enfants dans le château ; j'ai grandi avec les jeunes personnes et je les ai vues grandir. Elles me traitaient plutôt comme leur sœur que comme leur servante ; le père et la mère me traitaient presque aussi, à cause d'elles, comme un de leurs enfants. Je n'ai jamais voulu me marier pour ne pas quitter la famille. Pendant que les demoiselles faisaient leur éducation, en allant et venant dans la salle, j'attrapais un bout de leurs leçons. Je lisais dans leurs livres, enfin j'étais comme la muraille qui entend tout et qui ne dit rien. Cela fit que j'appris de moi-même à lire, à écrire, à compter, a coudre, à broder, à blanchir, à couper des robes, enfin tout ce qu'une fille apprend dans un cher apprentissage. Je leur taillais moi-même leurs habits, je les coiffais à Aix pour les soirées ou pour les bals ; elles ne trouvaient rien de bien fait que ce que j'avais fait, et, en récompense, quand elles sortaient bien belles et bien parées pour le bal, et que j'étais obligée de les attendre souvent jusqu'à des deux ou trois heures du matin dans leurs chambres pour les déshabiller à leur retour, elles me disaient : « Reine, tiens, voilà un de nos » livres qui t'amusera pendant que nous danserons. » Je le prenais, je m'asseyais toute seule au coin de leur feu et je lisais le livre toute la nuit, et puis quand j'avais fini, je le relisais encore jusqu'à ce que je l'eusse bien compris ; et quand je n'avais pas bien compris tout, à cause de ma simplicité et de mon état, je leur demandais de m'expliquer la chose, et elles se faisaient un plaisir de me satisfaire. C'est comme cela, Monsieur, que j'ai lu l'histoire de la pauvre Laurence dans votre poëme de *Jocelyn*. M'a-t-il fait pleurer, une nuit que ces demoiselles l'avaient laissé tout ouvert sur leur table ! Ah ! je disais en moi-même : Je voudrais bien connaître celui qui l'a écrit ! Vous savez, Monsieur, comme dit la complainte :

> Qui est-ce qui a fait cette chanson ?
> Un marin sous sa toile,
> Pendant qu'il carguait la voile
> En revoyant sa maison. Etc., etc.

— Oui, lui dis-je, je connais cette complainte du matelot qui signe en action sa poésie, et qui met son nom dans son dernier vers, comme Phidias l'écrivait sous la plante du pied de sa statue, ou comme Van-Dick l'écrit au pinceau sur le collier du chien de tous ses tableaux, afin que le nom de l'artiste vive autant que l'œuvre, n'est-ce pas ? Mais, continuez ; comment êtes-vous sortie de cette bonne maison et que faites-vous maintenant ?

XIII.

Elle reprit :

— Quand les demoiselles se marièrent et que leur mère vint à mourir, il fallut bien me déplacer faute de place. Je ne voulus pas rentrer en condition ; j'avais été trop heureuse dans celle-là, toutes les autres m'auraient paru dures : mon cœur n'y était plus. Le monsieur me fit une petite pension de cinquante écus en mémoire de sa femme ; les jeunes dames me dirent : « Sois tranquille, nous ne te » laisserons pas mendier ton pain. » J'avais du courage, j'étais connue et je puis bien dire estimée dans toutes les bonnes maisons d'Aix ; je louai une chambre avec une petite boutique au-dessous dans une petite rue écartée où les loyers ne sont pas chers, et je me fis couturière. Je gagne ma vie avec mon aiguille ; on m'aime bien dans l'endroit ; on me donne autant d'ouvrage que j'en peux faire ; je n'ai pas d'ambition ; je vis petitement ; je ne demande que ma nourriture et à épargner quelque petite chose pour le temps où mes yeux s'affaibliront et où je ne pourrai plus coudre aussi vite. Je vends aussi quelque petite mercerie à bon compte aux gens du quartier. J'ai mon oiseau qui me tient compagnie, ou plutôt, reprit-elle, je l'avais, car il est mort ; mais on m'en a donné un autre que j'aimerai peut-être aussi, pas tant que l'autre pourtant. Le dimanche et les jours de fête, je lis ; enfin, Monsieur, le temps ne me dure pas. Et puis on est très-bon pour moi à Aix. Croiriez-vous que des messieurs comme vous, des messieurs du quartier d'en haut, des hommes instruits, des personnes de l'Académie même, qui savent que j'aime a lecture et que j'ai même écrit dans l'occasion quelques bêtises, quelques vers pour des fêtes, pour celle-ci, ou celui-là, croiriez-vous qu'ils ne rougissent pas de s'arrêter quelquefois en passant devant ma porte, d'entrer dans ma boutique, de m'apporter tantôt un livre qu'ils me prêtent, tantôt un journal, et de causer familière-

ment avec moi comme si j'étais quelqu'un ? Ah ! c'est un bon pays
pour le monde que notre pays d'Aix ! Je ne crois pas qu'il y en ait
deux comme celui-là.

XIV.

— Ah ! vous écrivez des vers, mademoiselle Reine, lui dis-je en
souriant ; je m'en serais douté rien qu'à vos beaux yeux rêveurs. Il
n'y a jamais de ciel sans nuages ; les rêves et les vers sont les nuages
colorés de ces beaux yeux. Eh bien ! voyons ; je n'en écris plus, moi,
mais je les aime toujours, les vers, c'est le bon temps de la pensée ;
on aime toujours à y revenir. Vous souviendriez-vous par hasard
de quelques-uns de ceux que vous avez composés, et seriez-vous assez complaisante pour me les réciter en attendant le dîner ? Voyez,
la place est belle pour cela : le soleil qui se couche, la mer qui ré-
sonne dans l'oreille en roulant et en remportant à chaque vague ses
coquillages bruissant comme une jeune fille qui chante en s'accompagnant de ses castagnettes, ces orangers qui laissent tomber sous
la brise leurs gouttes de fleurs blanches sur vos cheveux noirs et un
étranger qui fut autrefois poëte, seul avec vous et assis devant vous
pour vous écouter et qui aime d'avance votre voix ; cela ne vaut-il
pas tout un auditoire d'académie à Aix ou à Marseille ou même à
Paris ?

— Je n'oserai jamais, dit Reine en levant le globe de ses yeux
vers les feuilles sombres de l'oranger, comme si elle eût cherché son
oiseau dans les branches. Ah ! non, jamais je n'oserai ! Mais, tenez,
Monsieur, j'en ai apporté là quelques-uns que j'ai écrits dans différents temps à mon loisir, pour les montrer à M. Autran, s'il m'en
demande. J'aime mieux que vous les lisiez vous-même que si je les
disais de vive voix ; cela me fera moins honte : le papier ne rougit
pas.

Et elle tira de sa poche trois ou quatre petites pièces de vers
alignés sur du gros papier et froissés par son étui, son dé et ses ciseaux dans le voyage. Pendant que je les lisais tout bas, elle s'essuyait le front avec son tablier et détournait la tête en regardant le
fond de l'orangerie, de crainte de lire quelque impression défavo-
rable sur ma figure,

XV.

J'étais étonné et touché de ce que je lisais. C'était naïf, c'était gracieux, c'était senti, c'était la palpitation tranquille du cœur, devenue harmonie dans l'oreille ; cela ressemblait à son visage modeste, pieux, tendre et doux ; vraie poésie de femme, dont l'âme cherche à tâtons, sur les cordes les plus suaves d'un instrument qu'elle ignore, l'expression de ses sentiments. Cela n'était ni déchirant, ni métallique, comme les vers de Reboul ; ni épique, ni étincelant tour-à-tour de paillettes et de larmes, comme Jasmin ; ni miguardé comme les strophes de quelques jeunes filles, prodiges gâtés en germe par l'imitation, ce *Méphistophélès* du génie naissant et avorté. C'était elle ; c'était l'air monotone et plaintif qu'une pauvre ouvrière se chante à demi-voix à elle-même en travaillant des doigts auprès de sa fenêtre pour s'encourager à l'aiguille et au fil. Il y avait des notes qui pinçaient le cœur et d'autres qui ne disaient que des airs vagues et inarticulés. L'haleine s'arrêtait à la moitié de l'aspiration, mais l'aspiration était forte, juste et pénétrante jusque dans l'âme et jusqu'au ciel. On était plus ému encore qu'étonné. C'était la poésie à l'état de premier instinct, la poésie populaire telle qu'elle est partout où elle commence dans le peuple, même quand on ne lui prête pas encore la voix de l'art. Une monotonie triste, une romance à trois notes, sept ou huit images pour exprimer l'infini.

XVI.

Je remis les papiers à Reine en lui disant la simple vérité pour toute flatterie ; c'est-à-dire qu'il y avait des choses charmantes dans ses vers, et qu'elle avait reçu véritablement de Dieu deux dons excellents : le don de sentir juste et d'exprimer gracieusement, et puis le don des dons, le don des larmes dans la voix ; mais que j'étais bien loin de lui conseiller d'imprimer encore un recueil de ses poésies, qui n'étaient, comme certaines eaux, bonnes à boire qu'à la source.

— Ah ! Monsieur, s'écria-t-elle, que me dites-vous là ? Je n'y ai jamais pensé. Moi, faire des livres ! Mon bon ange lui-même se moquerait de moi. Je n'ai écrit cela que le dimanche pour me désennuyer, au lieu d'aller à la promenade. Ces messieurs d'Aix ne le savent seulement pas. Qnand on vit toute seule comme moi dans sa chambre, on a quelquefois besoin de se parler tout haut pour se convaincre qu'on vit. Eh bien ! Monsieur, ces vers, c'est mon parler tout haut à moi seule. Lorsque je suis trop triste, je me reconsole un moment ainsi.

XVII.

— Vous êtes donc quelquefois triste? lui demandai-je avec un véritable intérêt.

— Pas souvent, Monsieur, grâce à Dieu ; je suis de bonne humeur, mais enfin tout le monde a ses peines, surtout quand on n'a ni parents, ni famille, ni mari, ni enfants, ni nièce autour de soi, et qu'on remonte le soir toute seule dans sa chambre pour se réveiller toute seule le matin, et n'entendre que les pattes de son oiseau sur les bâtons de sa cage !

Encore s'ils ne mouraient pas, Monsieur, s'ils étaient comme les perruches et les perroquets qu'on voit sur le quai du port à Marseille, et qui vivent, à ce qu'on dit, cent et un ans ! on serait sûr de ne pas manquer de compagnie jusqu'à la fin de ses jours ! Mais vous vous y attachez, et puis cela meurt ; un beau matin vous vous réveillez et vous n'entendez plus chanter votre ami près de la fenêtre ; vous l'appelez des lèvres, il ne répond pas ; vous sortez du lit, vous courez pieds nus vers la cage, et qu'est-ce que vous voyez ? Une pauvre petite bête, la tête couchée sur la planche, le bec ouvert, les yeux fermés, les pattes raides. et les ailes étendues dans sa pauvre prison ! Adieu, tout est fini ! Plus de joie, plus de chanson, plus d'amitié dans la chambre ; plus personne qui vous fête quand vous rentrez !

Ah ! c'est bien triste, Monsieur, croyez-moi ! — Et elle refoula deux larmes qui se formaient sous sa paupière.

— Vous pensez à votre chardonneret, Mademoiselle Reine? lui dis-je.

— Hélas ! oui, Monsieur, dit-elle avec honte, j'y pense toujours depuis que je l'ai perdu comme cela. Quand on n'a pas beaucoup d'amis, voyez-vous, on tient au peu que le bon Dieu nous en laisse ! Celui-là m'aimait tant ! Nous nous parlions tant, nous nous fêtions tant tous les deux! Ah! on dit que les bêtes n'ont pas d'âme! Je ne veux pas offenser le bon Dieu, mais si mon pauvre oiseau n'avait pas d'âme, avec quoi donc qu'il m'aurait tant aimée? Avec les plumes ou avec les pattes peut-être? Bah! bah! laissons dire les savants; j'espère bien qu'il y aura des arbres et des oiseaux en paradis, et je ne crois pas faire mal pour cela encore. Est-ce que le bon Dieu est un trompeur? Est-ce qu'il nous ferait aimer ce qui ne serait que mort et illusion?

— Est-ce que vous n'avez rien écrit, Reine, sur ce chagrin qui paraît tant vous serrer le cœur?

— Si, Monsieur, pas plus tard que dimanche dernier en regardant sa cage vide et le mourron séché qui y pendait encore, et en me sentant pleurer, je me suis mise à lui écrire des vers, à mon pauvre chardonneret, comme s'il avait été là pour les entendre. Mais je n'ai pas pu les finir, cela me faisait trop de mal.

— Dites-moi ces vers, ou du moins ceux dont vous vous souvenez; ici, là, peu importe; c'est le sentiment que j'en veux, ce ne sont pas les rimes.

Elle chercha un moment dans sa mémoire, puis elle dit d'une voix émue et caressante comme si elle avait parlé à l'oiseau lui-même :

VERS A MON CHARDONNERET.

Toi dont mon seul regard faisait frissonner l'aile,
    Qui m'égayais par ton babil,
Hélas! te voilà sourd à ma voix qui t'appelle,
    Cher oiseau! la saison cruelle
    De ta vie a tranché le fil!

Ne crains pas que l'oubli chez les morts t'accompagne,
    O toi, le plus doux des oiseaux!
Tu fus pendant six ans ma fidèle compagne,
    Oubliant pour moi la campagne,
    Ta mère et ton nid de roseaux!

Moi je fus avec toi si vite accoutumée!
    Nos jeux étaient mon seul loisir;
Lorsque tu me voyais dans ma chambre enfermée,
    Tu chantais, à la voix aimée,
    Mon ennui devenait plaisir!

Dans ta captivité je semblais te suffire,
        Tu comprenais mes pas, ma voix,
Mon nom même en ton chant tu savais me le dire,
        Dès que tu me voyais sourire
        Tu le gazouillais mille fois !

Oh ! notre vie à deux ! qu'elle était douce et pure,
        Oh ! qu'ensemble nous étions bien !
Le peu qu'il nous fallait pour notre nourriture,
        Je le gagnais à la couture ;
        Je pensais : mon pain est le sien !

Je variais tes grains ; puis en forme de gerbe,
        Cueillie aux bords des champs d'été,
Tu me voyais suspendre à ta cage superbe
        Un cœur de laitue, un brin d'herbe
        Entre tes barreaux becqueté !

Que ne peux-tu savoir combien je te regrette !
        Hélas ! ce fut à pareil jour
Que tu vins par ton vol égayer ma chambrette
        Où maintenant je te regrette
        Seule sous cette ombre d'amour

.   .   .   .

.   .   .   .

Et cela finissait par deux ou trois strophes plus tristes encore et
par un espoir de revoir au ciel son oiseau enseveli pieusement par
elle, dans une caisse de rosier, sur sa fenêtre, fleur qui inspirait
tous les ans au chardonneret ses plus joyeuses et ses plus amoureuses chansons. Je regrette de les avoir égarées ou déchirées en
quittant Marseille.

XVIII.

Je remerciai Reine de la complaisance qu'elle avait eue de m'ouvrir ainsi ce cœur où l'amour d'un oiseau tenait une si grande
place. Mme de Lamartine entra, l'accueillit avec cette cordialité
tendre qui enlève toute timidité à une étrangère, et la mena dîner
avec nous, sous un lentisque, où le vent de mer rafraichissait et
chantait des airs aussi doux que l'ombre du chardonneret de Reine,

dans son oreille de poète. Accoutumée à vivre avec les paysannes
de Saint-Point et de Milly, ma femme n'avait qu'à changer de
paysage pour se croire encore avec ses compagnes habituelles de
sa vie des champs. Reine l'aima du premier coup d'œil, s'y attacha par la conformité des bons cœurs, et n'a pas cessé de lui écrire
depuis, une ou deux fois chaque année, pour lui envoyer des vœux
renfermés dans de petits ouvrages à l'aiguille, de sa main.

XIX.

Après le dîner, nous allâmes nous asseoir tous les trois sur les
bancs d'une barque vide échouée au bord de la mer. Nous re-
prîmes notre conversation de vieille connaissance avec Reine
Garde, tout en jouant avec l'écume qui venait mourir contre la
quille ensablée du bateau.

— Vous aimez donc beaucoup à lire ? dit Mme de Lamartine,
et il faut que vous ayez beaucoup lu pour avoir appris ainsi toute
seule à si bien parler votre langue et à exprimer en vers si har-
monieux vos impressions.

— Oh ! oui, Madame, dit Reine ; lire est mon plus grand plaisir
après celui de prier Dieu et de travailler pour obéir à la loi de la
Providence. Quand on s'est levée avec le jour et qu'on a cousu
jusqu'à ce que l'ombre ne vous laisse plus distinguer un fil noir
d'un fil blanc, on a bien besoin de reposer un peu ses doigts
et d'occuper un peu son entendement. Nous n'avons pas de
sociétés, nous autres ; nous n'avons que quelques bonjours et
bonsoirs sur le pas de la porte, avec les voisins et les voisines, et
puis tout le monde rentre, les uns pour préparer le souper, les
autres pour coucher ou allaiter les enfants ; ceux-ci pour se
délasser en famille, ceux-là pour s'endormir et se préparer au
travail du lendemain. Il y en a aussi qui s'en vont dans les lieux
où l'on perd son temps et sa jeunesse, les guinguettes, les cabarets,
les cafés. Que voulez-vous que les pauvres filles honnêtes comme nous
fassent alors du reste de la soirée, surtout en hiver, quand les jours
sont courts ? Il faut bien lire ou devenir pierre à regarder blanchir
ses quatre murs ou fumer ses deux tisons dans le foyer !

— Mais que pouvez-vous lire ? demanda ma femme.

— Ah ! voilà le mal, Madame, répondit Reine ; il faut lire, et
on n'a rien à lire. Les livres ont été faits pour d'autres ; excepté

les évangélistes et celui qui a écrit l'Imitation de Jésus-Christ, les auteurs n'ont pas pensé à nous en les écrivant. C'est bien naturel, Madame ; chacun pense à ceux de sa condition. Les auteurs, les écrivains, les poëtes, les hommes qui ont fait des poëmes, des tragédies, des comédies, des romans, étaient tous des hommes d'une condition supérieure à la nôtre, ou du moins qui étaient sortis de notre condition obscure et laborieuse, pour s'élever à la société des rois, des reines, des princesses, des cours, des salons, des puissants, des riches, des heureux, des classes de loisir et de luxe, dans leur temps et dans leur pays.

— Ils devaient naturellement vous oublier, lui dis-je, vous laisser de côté, et s'attacher à écrire ou à chanter pour plaire aux personnes des conditions qu'ils fréquentaient ; par conséquent, ils devaient avoir leurs idées, s'élever à la hauteur de leur science et de leur goût, parler leur langue, peindre leurs mœurs. Or, cette intelligence, cette science, ce goût perfectionné, délicat et capricieux des hautes classes ; cette langue, ces mœurs, ce ne pouvait pas être les vôtres, à vous, pauvres gens, surtout au commencement et avant que l'éducation donnée au peuple vous eût apprivoisés aux belles choses. Les anciens avaient bien des esclaves, Épictète, Ésope ou Térence, qui devenaient littérateurs, philosophes et poëtes ; mais ils n'avaient pas une littérature des esclaves. Ils avaient Socrate, mais qui avait besoin d'être expliqué au peuple par Platon ; Platon qui avait besoin d'être débrouillé par des disciples encore bien savants ; Cicéron qui n'écrivait que d'après Platon et pour les Scipion, les Atticus, les lettrés les plus consommés et les plus fins de Rome ; Virgile qui récitait ses pastorales aux princesses de la cour d'Auguste, mais que les vrais bergers et les vraies bergères n'auraient pas compris ; Horace qui ne chantait que le vin, le loisir, l'amour licencieux, pendant que le peuple de son Tibur buvait ses propres sueurs avec l'eau de ses cascades. Il en buvait le murmure, lui, par ses oreilles ; mais les laboureurs, les ouvriers, les tailleurs de pierre romains n'en buvaient que l'eau claire. Ses vers étaient si contournés, et si remplis de double sens et de figures empruntées à la Grèce et à l'histoire, que le peuple de son temps ne pouvait ni le chanter ni le comprendre. Il en a été de même depuis presque partout.

— C'est vrai, dit Reine, excepté Robinson et la vie des Saints, qu'est-ce donc qui a été écrit pour nous autres ?.... Ah ! il y a encore *Télémaque* et *Paul et Virginie*, ajouta-t-elle, c'est vrai ; c'est bien amusant et bien touchant, surtout *Paul et Virginie*. Mais, cependant, *Télémaque* traite de la manière dont il faut s'y prendre pour gouverner un peuple, et cela ne nous regarde guères ; et ce livre a été écrit pour l'éducation du petit-fils d'un roi ; ce n'est pas notre état, à nous, n'est-ce pas, Madame ? Quant à l'autre, il touche bien le cœur de tout le monde ; il dit bien comment on s'aime, comment on ne peut pas vivre l'un sans l'autre, comment on désire se marier ensemble pour être heureux, et comment on est séparé par des parents ambitieux qui veulent plus de biens que de bonheur pour leurs enfants. Mais enfin, Mlle Virginie est la fille d'un général ; elle a une tante qui en veut faire une femme de qualité ; on la met au couvent pour cela ; toutes ces aventures bien belles cependant, ne sont pas les nôtres. Ce sont des tableaux de choses que nous n'avons pas vues que nous ne verrons jamais chez nous, dans nos familles, dans nos ménages, dans nos états. C'est plus haut que notre main, Madame, nous n'y pouvons pas atteindre. Qui est-ce donc qui fait des livres ou des poëmes pour nous ? Personne ! excepté ceux qui font des almanachs, mais encore qui les remplissent de niaiseries et de bons mots balayés de l'année dernière dans l'année nouvelle, ceux qui font des romans que les filles sont obligées de cacher aux mères de familles honnètes, et ceux qui font des chansons que les lèvres chastes se refusent à chanter. Je ne parle pas de M. Béranger qui en a bien, dit-on, quelques-unes sur la conscience, mais qui met maintenant la sagesse et la bonté de son âme en couplets qui sont trop beaux pour être chantés ! Ah ! quand viendra donc une bibliothèque des pauvres gens ? Qui est-ce qui nous fera la charité d'un livre ?

XX.

Elle dit cela avec un bon sens supérieur à son éducation et avec un accent si pénétré de l'indigence intellectuelle des classes auxquelles elle appartenait, que cela me fit réfléchir un moment à la vérité et à la gravité de son observation.

— J'y avais déjà pensé quelquefois, dis-je en m'adressant à ma femme et à Reine, mais jamais tant qu'en écoutant ce que vous venez de dire. C'est vrai, pourtant, le peuple qui veut s'instruire, se distraire, s'intéresser par l'imagination, s'attendrir par le sentiment, s'élever par la pensée, va mourir d'inanition ou s'enivrer de corruptions si on n'y prend garde. Il faut que la société s'en occupe,

ou il faut que Dieu suscite un génie populaire, un Homère ouvrier,
un Milton laboureur, un Tasse soldat, un Dante industriel, un
Fénelon de la chaumière, un Racine, un Corneille, un Buffon de
l'atelier, pour faire à lui seul ce que la société égoïste ou paresseuse
ne veut pas faire, un commencement de littérature, une poésie,
une sensibilité du peuple !

Je passe en revue, par la pensée en ce moment, tous les rayons
d'une bibliothèque bien composée. Je mets en idée la main sur tous
les principaux noms qui la meublent, et je cherche à y grouper une
collection de volumes qui puisse alimenter la vie intérieure d'une
honnête famille de laboureurs, de serviteurs, d'ouvriers, hommes,
femmes, enfants, jeunes filles, vieillards ; livres à laisser sur la
table et avec lesquels chacun puisse causer en silence, le dimanche
ou le soir, sans avoir besoin qu'on les traduise ou qu'on les lui
explique pour les entendre. Voyons, qu'est-ce que je trouve sous la
main ?

XXI.

— Voilà la Bible. C'est un beau livre, plein de récits populaires
comme l'enfance du genre humain ; mais plein de mystères, de
scandales de mœurs, de crimes et de férocités qui dépraveraient
l'esprit, le cœur et les mœurs, si on la jetait non commentée et
non châtiée dans les mains des enfants et dans l'inintelligence historique des masses. Voilà Homère, Platon, Sophocle, Eschyle ! Mais
ce sont d'autres époques, d'autres mœurs, une autre langue ; c'est
du grec. Rien ! Voilà Virgile, Horace, Cicéron, Juvénal, Tacite !
Mais c'est du latin ! le peuple ne le sait pas. Rien ! Voilà Milton,
Shakespeare, Pope, Dryden, lord Byron, Crabbe, surtout ! C'est de
l'anglais. Rien ! Voilà le Tasse, le Dante, Pétrarque, trois admi-
rables poëtes. Mais c'est de l'italien. Rien ! Voilà Schiller, Goëthe,
Wiéland, Gessner ! Il y a en eux de belles pages pour le peuple ;
la poésie allemande y descend parce que le peuple monte à elle.
Mais c'est en allemand. Rien ! Voilà Cervantès, Calderon, Lope de
Véga ! Mais ce sont des parodies du génie chevaleresque dont ce
temps-ci n'a pas à se corriger ; d'ailleurs c'est espagnol. Rien !
Voilà les grandes et sublimes poésies orientales, indiennes, per-
sanes, arabes. Il y a là des trésors enfouis d'imagination et de sagesse
humaine dont on pourrait monnayer les lingots pour l'humanité à
venir ! Mais c'est en persan, en arabe, en sanscrit ; il faut des mi-

neurs et des monnayeurs de ces poëmes; ils ne sont pas venus
encore. Rien!

Voilà nos vieux poëtes français; ce ne sont que romans de cheva-
lerie, aventures cyniques, rimes galantes et fades à des Amaryllis
de fantaisie ou à des beautés de cour. Rien! Voilà Pascal; des
polémiques scolastiques sur des raffinements de dogmes inintelligi-
bles au simple bon sens, ou quelques pensées sublimes d'expression, mais sublimes comme l'abîme est sublime d'inconnu, de pro-
fondeur, de désespoir! Ce livre ferait des fous s'il ne faisait pas des
anachorètes! Rien! Voilà Bossuet; langue prophétique, éloquence
biblique, histoire systématique, faisant rouler les mondes autour
d'une peuplade de désert, orateur tonnant sur la tête des rois, mais
faisant luire, avec une complaisance à la fois sévère et habile, ses
éclairs sur les cours, et ne foudroyant que le peuple, qu'il livre
corps et âme au moderne Cyrus; un choix, des fragments, des
échantillons du génie de la langue et du discours. Rien autre!
Voilà Fénelon; beaucoup à prendre dans *Télémaque* et dans les
Correspondances. L'âme religieuse, la philosophie humaine, la
grâce, l'onction, l'odeur de vertu; mais des pages et pas de livre
pour le peuple! Voilà Corneille; mais c'est un génie politique et
résumeur, qui éclate trop haut pour le cœur humain. Quelques
scènes, quelques maximes, quelques explosions en vers! Rien de
plus. Le peuple vit de détails de sentiments et non de résumés. Le
génie, pour lui, est dans l'âme; celui de Corneille est comme celui
de Tacite, dans le mot! Voilà Racine; celui-là était né pour devenir le poëte du peuple; malheureusement il n'y avait pas de
peuple de son temps. Les cours l'ont pris, qu'elles le gardent. On
ne peut extraire de lui, pour les masses, que ses deux tragédies
bibliques, *Athalie* et *Esther*, parce que là sa poésie s'est faite populaire en se faisant religieuse. Le reste est aux salons.

Voilà Voltaire! esprit encyclopédique, mais toujours esprit, bon
sens, lumière, critique, satire, finesse, raillerie, enjouement, quelquefois cynisme! Jamais âme, tendresse, amour, pitié et piété, ces
dons du génie à ceux qui souffrent. Philosophe des heureux, aris-
tocrate des intelligents, poëte de demi-jour, peu à prendre pour les
simples de cœur, lustre des bibliothèques s'éteignant dans le champ
en plein soleil, ou déplacé dans la mansarde de l'indigent!

Voilà tous nos historiens. Pas un pour le peuple depuis les chro-
niqueurs! Montesquieu, trop haut; Rollin, excellent, mais trop ser-
vile traducteur de l'antiquité et trop long pour des lecteurs qui
comptent le temps!

Voilà nos romanciers! Tous prenant leurs personnages dans les rangs élevés de la société et donnant au sentiment le jargon du salon au lieu de la langue de la nature illettrée! Rien, ou presque rien!

Voilà nos philosophes! Descartes, Malebranche, Condillac, et tous les modernes; vous pouvez les réimprimer tant que vous voudrez, je vous défie de les faire lire au peuple, parce que la philosophie du peuple ne raisonne pas, elle sent. Sa dialectique, c'est un instinct; sa logique, c'est une impression; sa conclusion, c'est une larme! Il n'y en a point là pour lui. Il ne connait de J.-J. Rousseau que les cent premières pages du *Vicaire savoyard* et quelques chapitres des *Confessions,* où il voit un horloger de génie aux prises avec ses misères et des sentiments qu'il reconnaît en lui-même. De Châteaubriand il ne lit que *René* et *Atala,* où la philosophie est délayée de larmes et où la piété est fondue dans l'amour. Rien!

Voilà nos théâtres. Ils ont été écrits pour les cours ou pour les classes exclusivement lettrées. La preuve que le peuple ne les sent pas assez faits pour lui, c'est qu'il les laisse aux scènes académiques et qu'il a inventé pour lui les mélodrames, parce que son vrai drame n'a pas encore été inventé pour lui. Rien!

Voilà nos savants! Ils sont écrits en algèbre et voilés d'une terminologie gallo-grecque qui laisse les sciences naturelles à l'état de mystères pour tout ce qui n'est pas initié. Celui qui mettra la science usuelle en langue vulgaire et sensible aux ignorants, n'est pas encore venu. Je me trompe, il commence à poindre en Angleterre dans le fils d'Herschell. Rien encore ici!

XXII.

Ainsi, de tout ce qui compose une bibliothèque complète pour un homme du monde ou pour une académie, à peine pourrait-on extraire cinq ou six volumes français à l'usage et à l'intelligence des familles illettrées à la ville ou à la campagne, et cet extrait même n'est pas fait avec le sens et dans les mœurs de cette partie négligée de la population. On lui apprend à lire, cependant, mais sans lui donner après la possibilité de lire autre chose, si ce n'est les livres faits pour d'autres lecteurs, ou les feuilles rougies de vices et de cynisme qu'on lui jette en pâture, comme on ne donnerait à un enfant des armes que pour se blesser!

XXIII.

Ces réflexions m'attristèrent profondément en regardant la figure candide et souffrante de la pauvre Reine, âme altérée cherchant en vain les sources où elle pût étancher cette soif naturelle à tous de connaître et d'aimer. Je lui dis :

— Mais, selon vous, Reine, quelle serait la bibliothèque qu'il faudrait composer pour les familles de votre condition? Voilà un catalogue; voyons, essayez de la choisir vous-même. — Nous essayâmes ensemble et nous ne pûmes jamais arriver qu'à cinq ou six ouvrages que j'ai déjà cités.

— Il faudrait les inventer, Monsieur, car décidément ils n'existent pas dans la langue. Il y a des centaines, des milliers de livres pour vous; pour nous autres il n'y a que des pages.

— Peut-être bien, lui répondis-je, que le moment de les écrire est venu en effet, car voilà que tout le monde sait lire, voilà que tout le monde, par une moralité évidemment croissante dans les masses, va donner au loisir intellectuel le temps enlevé aux vices et aux débauches d'autrefois; voilà que l'aisance générale augmente aussi par l'augmentation du travail et des industries; voilà que le gouvernement va être contraint de s'élargir et d'appeler chacun à exercer une petite part de droit, de choix, de volonté, d'intelligence appliquée au service du pays; tout cela suppose et nécessite aussi une part de temps, infiniment plus importante, consacrée à la lecture, cet enseignement solitaire dans l'intérieur de chaque famille. La pensée et l'âme vont travailler double dans toutes les classes de la société. Les livres sont les outils de ce travail moral. Il vous faut des outils adaptés à votre main.

— C'est encore vrai, dit-elle.

XXIV.

Or, pendant que le besoin de lire s'accroît par tant de motifs chez le peuple, le besoin et la faculté d'écrire s'accroissent aussi dans une égale proportion dans les classes lettrées. Pour un écrivain qu'il y avait autrefois, il y en a cent ou mille aujourd'hui.

— Pourquoi donc? me demanda-t-elle avec un air d'étonnement.

— Par la raison qui vous a fait écrire vous-même vos vers au chardonneret et vos autres petites compositions ; parce qu'il y a plus de pensée, plus de sentiment, plus d'inspiration, plus d'instruction, plus de loisir, plus de nécessité de produire dans la masse lettrée du pays, qu'il n'y en avait il y a un siècle. La révolution a défriché plus de parties incultes du sol dans l'humanité. Ce qui ne végétait pas, végète ; ce qui ne produisait pas, produit. On a semé des idées, il a poussé des intelligences.

Et puis, comme l'éducation classique s'est immensément multipliée, il est sorti d'année en année, des études, une élite de jeunes hommes de talent, de pensée, de style, qui ne savent que faire de tous ces dons, à moins d'en faire de la réputation, de la fortune, de la gloire. L'Église, qui les absorbait en grande quantité dans l'ancien régime, qui les enrichissait par ses bénéfices et ses fonctions lucratives de toute espèce, ne les absorbe plus ; l'Empire, qui les dévorait dans ses armées, ne les fauche plus en coupes réglées. Ils n'ont plus que deux carrières : les fonctions publiques ou la littérature. Ils font des journaux, des articles, des romans, des poésies, des livres. La grande multitude de ces écrivains qui se pressent ainsi aux portes de la renommée, empêche de remarquer combien il y a de talents de toute espèce noyés dans cette foule, et combien ce siècle, qu'on accuse de stérilité, comme on a accusé ainsi tous les siècles, est plein de sèves nouvelles, de vigueur, de variété, d'originalité et de génie ! Il se dépense chaque matin aujourd'hui, en France et en Europe, plus de travail et plus de talent littéraire dans les fragments qui jonchent, le soir, le pavé d'un café ou d'un cabinet littéraire, qu'il n'en faudrait pour faire un excellent livre et pour fonder la renommée d'un grand écrivain. Moi qui vous parle, je reçois, par semaine, plus de poésie, plus de politique ou plus de philosophie confidentielles par la poste, qu'un gros volume n'en contiendrait dans ses pages. La tête humaine et le cœur humain sont deux ateliers en activité et en formation plus grandes qu'ils ne l'ont été peut-être à aucune autre époque de l'humanité. Eh bien, tout ce travail intellectuel cherche naturellement son emploi. Il ne l'a pas trouvé encore, et voilà pourquoi souvent il remue, il inquiète, il menace d'explosion le pays ; mais il le trouvera, car il y a une providence des esprits comme il y a une providence des saisons, ne l'oubliez pas : Dieu ne fait pas naître plus de bouches qu'il n'y a d'épis, ni plus d'épis qu'il n'y a de bouches. Tout se correspond dans la nature intellectuelle comme dans la nature physique. Quand vous voyez apparaître un grand besoin, soyez certaine

que vous allez voir apparaître une grande force pour le satisfaire ;
et quand vous voyez naître une grande force sans emploi, soyez
sûre aussi que vous allez voir naître un grand besoin pour l'employer.

Les livres pour le peuple, aussitôt qu'on aura compris que le
peuple a besoin de lire, vont être, sous toutes les formes, l'emploi
utile, honorable et sain, de cette multitude de talents qui ont besoin
d'écrire. De même que les droits politiques prendront leur niveau
par les institutions libérales, électorales, constitutionnelles, répu-
blicaines, de même les intelligences prendront aussi leur niveau par
l'éducation, l'instruction, la littérature populaires.

— Tiens ! c'est juste, dit Reine, je n'y avais jamais pensé. Pourquoi donc, en effet, à présent que nous savons tous lire, n'écrirait-
on que pour les salons et les académies ? Est-ce que le peuple des
villes et des campagnes n'est pas un plus grand public que l'autre,
puisqu'on dit que nous sommes tant de millions de laboureurs,
d'artisans, d'ouvriers, de domestiques, de femmes et d'enfants dans
le pays ?

XXV.

— Oui, Reine, n'en doutez pas, repris-je, l'ère de la littérature
populaire approche ; et quand je dis populaire, vous m'entendez
bien, je veux dire la plus saine et la plus épurée des littératures,
car j'entends par peuple ce que Dieu, l'Évangile, la philosophie, et
non pas les démagogues, entendent par ce mot : la partie la plus
nombreuse et la plus importante par conséquent de l'humanité.
Avant dix ans, si les institutions nouvelles n'ont pas d'éclipse qui
les stérilise et qui les change en tyrannie momentanée, vous aurez
une librairie du peuple, une science du peuple, un journalisme du
peuple, une philosophie, une poésie, une histoire, des romans du
peuple, une bibliothèque appropriée aux esprits, aux cœurs, aux
loisirs, aux fortunes du peuple à tous ses degrés !

— Mais qui est-ce qui nous fera cela ? dit-elle avec une expression mêlée de joie et d'incrédulité.

— Qui est-ce qui vous fera cela ? répondis-je ; les plus grands parmi
ceux qui savent, qui pensent, qui chantent, qui écrivent. De même
que c'était un honneur, il y a quelques siècles, d'instruire les cours,
de parler aux rois, de plaire aux sommités seules alors éclairées du

monde ; de même ce sera un honneur, et une vertu bientôt, d'instruire les petits, de parler aux masses, de plaire au peuple honnête;
où le goût du bon et du beau se propagera avec l'instruction et par
la lecture. La gloire se retournera avec l'auditoire, voilà tout. Elle
était en haut, elle sera en bas. Le génie se tourne aussi toujours par
sa nature du côté où est la gloire. La gloire, ce sera alors le nom
d'un écrivain sur les lèvres de vos femmes, de vos enfants, de vos
vieillards, dans vos chaumières, dans vos mansardes, dans vos métiers! Pourquoi veut-on être lu? C'est pour être admiré quelquefois; mais plus souvent c'est pour être compris, senti et aimé de
ceux qui nous lisent. Eh bien, ne sera-t-il pas plus doux pour un
poète d'avoir ses vers dans la mémoire de trente ou quarante millions d'hommes, que dans les rayons de luxe de cinq ou six mille
bibliothèques ? Ne sera-t-il pas plus doux pour un écrivain d'être de
la famille de ces quarante millions d'hommes, sur leur table, sur
leur métier, sur leur charrue, à leur foyer, que d'avoir un siège
dans une Académie de quarante écrivains comme lui; et une pension d'une cour ou sur le budget d'un ministre ? Qu'en pensez-vous
pour vous-même; voyons, interrogez-vous? Qu'aimeriez-vous mieux,
de savoir vos vers dans la bouche d'un million de petits enfants,
récitant vos strophes à la fin de leurs prières, ou devant les genoux
de leurs mères, ou de les savoir imprimés sur beau papier et reliés
de beau maroquin sur les rayons de quelques amateurs de poésie?

— Oh! j'aime mieux la mémoire des enfants et des pauvres gens !
s'écria-t-elle ; c'est une édition vivante !

— Ajoutez : et aimante, repris-je.

— Oui, au bout du compte, il n'y a que cela, Madame, n'est-ce
pas? répondit-elle en se tournant vers ma femme. Toute gloire qui
ne se convertit pas en amitié, c'est du grain qui ne germe pas
c'est de la lumière qui ne chauffe pas; Monsieur a raison.

XXVI.

Je voulus aller plus loin et tâter le vrai goût et le vrai sentiment
littéraires dans le peuple, dans le cœur même de cette excellente
femme née parmi les domestiques et vivant parmi les artisans.

— Comment, lui demandai-je, mademoiselle Reine, concevriez-
vous la nature des ouvrages qui conviennent aux mœurs, aux sentiments, à l'esprit des personnes de votre condition? Quels seraient
les premiers et les meilleurs livres qu'il faudrait, si on en avait le

talent, composer en commençant, pour les paysans, les domesti-
tiques, les artisans, les ouvriers, leurs femmes, leurs enfants, enfin
pour tous ceux qui ont peu à lire et qui ont peu lu jusqu'à présent?

— Ah! Monsieur, je ne sais pas trop ; c'est bien difficile à dire.
On n'a pas de goût quand on ne l'a pas encore exercé.

— Mais enfin, jugez par vous-même et répondez-moi. Quel est
l'ouvrage qui enlèverait, qui attacherait, qui impressionnerait vivement et puissamment votre âme telle qu'elle est ou telle qu'elle
était avant d'avoir lu ce qu'on vous a prêté?

Serait-ce une belle philosophie à la fois religieuse et rationnelle,
établissant en maximes courtes, sublimes, claires comme des
rayons de soleil, les grands principes de la sagesse humaine et de
la vertu perfectionnée de siècle en siècle dans l'intelligence et dans
la conscience du genre humain; un catéchisme de la pensée des
hommes?

— Oui, dit-elle sans enthousiasme, cela ne ferait pas de mal.
Mais les maximes... c'est un peu froid, Monsieur, pour nous ; ce
sont des morceaux de pensées qu'on tourne et qu'on retourne bien
un moment dans ses mains pour les voir briller, mais ce ne sont
pas des personnes. Nous autres, nous ne nous attachons qu'aux
personnes, parce qu'on peut les aimer ou les haïr ; mais des pensées... ça n'aime ni ça ne hait ; c'est mort! Nous aimerions mieux
autre chose.

— Une belle histoire universelle, lui dis-je, bien claire, bien
déduite, bien racontée, ramifiée comme les branches de ce platane
devant vous, où les racines sortiraient de terre, le tronc des racines,
les branches du tronc, les rameaux des branches, et qui vous ferait
suivre de l'œil toutes les grandes familles de l'espèce humaine,
depuis les temps primitifs jusqu'à aujourd'hui, avec les progrès,
les décadences, les morts et les renaissances des races d'hommes,
des idées, des religions, des institutions, des arts, des métiers?
Cela vous irait-il?

— Pas à tous, Monsieur ; ça ferait bien tout de même pour les
jeunes gens un peu instruits et pour les vieillards curieux du
temps passé ; mais la masse, les femmes, les filles, les enfants, ne
liraient pas beaucoup ce livre. C'est trop loin de nous, cela ne nous
regarde pas, cela passe devant l'œil comme un torrent qui éblouit
et qui noie notre esprit ; nous aimerions mieux une pleine main
d'eau puisée dans une petite source à notre portée. Ce qui est
grand est grand, mais c'est comme le ciel, c'est confus ; et, comme
on dit, on n'y voit que des étoiles.

Un abrégé de toutes les sciences et de tous les arts, expliqués simplement et nettement, de manière à vous faire connaître tout ce que l'homme a découvert, inventé, imaginé, perfectionné en tout genre d'art et d'industrie, cela serait bon; cela vous donnerait une idée de vous-mêmes, un respect pour vos facultés, une espérance et un désir d'arriver toujours à mieux, une émulation de siècle à siècle, et puis cela détruirait beaucoup d'idées fausses que vous avez sur quantité de phénomènes naturels ou artificiels que vous prenez pour sortiléges?

— Oui encore; mais cela ne plairait qu'aux studieux parmi nous, et nous n'avons guère le temps d'étudier pour étudier. Et puis, quand nous aurions lu cela, que nous resterait-il dans l'âme? Un nuage de mots, de lignes, de choses, de faits et de machines, qui s'embrouilleraient dans l'esprit. Nous avons assez de notre métier, nous n'avons pas besoin de savoir les métiers de chacun.

— De beaux poèmes comme ceux de Virgile, d'Homère, du Tasse, qui racontent en vers les batailles des héros, les assauts, les incendies de villes, les destructions d'armées, les conquêtes des peuples?

— Nous ne lirions pas cela du tout, Monsieur. C'était bon du temps des Grecs et des Romains, où les nations ne pensaient qu'à se battre, et où les peuples croyaient à toutes sortes de fables, de dieux, de déesses, de gens descendus du ciel pour se battre avec ceux-ci contre ceux-là. Maintenant le peuple ne croit pas à ces imaginations de poètes; il veut que les poètes lui chantent du vrai et du bon, ou bien il n'écoute pas.

— Et de beaux romans où l'on voit des messieurs et des dames qui s'aiment, qui se parlent, qui s'écrivent des lettres d'amour, qui se trompent, qui se brouillent, qui se raccommodent, et qui finissent, après quatre volumes de malentendus et d'aventures, par se marier et par vivre riches et heureux dans un magnifique hôtel de Paris ou de Londres?

— C'est comme si on nous parlait la langue de la Chine ou du Japon, Monsieur; nous n'y comprenons absolument rien. Des romans de femmes de chambres ou de couturières, oui, nous les lirions bien avec plaisir, ceux-là; mais plût à Dieu qu'ils ne nous en fissent pas, ou qu'ils en fissent d'autres! car c'est là, Monsieur, la peste des pauvres mères de famille honnêtes! Elles sont toujours à chercher dans les poches de leurs fils ou de eurs filles, pour y surprendre ces vilains petits livres, et pour les jeter au feu. Est-il possible qu'il y ait des écrivains d'esprit qui s'amusent à jeter comme ça du poison dans de jeunes cœurs, comme on semerait de l'arsenic dans les boutons d'un bouquet pour faire respirer la mort en croyant s'embaumer la bouche! Oh! non; justement, voilà le malheur, c'est qu'on nou fait bien des livres; mais ce sont des livres contre nous. Et puis ces Mes-s sieurs parlent après des pauvres gens qui vendent leurs enfants; mais la monnaie avec laquelle on les achète, qui est-ce donc qui l'a faite, si ce n'est pas eux, avec leurs romans à deux sous ?

— Mais de simples histoires vraies et pourtant intéressantes, prises dans les foyers, dans les mœurs, dans les professions, dans les familles, dans les misères, dans les bonheurs, et presque dans le langage du peuple lui-même : espèce de miroir sans bordure de sa propre existence, où il se verrait lui-même dans toute sa naïveté et dans toute sa candeur; mais qui, au lieu de réfléchir ses grossièretés et ses vices, réfléchirait de préférence ses bons sentiments, ses travaux, ses dévouements et ses vertus, pour lui donner davantage l'estime de lui-même et l'aspiration à son perfectionnement moral et littéraire, qu'en pensez-vous ?

— Ah ! Monsieur, s'écria-t-elle, je pense que ce sont véritablement là les livres qui attacheraient les artisans, surtout les femmes et les filles des artisans. Et comme vous savez bien que c'est la femme qui est le sentiment de toute la famille, par conséquent, lorsque la femme ou la jeune fille de la maison lit un livre, c'est comme si son père et ses frères l'avaient lu. Nous sommes le cœur des logis, Monsieur; ce que nous aimons, les murailles l'aiment. L'instituteur de l'esprit est à l'école, mais l'instituteur de l'âme est au foyer. C'est la mère, la femme, la fille ou la sœur de l'ouvrier honnête qui sont ses véritables *muses,* comme on appelle ces inspirations intérieures à l'Académie de Marseille. Ce qu'elles soufflent est respiré par tous les parents et par tous les amis par-dessus tout. Ce sont elles, comme je l'ai vu tant de fois dans les soirées de famille d'ouvriers, ce sont elles qui choisissent le livre, qui allument la lampe le dimanche, et qui disent : « Je vais vous lire une histoire; écoutez-moi bien ! »

— Il faudrait, n'est-ce pas, que ces histoires fussent prises dans la condition même de ceux qui les lisent?

— Oui, Monsieur, sans cela pas d'attention; on dit. « Cela est plus haut que nous; n'y regardons pas ! »

— Il faudrait qu'elles fussent vraies !

— Oui, Monsieur. Nous n'aimons pas beaucoup les imaginations, parceque nous n'en avons pas beaucoup nous-mêmes. Nous ne nous intéressons qu'au vrai, parceque nous vivons dans les réalités, et que la vérité, c'est notre poésie, à nous.

— Il faudrait qu'elles fussent très simples et très naturelles, ces histoires; qu'il n'y eût quasi point d'événements ni d'aventures pour ressembler au courant ordinaire des choses ?

— Oui, Monsieur, parcequ'il n'y a quasi pas d'événements ni d'aventures dans notre vie et que tout consiste en deux ou trois sentiments qui forment oute notre existence.

— Il faudrait qu'elles fussent en prose, n'est-ce pas, encore ?

— Oui, Monsieur, c'est plus simple pour nous ; nous aimons qu'on nous parle comme nous parlons. Les auteurs devraient garder les vers pour les cantiques, pour les prières, ou bien comme je fais, moi, pour pleurer les morts, pour regretter les absents, pour rappeler les vieux souvenirs, pour gémir sur les séparations éternelles ; parceque les vers, voyez-vous, ça ne parle pas, ça ne raconte pas bien, mais ça pleure et ça chante, et ça crie en nous comme une voix qui ne sort pas tous les jours du cœur, mais qui n'en sort que quand il est extraordinairement frappé ou ému.

— Il faudrait que ces livres ne coûtassent presque rien à acheter, n'est-ce pas encore, afin qu'une semaine de lecture ne coûtât pas à l'artisan ou au laboureur autant qu'une soirée au cabaret ?

— Oh ! oui, surtout, dit Reine, en approuvant d'un geste de tête, il faudrait qu'un livre comme ceux dont nous parlons ne fût pas plus cher qu'une bouteille de vin, un jeu de cartes, une tasse de café ou une pipe à fumer. Alors le père ou le frère dirait : « Voilà une bouteille que je vais boire ou une pipe que je vais fumer tout seul, et il ne restera rien dans le verre ou dans la terre cuite quand ça sera fini ; et voilà à côté, pour le même prix, un volume à lire qui fera passer le temps à ma femme, à mes enfants, à moi, et qui restera à la maison après, avec du plaisir dans la mémoire, de douces larmes dans les yeux, de bons sentiments dans le cœur. Voyons, lequel faut-il acheter ? » Et il achètera le volume, Monsieur, à moins qu'il ne soit un égoïste, un homme dur ou un débauché. Et puis encore il fera un calcul tout simple, s'il calcule bien. Il dira : « Si je vais passer ma soirée hors de chez moi, dans les lieux publics, il m'en coûtera peut-être une journée ou deux de mon salaire, et si je la passe à la maison avec mes enfants et mes voisins à écouter lire un bon livre, il ne m'en coûtera rien que la chandelle, et j'aurai économisé sur mon pécule en enrichissant mon intelligence et en polissant mes mœurs. »

N'est-ce pas vrai cela ?

— Parfaitement vrai, et cette réflexion ne pouvait venir que de vous, qui savez le prix du temps de l'ouvrier. Aussi il faudrait que ses livres fussent courts, n'est-ce pas ?

— Oui, Monsieur, longs comme la durée d'une chandelle, à peu près, pas davantage ; parceque les hommes de travail n'ont guère d'autre temps à consacrer aux livres que le dimanche, et que si l'histoire n'était pas finie avant qu'on se couchât, la semaine en passant dessus le ferait oublier. On ne saurait plus où on en est, on ne se rappellerait plus le dimanche suivant les noms et les choses. Il n'y a que les gens de loisir qui peuvent lire des livres en beaucoup de volumes : ils prennent leur plaisir en gros comme leurs provisions chez l'épicier. Pour nous, nous ne pouvons les prendre qu'en détail : une once de sel, une page de sentiment, une goutte de larmes ! sou par sou, voilà le peuple : il faut le prendre comme Dieu l'a fait !

XXVII.

Cette conversation me fit venir la pensée d'essayer de remplir bien imparfaitement le programme de cette intéressante fille par quelques récits, en prose et par quelques chants populaires en vers, pour les dimanches du peuple affamé de lecture et qui n'a pas encore d'écrivains à lui. J'ai beaucoup vécu avec les paysans, avec les matelots, avec les ouvriers, avec les bons et fidèles domestiques qui font partie de nos familles ; j'ai passé bien des heures dans les chaumières, dans les casernes, sur le pont des bâtiments, sur les bords des routes, sur les montagnes avec les bergers, derrière la charrue avec le laboureur, dans les sentiers de la vigne avec les vignerons. le long des fossés des grandes routes, à causer intimement avec toutes ces intelligences naïves, simples et bonnes, dont la langue, les mœurs, les sentiments, me sont plus familiers que ceux du salon. J'ai été témoin ou confident de sept ou huit vies obscures, mais pleines d'intérêt, de douleurs ou de bonheurs cachés qui, s'ils étaient racontés comme ils ont été sentis, seraient de véritables petits poèmes vrais du cœur humain. J'en connais les sites, les événements, les acteurs. Je vais tenter de les écrire aussi simplement qu'ils m'ont été racontés. Je les publierai un à un en volumes détachés, à bas prix, sans luxe de papier ni d'impression, pour les rendre accessibles aux plus pauvres familles d'artisan. Je n'y mettrai ni prétention de style, ni effort de talent, ni esprit de système ; la nature, la nature, et encore la nature : voilà tout le génie pour ces sortes de productions. Le peuple s'en inspire de plus près encore que nous. S'il la retrouve dans ces tableaux sans art, il s'y plaira et en désirera d'autres. Des mains plus libres et plus fraîches les lui prodigueront. La littérature populaire sera ébauchée ; elle ne peut commencer et finir que par des ouvrages de sentiment, car les classes lettrées de la population sont intelligence ; mais les classes illettrées ne sont que cœur ! C'est donc par le cœur qu'il faut élever le peuple au goût et à la culture des lettres. L'évangile du sentiment est comme l'évangile de la sainteté : il doit être prêché d'abord aux simples et dans un langage aussi simple que le cœur d'un enfant !

XXVIII.

Ces idées, que je pensais tout haut devant la couturière d'Aix, me rappelèrent quelques pages que j'avais écrites quelques années avant, comme

ar ressentiment, sur la manière de concevoir et d'écrire l'histoire pour
e peuple. Je cherchai ces pages dans mon portefeuille, et je les lui lus,
Les voici :

Jusqu'à présent, on a beaucoup flatté le peuple. C'était montrer qu'on ne
l'estimait pas encore ; car on ne flatte que ceux qu'on veut séduire. Pourquoi l'a-t-on flatté ? C'est qu'on faisait du peuple un instrument et non un
but. On se disait : La force est là ; nous en avons besoin pour soulever des
gouvernements qui nous gênent, ou pour absorber des nationalités que nous
convoitons ; appelons le peuple à nous, environs-le de lui-même ; disons lui
que le droit est dans le nombre ; que sa volonté tient lieu de justice ; que
Dieu est avec les gros bataillons ; que la gloire est l'amnistie de l'histoire ;
que tous les moyens sont bons pour faire triompher les causes populaires,
et que les crimes mêmes s'effacent devant la grandeur et la sainteté des
résultats ; il nous croira, il nous suivra, il nous prêtera sa force matérielle ;
et quand, à l'aide de ses bras, de son sang, et même de ses crimes, nous
aurons déplacé la tyrannie et bouleversé l'Europe, nous licencierons le
peuple et nous lui dirons à notre tour : Tais-toi, travaille et obéis !... Voilà
comment on a transporté dans la rue les vices des cours, et donné au peuple
un tel goût d'adulation et un tel besoin de complaisance et de caresses, qu'à
l'exemple de certaines souverainetés du Bas-Empire, il n'a plus voulu qu'on
lui parlât qu'à genoux. Ce n'est pas cela ; il faut lui parler debout, il faut lui
parler de niveau, il faut lui parler en face. Il ne vaut ni plus ni moins que
les autres éléments de la nation. Le nombre n'y fait rien. Prenez un à un
chacun des individus qui composent une foule, que trouvez-vous ? Mêmes
ignorances, mêmes erreurs, mêmes passions, souvent mêmes vices qu'ailleurs. Y a-t-il de quoi s'agenouiller ? Non. Multipliez tant que vous voudrez
toutes ces ignorances, tous ces vices, toutes ces passions, toutes ces misères par
millions d'hommes, vous n'aurez pas changé leur nature ; vous n'aurez jamais
qu'une multitude. Laissons donc le nombre, et ne respectons que la vérité.

C'est devant la vérité seule qu'il faut vous placer en écrivant l'histoire à
l'usage du peuple ; et ne croyez pas que vous serez moins lu, moins écouté
et moins populaire pour cela. Le peuple a deux goûts dépravés : l'adulation et le mensonge ; mais il a deux goûts naturels : la vérité et le courage.
Il respecte ceux qui osent le braver ; ceux qui le craignent, il les méprise.
Il y a des animaux féroces qui ne dévorent que ceux qui fuient ou qui
tombent devant eux. Le peuple est comme le lion, qu'il ne faut pas aborder
de côté, mais en face, les yeux dans ses yeux, la main dans sa crinière, avec
cette familiarité ferme et confiante qui prouve qu'on se livre, mais qu'on
s'estime, et qui dit aux multitudes : Comptez-vous tant que vous voudrez ;
moi, je me sens.

Cela dit, quel point de vue choisirez-vous pour écrire cette histoire populaire? Il y en a trois principaux auxquels vous pouvez vous placer : le
point de vue de la gloire, le point de vue du patriotisme, le point de vue
de la civilisation ou de la moralité des actes que vous allez raconter. Si vous
écrivez au point de vue de la gloire, vous plairez beaucoup à une nation
guerrière, qui a été éblouie bien avant d'être éclairée, et que cet éblouis-
sement a aveuglée si souvent sur la valeur des hommes et des choses qui
brillaient dans son horizon. Si vous vous placez au point de vue exclusif de
son patriotisme, vous passionnerez beaucoup un peuple qui a pour son sublime égoïsme l'excuse même de son salut et de sa grandeur, et qui, en se
sentant si grand et si fort, a pu croire qu'il était seul, et que l'Europe se
résumait en lui. Mais ni l'un ni l'autre de ces points de vue ne vous donneront la vérité vraie, c'est à dire la vérité générale ; ils ne vous donneront
que la vérité française ; or la vérité française n'est qu'à Paris ; passez la
frontière, c'est un mensonge. Ce n'est pas à cette vérité bornée par les
limites d'une nation que vous voulez réduire l'intelligence du peuple. Que
vous reste-t-il donc à choisir? Le point de vue universel et permanent,
c'est à dire le point de vue de la moralité des actes individuels ou nationaux que vous avez à décrire. Tous les autres sont éclairés par un jour faux
ou conventionnel ; celui-là seul est éclairé par un jour complet et divin ;
celui-là seul peut guider l'incertitude des jugements humains à travers le
dédale des préjugés, des opinions, des passions, des égoïsmes personnels et
nationaux, et faire dire au peuple : Ceci est bien, ceci est mal, ceci est beau.
En un mot, si vous voulez former le jugement des masses, les arracher à
l'immorale théorie du succès, faites quelque chose qui n'a pas encore été
fait jusqu'ici : *donnez une conscience à l'histoire.* Voilà le mot du temps,
voilà l'œuvre digne du peuple et l'entreprise digne de vous! Avec un tel
procédé historique, vous plairez moins immédiatement peut-être à l'imagination passionnée des masses ; mais vous servirez mille fois plus leur cause,
leurs intérêts et leur raison. Vous trouverez partout ces trois aspects : l'aspect
purement individuel, la gloire ; l'aspect exclusivement national, le patriotisme ; enfin l'aspect moral, la civilisation. Et, en pressant le sens de chacun
des événements dans la main d'une logique rigoureuse, vous arriverez partout et toujours à ce résultat, que la gloire et le patriotisme même, séparés
de la moralité générale de l'acte, sont stériles pour la nation et pour le progrès réel du genre humain, et qu'en un mot il n'y a point de gloire contre
l'honnêteté, point de patriotisme contre l'humanité, point de succès contre
la justice.

Quel beau commentaire de la Providence qu'une histoire ainsi écrite à
l'usage des masses! et j'ajoute : quel bienfait pour le peuple, et quel gage

de sa future puissance mis ainsi dans sa main avec un pareil livre ! Apprendre au peuple par les faits, par les dévouements, par le sens caché de ces grands drames historiques où les hommes ne voient que les décorations et les acteurs, mais dont une main invisible combine le plan ; lui apprendre, dis-je, à se connaître, à se juger, à se modérer lui-même ; le rendre capable de discerner ceux qui l'éblouissent de ceux qui l'éclairent ; lui mettre la main sur chaque homme, sur chaque grand événement de sa propre histoire, et lui dire : Pèse-toi toi-même, non pas au faux poids de tes passions du jour, de tes préjugés, de tes colères, de ta vanité nationale, de ton étroit patriotisme, mais au poids juste et vrai de la conscience universelle du genre humain et de l'utilité de l'acte pour la civilisation ; le convaincre que l'histroire n'est point un hasard, une mêlée confuse d'hommes et de choses, mais une marche en avant à travers les siècles, où chaque nationalité a son poste, son rôle, son action divine assignée, où chaque classe sociale elle-même a son importance aux yeux de Dieu ; enseigner par là au peuple à se respecter lui-même pour ainsi dire religieusement, avec conscience de ce qu'il fait, à l'accomplissement progressif des grands desseins providentiels ; en un mot, lui créer un sens moral et exercer ce sens moral sur tous ces règnes, sur tous ces grands hommes et sur lui-même, j'ose dire que c'est là donner au peuple bien plus que l'empire, bien plus que le pouvoir, bien plus que le gouvernement ; c'est lui donner la conscience, le jugement et la souveraineté de lui-même ; c'est le mettre au dessus de tous les gouvernements. Le jour où il sera, en effet, digne de régner, il régnera. Les gouvernements ne sont que le moule où se jette la statue d'un peuple, et où elle prend la forme que comporte sa nature plus ou moins perfectionnée. Tel peuple, tel gouvernement, soyez-en sûr ; et quand un peuple se plaint du sien, c'est qu'il n'est pas digne d'en avoir un autre. Voilà l'arrêt que Tacite portait déjà de son temps, il est encore vrai de nos jours.

. . . .
. . . .
. . . .

XXIX.

Eh bien ! dis-je à Reine, voilà les idées que je me faisais de la littérature, histoire, poésie, philosophie, science, théâtre pour le peuple, bien avant l'époque où je vous parle. Il faut en arriver là. Rien n'est trop haut, rien n'est trop beau pour les masses. Ce sont les écrivains qui manquent au peuple ; ce ne sont pas les lecteurs qui manquent aux écrivains. Ah ! si j'avais le talent de tels ou tels écrivains de nos jours, et leur jeunesse, et leurs loisirs, et leur plume, que ne ferais-je pas dans cet ordre d'idées ! Il y a un monde nouveau à découvrir, sans aller, comme Christophe Colomb, traverser l'Atlantique. Ce monde nouveau, c'est la sensibilité et la raison des masses! La géographie de l'univers moral ne sera complète que quand ce continent populaire sera découvert, conquis et peuplé d'idées par les navigateurs de la pensée. On l'entrevoit déjà ; il ne reste qu'à l'aborder.1

— C'est bien poétique, savez-vous, pourtant, ce que vous me dites-là, Monsieur, répartit en souriant la couturière, et cependant je le comprends.

— Pardonnez-moi, lui dis-je ; je n'aurais point parlé ainsi devant une autre femme de votre état ; mais vous êtes poète aussi : vos vers m'ont fait oublier vos ciseaux! D'ailleurs, il n'y a pas besoin d'être toujours plat pour être populaire ; le peuple est un grand poète aussi, car il est l'enfant pas encore sevré de la nature, et la nature ne parlé qu'en image comme Dieu.

XXX.

Cependant la brise de la mer tombait insensiblement sur les flots pour faire place à la brise de terre, qui commençait à respirer à travers les pins maritimes de la côte ; les vagues devenaient roses à leur sommet comme les neiges quand le dernier rayon du soleil les effleure en se retirant. La nuit tombait sans que nous nous en fussions aperçus, tant nous nous trouvions à notre aise avec cette simple fille de village. La diligence d'Aix allait partir ; ma femme embrassa Reine comme une ancienne connaissance.

Elle nous remercia de notre accueil sans façon, et partit contente de sa journée, en nous assurant bien qu'elle n'en dirait rien à ses voisines le lendemain, de peur qu'on ne la crût une *intrigante*. Hélas! il suffisait de voir sa timide et candide physionomie pour qu'il fût impossible de voir en elle autre chose que ce qu'elle était, une jeune fille simple, douée d'une imagination sensible sur un immense fonds de bonté.

Au moment où elle passait le seuil de la porte du jardin pour monter dans la diligence, je la rappelai, et je lui dis : « Reine ! si jamais j'écris un ou deux de ces récits populaires dont vous m'avez donné l'idée, vous me permettrez de vous dédier le premier, n'est-pas, votre nom lui portera bonheur. »

FIN DE LA PRÉFACE.

GENEVIÈVE.

I.

L'imagination est le miroir de la nature, miroir que nous portons en nous, et dans lequel elle se peint. La plus belle imagination est le miroir le plus clair et le plus vrai, celui que nous ternissons le moins par le souffle de nos inventions, celui que nous colorons le moins par les teintes artificielles et trop souvent fausses de notre propre fantaisie que nous appelons notre génie. Le génie ne crée pas, il retrace; Dieu s'est réservé en tout la création. *Homère*, la plus vaste et la plus pathétique imagination qui ait jamais décrit la nature et fait palpiter le cœur humain, n'est qu'un copiste parfait. Ces couleurs qu'il délaie avec nos larmes sur sa palette ne sont que les couleurs que nous voyons tous et les larmes que nous versons tous. Il les a mieux vues et mieux senties, voilà son génie. Les poètes qu'on accuse d'être des assembleurs de fictions et des récitateurs de mensonges, sont les plus vrais de tous les hommes. Ils observent, ils sentent et ils écrivent; ils changent les noms de leurs personnages: voilà toute leur invention; mais si ces personnages n'étaient pas réels dans la nature, ils ne les auraient pas conçus, et s'ils ne les avaient pas conçus réellement dans leur imagination, ils ne les enfanteraient pas, ou ils n'enfanteraient que des monstres et des fantômes. Tout poème est donc une vérité.

J'ai raconté, dans les *Confidences,* quelle était l'aventure vraie que j'avais récitée ou chantée à demi-voix dans ce poème domestique de *Jocelyn.* Les ecteurs des *Confidences* connaissent le pauvre et intéressant vicaire de village à qui j'ai donné, dans mes vers, le nom de *Jocelyn ;* ils connaissent la belle et touchante enfant du château de ***, à qui j'ai donné le nom de *Laurence.* Je ne me suis guère permis d'autre altération de la vérité dans ce petit drame, tableau de cheminée, qu'on suspend à un clou de laiton dans sa chambre ou dans sa mansarde, et qu'on regarde par distraction, quand on a envie de se rappeler sa jeunesse, de rêver, de pleurer ou de prier.

Beaucoup d'oisifs, de jeunes hommes, de jeunes filles, m'ont écrit, de tous les coins du monde, à l'occasion de ce poème qui a eu le seul succès qu'il pouvait avoir, un succès de cœurs malades, une gloire d'intimité, une immortalité de coin de feu, *musa pedestris !* Tous ces cœurs touchés, toutes ces voix émues, toutes ces plumes tremblantes, me demandaient si ce drame était vrai, si *Jocelyn* avait vécu, si *Laurence* avait aimé et était morte ainsi, si je les avais connus, si j'avais eu en moi ou autour de moi les tristes et saintes confidences de leurs amours et de leurs malheurs ; s'il fallait s'y intéresser seulement comme à des personnifications imaginaires de sentiments nés de mes rêves, ou s'il fallait véritablement pleurer et prier sur leurs deux tombeaux, et s'y attacher comme à deux êtres qui avaient réellement vécu parmi nous, et qu'on pouvait espérer retrouver un jour aimants, aimés, heureux, dans une autre vie. O sainte naïveté des cœurs sensibles ! Ils ne veulent pas perdre leur sensibilité sur une fiction, et ils ont raison. Les larmes sont trop précieuses pour qu'on les répande ainsi sur des chimères, et sans qu'une ombre réelle au moins les entende tomber et les recueille là-haut. Tromper ces cœurs-là, c'est le péché contre le Saint-Esprit, le crime sans rémission des poètes, car c'est le crime contre la nature ; c'est tendre un piége à la mélancolie pour lui rire au visage ensuite ; quand elle pleure, c'est faire pleuvoir des larmes sur le sable pour arroser une illusion. C'est mal ; et cela fait souvent, souvent, un mal réel aux imaginations tendres que vous trompez ainsi. Car les âmes neuves et simples, et ce sont les plus belles, prennent souvent à cœur et au sérieux les sentiments avec lesquels le poète joue ainsi. On connaît les sept ou huit suicides que *Werther,* cette ironie de *Coëthe,* fit accomplir en Allemagne, après l'apparition de ce beau livre.

On sait que Bernardin de Saint-Pierre fut obsédé toute sa vie par des interrogations épistolaires sur *Paul* et sur *Virginie,* et que les pélerinages ont tracé un sentier au tombeau imaginaire sous les lataniers. Moi-même, dont les écrits sont bien loin d'avoir sur l'imagination de l'Europe cette contagion. J'ai eu cependant ma part de cette correspondance avec les âmes désœuvrées de mon temps. J'ai reconnu à des signes certains que j'avais touché quelquefois juste et fort. Le contre-coup a été souvent jusqu'à la passion et la colère. C'est ainsi qu'après avoir publié l'année dernière l'épisode de *Graziella*, histoire véritable où je me peins avec l'impartiale sévérité de la distance et du temps, j'ai reçu une foule de lettres signées ou anonymes, pleines de reproches sanglants, de malédictions et d'imprécations contre la dureté, la sécheresse et la légèreté de cœur dont je m'accuse moi-même dans ce récit envers cette belle et malheureuse enfant.

Après que les *Confidences* ont répondu sur *Laurence* et sur *Jocelyn*, on m'a interrogé sur les détails accessoires du drame, sur les paysages, sur les personnages secondaires, sur le tisserand, sur l'évêque, sur l'ami, sur la servante, sur le chien enfin, et sur les oiseaux ; on a voulu savoir d'où venait cette pauvre *Marthe*, et où elle était allée après la mort du curé ; et si *Marthe* était son vrai nom ; et si sa bonté et son dévouement pour son maître n'étaient pas une invention aussi du poète, une couleur grise et douce à l'œil dans le tableau, une harmonie calculée avec cette nature alpestre et cette vie sans espoir. J'ai répondu vingt fois en causant ; voici l'occasion de répondre plus explicitement, et à un plus grand nombre de curieux de sentiments. Non, Marthe n'était pas le vrai nom de la servante de Jocelyn, pas plus que *Jocelyn* n'était le vrai nom du curé de B..., pas plus que *Valneige* n'est le nom du village. Elle s'appelait et s'appelle encore *Geneviève*, car elle n'a pas suivi son jeune maître au tombeau, et je a vois encore de temps en temps dans la cour, sous les tilleuls, les jours d'été, quand je passe devant la grille de C.... Voici son histoire uniforme, courte et pâle comme une journée d'hiver qui n'a qu'une heure de soleil entre deux longs crépuscules.

Je me souviens de l'entretien dans lequel elle me la raconta, comme si c'était hier. J'ai reçu du ciel une mémoire des lieux, des visages, des accents de voix, pour laquelle le temps n'existe pas. Vingt ans pour moi c'est une nuit. Cette mémoire est celle des choses extérieures. Mais, pour les attachements, les sentiments, les coups ou les contre coups reçus une fois au cœur, je n'ai pas besoin de mémoire. Cela ne cesse pas de retentir en moi. Cela n'a pas été, cela est ; cela n'est pas un temps de la langue pour ma nature, tout y est présent. Une secousse donnée à ma faculté de sentir se perpétue et se renouvelle à tout jamais sans s'affaiblir. Le balancier de mon souvenir, sans avoir besoin d'être remonté, a toujours la même oscillation. J'ai véritablement dans ma fibre intérieure ce mystère de mouvement perpétuel que les mécaniciens cherchent vainement hors Dieu. C'est ce qui m'a donné de bonne heure la conviction et comme la sensation de l'immatérialité de l'âme et de l'infini. Je suis sûr que je ne me tromperai pas d'une circonstance, pas d'un détail, pas d'un mot, pas d'un son de voix, en me rappelant aujourd'hui pour vous ma conversation avec Geneviève. Mais, d'abord, faisons son portrait. Cela est plus difficile, car les mots disent, mais le pinceau seul peint. Je n'ai qu'une langue et point de pinceau.

Conversation avec Geneviève.

{II.

Je passai quelques jours au presbytère de B..., après la mort et la sépulture de l'abbé D..., que j'ai nommé Jocelyn dans mes vers. J'avais à y remplir les devoirs bien tristes, mais bien faciles, d'exécuteur testamentaire, et même d'héritier, car le mourant m'avait chargé de payer ses petites dettes sur la terre pendant qu'il irait en recevoir l'intérêt au Ciel. Elles avaient toutes été contractées pendant l'année de l'épidémie et de la disette, pour acheter des médicaments chez les pharmaciens, et du riz et du sucre chez les épiciers de la petite ville voisine de G..., pour les malades. Mais il y avait un inventaire à dresser, des livres à trier, des papiers à parcourir, quelques pauvres meubles et un peu de linge à vendre ou à distribuer, la servante, le chien, l'oiseau à recueillir, la maison enfin, et le jardin à mettre en ordre et en culture, afin que tout présentât un air de décence, de soin et de propreté aux yeux du vicaire qui viendrait occuper sa place, et qu'aucune mauvaise herbe, aucun brin de paille ou aucune plume oubliés par la négligence ne souillassent le nid d'où le cygne des neiges s'était envolé.

Pendant ces journées employées à ces soins pieux pour la mémoire de mon ami, je n'avais d'autre compagnie que *Geneviève*. Elle allait et venait tout le jour, de la cour au jardin, du puits au bûcher, de la cave au grenier, de la cuisine à la salle, de la niche du chien au pigeonnier, à la cage des poules, des colombes et des oiseaux. Elle prenait la bêche et le rateau dans les carrés du jardin, pour sarcler quelques choux et les laitues, ou pour niveler un peu les allées dont le sable s'était incrusté de mousse verdâtre pendant la maladie de Jocelyn; elle jetait bientôt ces outils de jardinage pour prendre le balai et pour nettoyer de la moindre poussière les recoins les plus reculés de l'escalier ou des corridors; puis elle déposait le balai pour prendre l'époussetoir et pour épousseter et frotter les meubles et les jambages de pierre des cheminées, jusqu'à ce que le noyer des armoires et l'épiderme ciré des tables de sapin devinssent des miroirs où son bras se réfléchissait; puis elle laissait encore les meubles et reprenait le fil et l'aiguille pour faire des reprises aux chasubles, aux nappes d'autel, aux petites serviettes fines avec lesquelles le prêtre essuie les bords du calice après qu'il a bu le vin mystique; puis elle se relevait comme en sursaut de sa chaise, jetait sur le bras le linge de la sacristie et, allait rallumer le feu, écumer la marmite de terre du foyer, ouvrir la porte de la cour et regarder du côté de la sacristie pour voir si son maître ne revenait pas comme à l'ordinaire pour l'heure du repas. Le chien, qui sortait avec elle, allait en flairant jusqu'à la fosse fraîchement recouverte de terre. Il jetait deux ou trois hurlements au bord de la fosse pour éveiller [son maître. Il revenait lentement, en s'arrêtant et en se retournant souvent, la tête basse, l'œil consterné, les oreilles dressées, l'une en avant, l'autre en arrière, comme étonné de ne pas ramener derrière lui quelqu'un qu'on attendait toujours. Geneviève alors appelait le chien, d'un accent de triste impatience, le faisait rentrer dans la cour, et remontait elle-même, les yeux rouges, l'escalier extérieur.

Pendant quelques minutes on n'entendait plus son pas dans la maison. Elle pleurait seule dans la cuisine, puis elle ressortait pour aller faucher de l'herbe à la chèvre. On eût dit qu'un esprit inquiet la chassait d'une place à l'autre comme pour chercher malgré elle quelque chose qu'elle ne trouvait plus nulle part. Oh! Dieu seul connaît le vide que la disparition d'un solitaire creuse dans le cœur d'une pauvre femme, d'un seul ami, d'un chien, d'une cage d'oiseau, d'un jardin et de la nature même, vivants ou morts dans le petit cercle immédiat autour de lui! Pendant que personne ne se doute qu'il manque un souffle au monde, il manque l'air et la vie à deux ou trois êtres qui vivaient de l'être évanoui! Tout se tient dans ce ciment de vieilles et chères habitudes; ôtez un grain de sable, le mur s'écroule, le mur écroulé, que devient la mousse qui le drapait; la mousse séchée? que deviennent le nid de l'insecte et la fente du lézard? Autour du cœur de l'homme le plus isolé, il y a un monde invisible qui vivait de lui. Quand ce cœur est froid, que devient-il?... Ce que devenait la servante, une âme en peine, un regard sans voir, un pas éternel sans but, une activité sans repos, une vie machinale, une mort qui vit. Telle était Geneviève.

III.

J'ai toujours contemplé avec un pieux respect et avec un sourire d'attendrissement ce qu'on appelait l'esclave ou l'affranchi dans l'antiquité, la nourrice en Grèce, ou dans le moyen âge le *domestique*, c'est à dire la partie vivante de la maison, *domus* en France, la *famille* en Italie et en Espagne, véritable nom de la domesticité, car le domestique n'est, au fond, que le complément, l'extension de cette chère et tendre unité de l'association humaine qu'on appelle la famille; c'est la famille moins le sang, c'est la famille d'adoption, c'est la famille viagère, temporaire, annuelle, la famille à gages, si vous voulez ; mais c'est la famille souvent aussi incorporée, aussi aimante, aussi désintéressée, aussi payée par un salaire de sentiments, aussi dévouée à la considération, à l'honneur, à l'intérêt, à la perpétuité de la maison, que la maison même ; que dis-je ? souvent bien plus. J'ai été frappé de bonne heure de cette phrase de l'historien des proscriptions sanglantes du triumvirat romain d'*Octave*, d'*Antoine* et de *Lépide*. Il raconte les spoliations, les massacres, les fuites nocturnes, les refuges cherchés dans les antres, dans les forêts, chez les amis ; les ingratitudes, les lâchetés, les perfidies, les ventes des proscrits par ceux chez qui ils cherchaient l'hospitalité, le secret, le salut ; les victimes attirées aux piéges, marchandées, vendues, livrées par les délateurs au glaive des bourreaux d'Octave, et il termine cette énumération de ces trois ou quatre mille assassinats par ce résumé, qu'on n'a pas assez lu quand on apprécie la nature humaine, non au cœur, mais à la condition sociale :

« Chose éternellement notable, dit Velleius Paterculus, pendant ces « proscriptions, la fidélité des mères et des femmes fut complète et sublime ; « celle des affranchis, douteuse et médiocre ; celle des fils, nulle : beau « coup trahirent par cupidité leurs pères ; celle des esclaves domestiques, admirable et presque générale. »

Ainsi fut-il pendant les proscriptions françaises de 1793 et 1794 ; sur dix proscrits, neuf furent cachés par les dévouements domestiques. La famille fut sauvée par les serviteurs. L'humanité devrait un monument éternel à la domesticité. Et le cœur des familles, des enfants, des vieillards, que ne lui doit il pas ? Et la politique elle-même, que ne lui devrait-elle pas, si elle savait considérer le domestique à sa vraie place dans la civilisation ?

Aussi, pendant le peu de jours que j'ai passés au pouvoir, quand il a été question, dans les conseils de gouvernement, de donner ou de retirer le droit électoral aux domestiques, j'ai été bien loin d'imiter à leur égard le stupide rigorisme de la Convention, qui excluait du droit de citoyen et de suffrage les individus en état de domesticité : législation brutale et aveugle, qui refaisait des esclaves là où la nature a fait plus que des hommes libres : des enfants, des fils, des frères, des amis d'adoption. J'ai dit : Honorez le domestique, vous fortifierez la famille, ce pivot de toute démocratie morale ; car le domestique est à la famille ce que la cour intérieure est à la maison. Voulez-vous donner des millions de voix à la sainte influence de la famille ? voulez-vous que vos élections soient inspirées par l'esprit de famille ? voulez-vous que les intérêts de conservation prévalent sur l'esprit de désordre ? voulez-vous contrebalancer par un suffrage réfléchi, religieux, coïntéressé au sol et aux murs, les suffrages irréfléchis, turbulents, tumultueux de ces masses flottantes qui fermentent ou divaguent sur la surface de vos popula-

tions ? voulez-vous faire plus ? voulez-vous mettre du cœur dans vos institutions électorales, et donner au sentiment le rôle qu'il a dans la nature
humaine et qu'il doit avoir dans une législation populaire ? Donnez le suffrage aux domestiques ; vous donnerez ainsi dix voix pour une au père de
de famille ; vous donnerez une voix aux femmes, aux vieillards, aux enfants,
à la propriété, aux mœurs, aux habitudes ; une voix à la maison ! C'est le
suffrage électoral donné aux habitués du foyer qui sera le salutaire correctif
des abus et des égarements du suffrage universel dépaysé. Si l'aristocratie
antique ne l'avait pas compris, c'est qu'elle n'avait que des esclaves ; si la
féodalité ne l'avait compris, c'est qu'elle n'avait que des serfs, et que nous,
nous avons une domesticité libre, c'est à dire des serviteurs, des hommes et
des femmes greffés sur le tronc de la famille par la cohabitation, par l'attachement mutuel, par la fidélité, égale souvent à celle des filles ou des fils.
Car, s'il y a des liens dans le sang, il y en a de presque aussi forts dans la
flamme du même foyer.

La domesticité dans le moyen-âge donna les mêmes preuves de parenté et
de dévouement à la famille que le vieux serviteur *Eumée* en donne, dans
Homère, au fils de la maison, *Ulysse*, visitant ses foyers usurpés. Il y a dans
la belle et pathétique histoire de Marie Stuart, par M. Dargaud, œuvre iné-
dite et qui paraîtra bientôt, un récit d'une servante ou *nourrice*, comme
on les appelait alors, que je n'ai jamais lu sans bénir et sans glorifier dans
mon cœur la domesticité. Le voici :

« Le duc de Norfolk, parent et héritier du trône de la reine Élisabeth,
se prend d'amour pour la Cléopâtre moderne, pour la captive d'*Holyrood*,
pour la belle et infortunée Marie Stuart, reine d'Écosse. Il conspire avec
ses vassaux pour l'enlever de son cachot et pour lui rendre un trône avec
son cœur. Élisabeth découvre le mystère de ces amours, rompt la trame,
arrête Norfolk et le fait condamner à avoir la tête tranchée sur un échafaud
dressé dans la Tour de Londres. Le duc, accompagné de ses amis, à qui il
était permis alors de faire cortége au mourant, s'avance fièrement vers le
lieu du supplice. Arrivé au pied de l'échafaud, il a soif et demande à boire.

« Une femme âgée et voilée, qui l'avait suivi tout en pleurs, dit l'histo-
« rien, lui présente une coupe que le duc reconnut aussitôt. C'était sa
« propre coupe, celle de ses ancêtres, et cette femme, prévoyante et atten-
« tive jusqu'à la mort était sa nourrice, la servante de ses châteaux. Elle
« versa de l'ale dans la coupe, le mourant y trempa ses lèvres. Lorsqu'il
« rendit la coupe vide à la pauvre femme, elle saisit et baisa en pleurant
« la main de son maître. Que Dieu te bénisse ! lui dit le duc, et que nos
« enfants te vénèrent à cause de ce que tu as fait ! Puis comme il sentit
« qu'il s'attendrissait à l'heure où l'homme a besoin de sa force, il monta

« rapidement les degrés de l'échafaud, appuyé sur le bras du doyen de
» Saint-Paul. »

L'antiquité n'a rien de plus naïf et rien de plus touchant que cette coupe
reconnue à l'heure où on laisse tout sur la terre, et cette main de servante
tendant au Seigneur la coupe de l'échafaud.

IV.

Geneviève paraissait avoir trente-cinq ou quarante ans à cette époque.
L'âge n'était pas lisible sur ses traits usés par la fatigue. On sentait que la
misère avait soufflé là de bonne heure, comme la bise qui gèle une plante
au printemps, et qui la laisse plutôt languir que vivre le reste de sa saison.
Elle était grande, mais un peu voûtée, et la poitrine très enfoncée et très
creuse par l'attitude habituelle d'une fille qui coud du matin au soir. Ses
bras étaient maigres, ses doigts longs et effilés ; bien que ses mains fussent
d'une blancheur et d'une propreté parfaite, l'ongle du troisième doigt de la
main droite était cerné à l'extrémité par une tache bleuâtre : c'était la
trace du dé de cuivre qu'elle portait presque toujours, et qui avait déteint
sur sa peau. Elle portait le costume des paysannes de ces montagnes : une
robe de grosse laine bleue galonnée sur les coutures d'un passe-poil de ve-
lours amarante. Une coiffe blanche, bordée de dentelles très larges qui
battaient ses joues, laissait à peine apercevoir les racines de ses cheveux,
relevés sur les tempes et cachés sous sa coiffe. Ses traits délicats et maladifs
n'avaient aucune carnation. Sous sa peau fine et transparente, on ne voyait
ni rougir ni circuler aucun sang ; les petites veines bleues qui se ramifiaient
sur ses tempes étaient aplaties comme des canaux que la sève, un peu tarie,
n'a pas la force de gonfler. Ses joues étaient à peine revêtues d'un épiderme imperceptiblement ridé par le frisson habituel de la peau dans cet
air des neiges. Ses yeux, frangés de très longs cils noirs, étaient largement
fondus, quoique profondément encaissés sous les paupières. Ils étaient bordés au dessous d'un ourlet noir, comme des yeux qui ont beaucoup veillé et
beaucoup pleuré. Leur couleur était un bleu pâle sans aucun éclat ; ils se
laissaient regarder sans mouvement, comme de l'eau à l'ombre ; on voyait
jusqu'au fond, et l'on n'y voyait que simplicité, sensibilité et langueur. Ces
beaux jeunes yeux de femme de haute et fine race avaient l'air dépaysés
dans le cadre d'un visage déjà vieilli et fané. Ses lèvres un peu grosses et
déprimées vers les coins étaient légèrement plissées quand elle les fermait.
Mais, aussitôt qu'elles s'ouvraient, soit pour parler à ses oiseaux, soit pour
saluer les pauvres femmes du village qui passaient en l'appelant sous sa fenêtre,
ses lèvres détendues laissaient voir des dents blanches comme les cailloux
de la fontaine, et un sourire où la mélancolie se fondait dans la bonté.

Toute l'expression de ce visage était dans cette bouche par où son cœur semblait s'ouvrir et se répandre sur tous les traits. Le timbre de sa voix révélait ce tremblement intérieur d'une fibre brisée par une perpétuelle émotion du cœur. C'était une complainte d'accents qui semblait toujours chanter en parlant.

Cette voix reposait et touchait à la fois. Je n'en ai jamais entendu de pareille que dans les châlets du *Valais* en demandant autrefois mon chemin ou du lait aux vieilles femmes des montagnes. Les passions et les continuels commérages des villes donnent quelque chose de dur et de rauque à la voix des femmes; la solitude et la sérénité des montagnes la rendent douce comme un soupir, accentuée comme un sentiment, sonore et timbrée comme une cloche dans le lointain à travers les bois. Telle était la voix de Geneviève. Pendant que je lisais dans le jardin, sans qu'elle me vît, je ne me lassais pas de l'entendre parler à ses poules, ou chanter à demi-voix en tricotant près de la fenêtre, pour distraire les oiseaux, qui lui répondaient.

V.

Au bout de huit ou dix jours, elle s'était tellement accoutumée à ma présence dans la maison que je ne lui inspirais plus aucun embarras. Elle savait que j'avais été l'ami le plus cher de son maître. Elle reportait tout naturellement sur moi l'attachement respectueux qu'elle avait pour lui. D'ailleurs elle avait besoin de servir quelqu'un et d'aimer celui qu'elle servait. Tout son service n'était qu'inclination naturelle et satisfaite à obliger. Elle se rendait heureuse elle-même en prévenant les moindres désirs de ceux auxquels son état de servante la dévouait moins encore que son cœur. Ma jeunesse aussi l'intéressait; elle était fier de remplacer autant qu'elle pouvait son maître mort dans l'accueil qu'il aurait fait vivant à ce jeune homme pour qui elle connaissait sa tendresse. Elle tenait à l'honneur de la maison et à la grâce de l'hospitalité, même après que la maison était vide et que l'hôte était parti pour un autre séjour. Elle s'empressait à tout. Elle savait par son maître la simplicité de mes goûts. Jamais, chez ma propre mère, ils n'avaient été si complétement et si gracieusement prévenus par les bonnes femmes du ménage ou du jardin. Jamais les livres et les papiers n'avaient été plus religieusement retrouvés à leur pli ou à leur page marquées sur ma table de bois; jamais les tisons dormant le jour sous la cendre n'avaient été plus soigneusement rapprochés le soir, pour donner une douce tiédeur à la veillée; jamais mes chiens n'avaient eu une natte de paille plus épaisse pour se coucher au pied de mon lit, ni une eau plus limpide pour boire dans une jatte de terre vernie; jamais je n'avais trouvé plus exactement, au retour de mes longues chasses dans les bois, la farine de maïs bouillotant à petit feu dans la marmite sous sa croûte dorée, la pomme de terre sous la cendre, le choux, la rave, la courge du jardin cuits au four, et le pain de seigle plus savoureux et plus frais sous la serviette de chanvre écru dans la huche; jamais le beurre ou le miel de la plaine n'avaient été si jaunes, si onctueux, si attentivement battus dans l'étable ou si proprement servis dans le rayon de cire. C'était le régime auquel j'avais été habitué à la campagne, pendant mon enfance, chez une mère sobre et tendre, le régime des Chartreux assaisonné par la tendresse et par la grâce de la femme.

VI.

Selon l'habitude de ces montagnes, nous prenions nos repas du soir dans la cuisine, sur la seule table de noyer massif longue et étroite qu'il y eût dans la maison. A l'extrémité de cette table, Geneviève, comme du temps de son maître, étendait la nappe, mettait mon assiette, mon couvert d'étain, et posait les plats, le pain et le vin. Je m'asseyais sur un des bancs de bois qui règnent des deux côtés de la table. A l'autre bout il n'y avait point de nappe, il n'y avait qu'une écuelle et une assiette de terre dans lesquelles la servante prenait sa soupe et sa portion de lard, de courge, de salade ou de choux en même temps que moi; mais, selon les rites du pays, elle mangeait debout, son écuelle à la main, continuant à me servir, allant et venant, comme le reste du jour, dans la cuisine, attisant le foyer, battant le beurre, grillant les châtaignes, jetant des morceaux de son pain au chien qui l'épiait, assis devant son tablier, et qui ne perdait pas sa main de l'œil. Je ne cherchais nullement à la contraindre dans ses habitudes respectueuses et familières à la fois de ménagère, je l'aurais plutôt embarrassée et humiliée en la forçant de s'asseoir vis-à-vis de moi. Seulement je causais avec elle tout en soupant lentement, les coudes sur la table, à la façon des montagnards désœuvrés.

Après le souper, je me rapprochais du foyer où elle jetait de moments en moments des équarrissures pétillantes de sapin. Je faisais sécher à la flamme le canon et les bassinets huilés de mon fusil entre mes jambes; je détachais mes guêtres de cuir, je les ramollissais au feu pour le lendemain. *Geneviève* levait le couvert, distribuait le fond des plats à ses chiens ou à ses poules, repliait le nappe, remettait, soigneusement enveloppé, le pain dans la huche, allumait la lampe au bec de fer suspendue à côté de l'âtre, au manteau de pierre noire de la haute cheminée, puis elle s'asseyait un peu en arrière de moi pour tricoter des bas de grosse laine blanche qu'elle avait filée dans l'autre saison.

Nous causions alors plus longuement et plus familièrement que le reste de la journée, au seul bruit de la cascade dehors et du feu qui pétillait dedans; nous parlions du mort, de ses vertus, de ses charités, de sa pauvreté, de sa résignation dans ce désert où on l'avait relégué comme pour cacher son état naturel et ses talents enfouis à tout autre œil qu'à l'œil de Dieu et des pauvres, de ses habitudes, de ses méditations, de ses prières, du mystère de sa jeunesse à demi révélé par les pélerinages qu'il faisait de temps en temps au tombeau ou à la grotte des aigles; de sa dernière maladie, de ses suprêmes paroles, de sa joie quand il avait senti que Dieu consentait enfin à abréger sa pénitence et à le rappeler à lui; puis, de la douleur inconsolable de ses paroissiens, des femmes et des vieillards qui venaient déjà de loin s'agenouiller sur sa fosse, comme sur celle d'un saint; de la nudité de son presbytère; de ce qu'allaient devenir les colombes, le chien, les oiseaux, les arbres qu'il taillait, la source qu'il dirigeait, les pots de fleurs qu'il soignait l'été au jardin et qu'il abritait l'hiver dans sa chambre; des hirondelles même dont il respectait les nids sous les corniches du chœur, et qui ne les trouveront plus au printemps prochain.

Dans ces conversations, la pauvre fille ne me parlait jamais d'elle. Elle paraissait s'inquiéter bien plus de ce que deviendraient le chien, les oiseaux, les meubles, les plantes, que de ce qu'elle deviendrait elle-même. Peut-être pensait-elle que le nouveau curé la prendrait à son service, comme le sonneur ou l'enfant de chœur de Jocelyn, ou que quelqu'une des familles du village la recueillerait pour être *carcleuse*, et lui donnerait le pain et l'asile gratuits dans l'étable des vaches ou des moutons. Elle avait un petit mobilier à elle, consistant dans un coffre à tiroirs en bois de noyer, que je la voyais ouvrir quelquefois, et qui contenait un peu de linge, ce trésor des servantes : sa robe des dimanches, et une petite écuelle de porcelaine cassée, pleine de petite monnaie d'argent, de gros sous, d'un collier de grains de *jais* enfilés par un fil de cuivre, de deux ou trois bagues d'or qui lui venaient de sa mère, et d'un beau chapelet de noyaux de cerises, sculpté à jour par un chartreux, que l'évêque lui avait donné en passant quelques jours dans la cure pendant sa visite pastorale. Le tout pouvait bien valoir six écus. C'était là toute sa richesse. Elle la regardait souvent avec une complaisance visible dans la physionomie. Mais depuis que Jocelyn était mort, et qu'elle n'avait plus la bourse et le pain du prêtre à donner en son nom, elle puisait assez souvent dans sa coupe, et les gros sous diminuaient sensiblement.

Le sort de cette pauvre fille m'inquiétait, car je n'étais pas riche alors, et je voyais bien qu'une fois le mobilier vendu pour payer les dettes, la maladie, la sépulture, l'héritage se réduirait à deux charges : son chien et ses oiseaux. Mais Geneviève n'y pensait pas, elle était, au contraire, sans

cesse occupée à rechercher bien loin dans sa mémoire si M. le curé ne
devait pas une mesure d'orge à celui-là, un char de fagots à celui-ci, une
poignée de foin pour la chèvre à l'un, un disque de pain de seigle emprunté le dernier hiver et non rendu à l'autre. Elle ne voulait pas laisser
un brin de paille ou un grain de sel sur la conscience ou sur la mémoire
de son maître.

— Mais moi, j'y pensais. Je l'avais toujours vue depuis mon enfance au
presbytère; je ne m'étais jamais informé comment elle y était venue, encore moins comment elle en sortirait; le curé, la servante et la maison se
confondaient à mes yeux en un seul être et en un seul tout indivisible qui
me paraissait avoir existé ainsi toujours, et devoir toujours de même exis-
ter. La mort venait de me poser un problème auquel je n'avais jamais
réfléchi : d'où vient la servante, et que deviendra-t-elle ?

A la fin, il fallut bien lui en parler. C'était un soir après souper, à la
clarté de la lampe, au pétillement du foyer; j'avais le coude encore appuyé sur la table, la tête sur ma main; elle avait fini de ranger le pain et
la nappe, elle était assise à l'ombre dans l'angle que forme le jambage
noir de la cheminée avec le mur de la cuisine, place où les paysans
mettent le coffre à sel. Elle remuait, en tricotant avec un léger cliquetis de
fer, l'un contre l'autre, en relevant la maille, les deux bouts luisants de ses
aiguilles de bas. Ce bruit vivant, paisible et monotone comme celui du
balancier d'une pendule au coin du feu, me tira de ma rêverie et m'enhar-
dit à lier une conversation sérieuse avec elle.

VII.

— « Geneviève, lui dis-je, vous ne vous reposez donc jamais?

— « Oh! Monsieur, me dit-elle, je n'ai pas été faite par le bon Dieu
pour me reposer. J'ai commencé à travailler le jour où j'ai pu me tenir
sur mes jambes et je travaillerai jusqu'au jour de ma mort. Nous avons
bien le temps de nous reposer là-bas, ajouta-t-elle, en me faisant un geste
de la tête et du cou vers le cimetière, pour ne pas perdre une des mailles
de son tricot en dérangeant sa main.

— » Comment! repris-je, vous avez travaillé si jeune? Vous n'avez donc
jamais été enfant, jamais joué avec les autres, jamais perdu le temps dans
la rue, à la fenêtre, le long des buissons? Votre mère était donc bien
dure ou bien avare de badinage ou de désœuvrement avec ses enfants?
Mais alors comment avez-vous, vous-même, l'air si doux et si enjoué avec
les enfants du village, que vous laissez jouer tout le jour dans la cour, arracher vos fleurs et tirer vos aiguilles sans les gronder?

— » Ah! Monsieur, ceux-là c'est différent, voyez-vous; ils ont leur père et leur mère qui leur cuisent leur pain; mais moi je n'étais pas comme eux. Je n'ai eu un peu de bon temps dans ma vie qu'ici, et depuis que M. le curé a consenti à me prendre à son service. Jusque là je ne savais pas ce que c'était que de s'asseoir et de regarder le soleil, le feu ou les passants.

— » Comment, répliquai-je, avez-vous mené si jeune une vie si rude?

— » Oh! Monsieur, elle n'était pas rude; elle était pénible et toujours debout, c'est vrai, mais elle était bien douce au contraire, et si Dieu voulait ressusciter ma mère, je la recommencerais bien cette vie, et je serais bien heureuse encore de la recommencer.

— » Contez-moi donc cela, puisque vous n'avez rien à faire, que j'ai fini de lire mon livre et que nous avons une longue veillée devant nous. Je voudrais savoir l'histoire de tout le monde, lui dis-je, en souriant, car voyez-vous, Geneviève, l'esprit n'est qu'une grande curiosité comme la science. Il y a un enseignement, pour celui qui comprend, dans la vie de chacun.

— » Mais je ne suis qu'une pauvre servante et je n'ai jamais été autre chose, que voulez-vous que je vous dise? Cela vous ennuierait comme le bruit de mes aiguilles de bas ennuie les enfants.

— » Vous seriez la fourmi du plancher, le grillon de la cheminée, l'arraignée de la poutre, que cela m'intéresserait, répondis je. et que j'aimerais à connaître leur histoire, d'où ils sortent, ce qu'ils font, ce qu'ils pensent, ce qu'ils veulent, ce qu'ils deviendront. Il y a un commencement, une fin, un sens à toute chose vivante. Si l'on connaissait tout, on ne serait indifférent à rien.

— » Oui, on serait comme Dieu, me dit-elle, en éclairant son sourire d'un rayon de claire et tendre intelligence. Monsieur le curé le disait bien, quand il recommandait de ne pas maltraiter les animaux et de ne pas s'impatienter contre les mouches. « Vous n'avez pas le droit de rien mépriser » et de dire : ce n'est rien, puisque Dieu l'a fait », qu'il disait.

— » Précisément, ma pauvre Geneviève, repris-je en retrouvant dans ces paroles toute l'âme de Jocelyn; tout est intéressant, tout est respectable dans les moindres destinées du plus obscur et du plus insignifiant de tous les êtres. Les orgueilleux sont des sots, le dédain n'est qu'une ignorance; voilà pourquoi je serais reconnaissant si vous vouliez bien me raconter ce que je ne sais pas de votre pauvre vie, où vous êtes née, ce que vous avez fait, comment vous êtes venue ici, et où vous comptez aller après.

— » Je vous obéirai, Monsieur, dit-elle en rougissant, si cela vous amuse. Vous vous moquerez peut-être de moi !

— » A! Geneviève, répondis-je d'un accent fâché, est-ce que Jocelyn se moquait jamais de la plus naïve confidence d'une vieille femme ou d'un enfant? Est-ce que je ne suis pas son ami?

— » Oui, c'est vrai, dit-elle en se repentant, j'ai tort, je vais tout vous dire. »

Je me rapprochai du feu, elle ne relevait pas ses yeux de ses aiguilles, elle ne perdit pas une maille, et elle me dit en continuant de travailler :

VIII.

— » Je suis de Voiron en Dauphiné. C'est une belle bourgade au pied des montagnes; les eaux y sont douces pour blanchir les toiles; le pain y est bon; les châtaignes n'y sont pas chères pour les pauvres gens; le peuple y est gai, remuant, entendu au commerce et un peu rieur comme en Dauphiné; les filles et garçons ont de belles couleurs sur les joues, comme si le froid des neiges voisines les pinçait. On ne dirait pas que j'en suis, moi, quand on voit comme je suis pâle; mais c'est que, voyez-vous, je n'ai jamais été à l'air; j'ai toujours vécu à la maison; cela enlève les couleurs : c'est comme ces plantes que M. le curé tenait à l'ombre sur l'escalier...

— » Ses *hortensia*? achevai-je.

— » Oui, dit-elle, c'est comme les *hortensia*; cela reste violet comme une lune sur la neige; cela ne devient jamais rouge comme le soleil, parce que cela ne le voit pas.

— » Mais pourquoi ne voyiez-vous pas le soleil comme les autres enfants de Voiron?

— » Vous allez voir, Monsieur. »

Et elle continua :

— » Mon père était menuisier-vitrier; il allait en journée ici et là pour raccommoder les tables, les croisées, les vitraux d'église. Il n'était pas riche; il avait cinq enfants, un garçon de douze ans, qui travaillait déjà à l'établi avec lui, qui l'accompagnait en ville et dans les villages de la montagne, portant les outils légers, les vitres, le mastic, le petit couteau pour l'étendre. Il avait quatre filles : deux d'une première femme, plus âgées que moi de quelques années, moi qui avait huit ans à l'époque dont je me souviens, et une petite sœur de trois ans qu'on appelait Josette. Ma mère était blanchisseuse en gros, c'est à dire qu'elle blanchissait des toiles écrues pour les tisserands du pays avant de les mener aux foires. Nous avions pour cela derrière la maison, le long de la rivière, un grand morceau de pré qu'on ne fauchait pas, mais qui était toujours couvert de pièces de

toiles qu'on trempait pour que le soleil les séchât et que la rosée amollît
le fil. C'était si joli au milieu du jour de voir de notre fenêtre toutes les
jeunes filles, les pieds nus, dérouler ces longs rubans gris et blancs sur
l'herbe humide, et y jeter des gouttes d'eau qui reluisaient au soleil, qui
leur retombaient sur les cheveux et qui leur trempaient les pieds. Ah! j'a-
vais tant désiré de courir comme elles sur les toiles!

— » Et qui est-ce qui vous en empêchait? lui dis-je.

— » Ah! vous allez savoir, Monsieur, mais laissez-moi dire.

— » Ma pauvre mère, quoiqu'elle n'eût encore que trente-deux ans, ne
quittait pas le lit depuis la naissance de ma petite sœur. Elle n'avait point
de maladie apparente, point de toux, point de fièvre, point de mal d'esto-
mac ou de mal de tête; elle avait le visage aussi frais, l'œil aussi vif, la
peau aussi blanche qu'une jeune fille, mais elle ne pouvait plus se servir de
ses jambes, même pour se retourner dans son lit. On disait que son lait s'é-
tait tourné par quelque peur en nourrissant Josette, ou bien qu'elle était
sortie trop tôt après son accouchement pour aller mouiller ses toiles, et
que c'était l'humidité du pré qui avait fait cela. Si vous l'aviez vue assise sur
son lit, au soleil, appuyée sur son oreiller, travaillant de ses mains librement tout le jour à ourler, à plier, à raccommoder les toiles ou à éplucher
les herbes pour la soupe du père et des enfants, vous auriez cru que c'é-
tait une jeune accouchée qui allait se lever dans deux jours, ou une
femme paresseuse qui restait au lit jusqu'à midi. Ah! Monsieur, ce n'était
pas cela; elle n'était jamais sans un ouvrage à la main, elle pensait à tout,
elle veillait sur tout, elle travaillait encore entre ses rideaux à la lueur du
crésieu suspendu à la colonne du lit quand tout le monde dormait déjà
dans la maison; elle essayait chaque matin de se lever quand tout le monde
dormait encore, espérant toujours que les forces lui seraient peut-être re-
venues dans les jambes pendant la nuit; et puis, quand elle sentait que c'é-
tait comme la veille, elle pleurait un peu; mais elle se consolait vite et
faisait semblant d'être gaie pour ne pas attrister mon père et mon frère sortant pour l'ouvrage.

» Mes deux grandes sœurs sortaient aussi pour aller aux toiles le matin
et à la fabrique après. On ne les revoyait qu'à midi pour dîner et le soir
pour souper. Elles étaient mises comme des demoiselles; elles aimaient
bien ma mère, qui avait eu soin d'elles comme de ses trois enfants; mais
elles avaient du bien du côté de leur mère, et elles nous méprisaient un
peu parce que nous étions petits et que notre mère, à nous, n'avait rien eu
que sa beauté, sa bonté et ses dix doigts. Je les entendais quelquefois, le
dimanche matin, dire dans le cabinet où elles s'habillaient pour aller à
l'église : « Je ne veux plus de ce fichu; cette robe est trop usée; donnons

cela pour a petite, c'est bien bon pour elle. » Elles n'étaient pas méchantes pourtant, mais elles étaient un peu fières pour es filles d'un
vitrier.

IX.

Notre père était trop pauvre pour donner une servante à ma mère, et
j'étais trop petite pour faire toute seule le ménage. Les voisines venaient
bien de bon cœur, quand je les priais, tirer pour nous le sceau du puits,
mettre la grosse bûche au feu et pendre la marmite à la crémaillère; mais
ma mère et moi nous faisions tout le reste. Aussitôt que j'avais pu marcher
seule dans la chambre, j'avais été la servante née de la maison, les pieds
de ma mère, qui n'en avait plus d'autres que les miens. Ayant sans cesse
besoin de quelque chose qu'elle ne pouvait aller chercher au jardin, dans
la cour, dans la chambre, au feu, sur l'évier, sur la table, sur un meuble,
elle s'était accoutumée à se servir de moi avant l'âge, comme elle se serait
servie d'une troisième main, et moi, j'étais fière, toute petite que j'étais, de
me sentir nécessaire, utile, serviable comme une grande personne à la maison. Cela m'avait rendue attentive, mûre, sérieuse, raisonnable avant l'âge
de huit ans. Elle me disait : « Geneviève, il me faut cela, il me faut ceci;
« apporte-moi Josette sur mon lit, que je lui donne à téter, remporte-la dans
« son berceau et berce-la du bout de ton pied jusqu'à ce qu'elle dorme; va
« me chercher mon bas, ramasse mon peloton, va couper une salade au
« jardin, va au poulailler tâter s'il y a des œufs chauds dans le nid des
« poules, hache des choux pour faire la soupe à ton père, bats le beurre,
« mets du bois au feu; écume la marmite qui bout, jettes-y le sel, étends la
« nappe, rince les verres, descends à la cave, ouvre le robinet, remplis au
« tonneau la bouteille de vin. » Et puis quand j'avais fini, qu'on avait dîné et
que tout allait bien, elle me disait : « Apporte-moi ta robe que je te pare,
« et tes beaux cheveux que je les peigne. » Elle m'habillait, elle me parait,
elle me peignait, elle m'embrassait, elle me disait : « Va t'amuser maintenant sur la porte avec les enfants des voisines, qu'ils voient que tu es
aussi propre, aussi bien mise et aussi peignée qu'eux. » Et j'y allais un
moment pour lui faire plaisir, mais je n'allais jamais plus loin que le seuil
de la cour, pour pouvoir entendre si ma mère me rappelait, et je n'y restais pas longtemps, parce que les enfants se moquaient de moi et disaient
entre eux : Tiens, la sérieuse, elle ne sait jouer à rien, laissons-la. J'aimais
mieux rentrer et me tenir debout auprès du lit de ma mère, épiant dans
ses yeux ce qu'elle pouvait avoir à demander. Tous les jours se passaient
ainsi; je me levais la première, je me couchais la dernière. Je ne respirais
l'air que par la fenêtre, je ne voyais le soleil que sur le seuil de la porte,

et voilà pourquoi, Monsieur, j'avais le visage blanc. On disait à ma mère :
Votre petite a donc les pâles couleurs? Oh! non, répondait-elle, mais c'est
qu'elle a la pâle vie! Je n'allais pas même à l'école.

X.

Cette longue infirmité de ma mère, en la retenant tant d'années ainsi immobile et désœuvrée du corps dans son lit, l'avait rendue instruite comme
une dame et dévote comme une sainte; les fils de nos voisines qui allaient
en classe ou qui revenaient en vacances chez leurs parents prêtaient leurs
vieux livres par charité à la pauvre vitrière infirme, par l'entremise de mon
jeune frère, pour lui abréger le temps.

Le soir, à la veillée, quand mon père, mon frère, mes deux grandes
sœurs étaient rentrés à la maison de leur ouvrage, elle nous rassemblait
tous autour de son lit, pour nous lire à haute voix les belles histoires qu'elle
avait lues tout bas dans la journée, et qui étaient propres à instruire mon
petit frère, à amuser mes sœurs et à consoler mon père. C'était des chapitres de la Bible où il était parlé de pauvres gens exerçant honnêtement
des états pénibles, comme nous, et cependant aimés et visités du Seigneur;
des paroles de l'Evangile, avec des réflexions par des savants, pour en faire
comprendre la beauté aux simples; les histoires de l'enfant Jésus étonnant
sa mère, devant les docteurs, par sa science; lui obéissant ensuite humble-
ment à la maison, et maniant les outils et le bois autour de l'établi d'un
charpentier; puis ses conversations et ses amitiés avec les jardiniers et les
pauvres femmes des faubourgs de Jérusalem; c'était, d'autres fois, des
livres en mots qui faisaient voir les choses comme des images ou des tableaux devant les yeux, et qui chantaient dans l'oreille comme une musique.

Ces livres racontaient les histoires d'un fils, nommé Télémaque, qui
cherchait son père d'île en île, et qui était toujours arrêté par des nau-
frages, des aventures, des tentations et des malheurs qui faisaient pleurer
et qui pourtant, faisaient plaisir; ou bien encore, c'était l'histoire d'un
malheureux, appelé *Robinson*, qui était jeté par la tempête dans un désert,
au milieu de la mer, seul avec un chien et un oiseau, et qui trouvait dans
son esprit et dans la grâce de Dieu les moyens de se bâtir une maison,
de se faire un jardin, de s'attacher des troupeaux apprivoisés, et de bénir
la Providence dans sa solitude.

Ces histoires nous divertissaient, pendant que mon père aiguisait ses
varloppes sur une pierre imbibée d'huile, et que mon frère coupait ses
vitres, comme nous déchirions de la toile, avec son poinçon de diamant.

Quand l'angélus sonnait dans le clocher, on fermait le livre et on allait se coucher pour se lever de grand matin, et on regrettait toujours que l'histoire ne fût pas finie.

Voilà comment nous passions les soirées d'hiver. Mais dans le jour, quand tout le monde était sorti, que la chambre et l'escalier étaient balayés et que la marmite bouillait à petit feu dans les cendres chaudes, ma mère me lisait, à moi toute seule, des passages plus sérieux et plus saints, qui lui plaisaient bien davantage puisqu'ils ne parlaient rien que de Dieu et rien qu'à Dieu. C'était l'*Imitation de Jésus-Christ*, des *Méditations* sur les maladies, sur les afflictions, sur la mort, sur le ciel, et des livres de prières dont les pages étaient tachées de ses larmes et usées sous ses doigts. C'est dans ces pages qu'elle m'apprenait à lire et à prier. Toute petite que j'étais, j'aimais mieux ces livres que les autres, parce que ma mère prenait un visage bien plus recueilli et bien plus consolé quand elle les recevait de ma main, et que, dès que je la voyais s'attrister ou pleurer tout bas sur son état, un de ces livres ouvert séchait ses larmes et lui rendait son sourire. Cela me faisait faire mes prières avec bien plus de componction et bien plus de plaisir au pied de son lit. Je m'imaginais toujours que Dieu était là, qui nous entendait, et qu'en relevant mon front appuyé sur ses couvertures, j'allais voir ma mère, soulagée et guérie, me demander sa robe, et marcher comme moi à travers la maison. Mais la volonté de Dieu n'était pas ma volonté d'enfant. Ma mère continuait à languir, et je grandissais.

Elle priait pourtant avec une ferveur qui aurait fait envie aux anges. Elle jouissait surtout quand elle me voyait prier du bout des lèvres avec elle. Quelquefois elle me disait : Geneviève, Dieu aime les enfants parce qu'ils n'ont pas encore péché. Je ne puis aller à l'église ; je suis sûre que si je pouvais y aller, je le toucherais et reviendrais guérie ; vas-y pour moi ; demain tu te leveras de grand matin, tu iras entendre à ma place la première messe que le vieux prêtre dit avant le jour pour les pauvres gens qui n'ont pas une demi-heure à perdre au pied des autels, celle qu'on appelle la messe des servantes ; tu réciteras mon chapelet que voilà comme si c'était moi. Le bon Dieu prendra peut-être la présence et la prière de l'enfant pour la présence et la prière de la mère. Va, mon enfant !

Et j'allais, Monsieur ; je me levais sans faire de bruit ; je prenais mes sabots à la main, pour qu'on ne m'entendît pas, jusqu'au bas des escaliers ; j'entrais dans l'Église où il faisait encore nuit. Les servantes et les vieilles dames disaient : « Voyez donc, que cette petite est sage ! — C'est la fille de la vitrière malade, disaient les autres ; elle vient pour sa mère, pauvre enfant ! Elle apprend de bonne heure la misère, elle a bien besoin de la grâce de Dieu » Moi, je ne m'arrêtais pas pour les écouter, j'allais à la place que ma mère m'avait indiquée, vers un pilier au coin de la grille du chœur, où il y avait une chapelle qu'on appelait la chapelle des guérisons; j'entendais la messe dans l'église froide et sombre, éclaircie seulement par les deux petits cierges de l'autel, je récitais sept ou huit fois le chapelet de ma mère, espérant toujours que ce serait le dernier grain qui serait le bon! Je pleurais dessus d'impatience et d'ardeur, comme un enfant! Puis je reprenais mes sabots, et je rentrais en courant à la maison. — » Merci, Geneviève, me disait ma mère, je ne suis pas guérie, mais je me sens mieux; l'heure de Dieu n'est pas notre heure, vois-tu; mais toutes les heures que nous lui consacrons nous sont comptées, ou pour ceci ou pour cela. Attendons patiemment son moment. Celui qui nous donne les jours ne nous les compte pas. Peut-être qu'il m'en garde un qui en vaudra mille, contre celui qu'il n'a pas voulu me donner aujourd'hui. Et nous reprenions toutes deux plus contentes, le petit trafic de la journée. C'est cela, je pense, Monsieur, qui m'a donné, tout enfant et plus tard, un grand goût pour les églises, une grande envie de servir les ministres de Dieu, et qui m'a fait faire mon vœu comme je vais vous le raconter. Mais je vous ennuie, n'est-ce pas, Monsieur? Dites-le-moi naturellement, et je vais tout vous dire en un seul mot.

— Non, non, lui dis-je, rien ne m'ennuie de ce qui sort avec vérité et simplicité du cœur; racontez-moi tout, comme cela vous revient en mémoire à vous-même; les détails, ma pauvre Geneviève. ne sont que les morceaux dont Dieu fait l'ensemble. Qu'est-ce que serait votre vie si vous en retranchiez les jours?

— Ah! c'est vrai, dit-elle, monsieur le curé le disait bien. Un million de brins d'herbe, ça fait un pré; des millions et des millions de grains de sable ça fait une montagne. L'océan est fait de gouttes d'eau ; la vie est faite de minutes. Je vais tâcher de me souvenir. Et en réfléchissant un moment, en suspendant le mouvement de ses aiguilles de bas et en fermant les yeux. Puis elle les rouvrit, et reprit à la fois la conversation et le tricot; mais son visage avait pris tout à coup une expression plus grave et plus mélancolique. On voyait qu'elle allait rouvrir quelque coin fermé, et peut-être sanglant de sa mémoire.

XI.

Nous vécûmes ainsi, Monsieur, environ dix ans, sans qu'il survînt aucun grand changement dans la maison de mon père. Mes deux demi-sœurs s'étaient mariées avec des employés de la fabrique: elles avaient emporté toute l'aisance et une partie des meubles de la maison, qui leur appartenaient par leur mère. Elles ne venaient quasi plus nous voir; elles étaient honteuses de notre pauvreté; elles nous méprisaient. Mon frère avait atteint l'âge du service militaire. C'était le seul ouvrier de mon père : un bon et gentil ouvrier qui travaillait comme deux, qui ne se dérangeait jamais, et qui servait sans gages. Nous avions bien accumulé toutes nos économies, vendu nos chaînes et nos croix d'or, depuis cinq ou six ans, pour lui acheter un remplaçant à l'armée, s'il venait à tomber au sort; nous avions bien fait dire des messes à Voiron et à la chapelle de la Grande-Chartreuse, pour qu'il tirât un bon numéro et que notre seul soutien ne nous fût pas enlevé, mais il avait tiré un numéro partant; Dieu voulait nous affliger; il est le maître, et il est plus sage que le sort. Les hommes, cette année là coûtaient seize cents francs; nous ne pûmes jamais en réunir que quatorze cents; faute de ces deux cents francs le pauvre garçon partit. Ce fut une désolation dans la maison; mon père en perdit le courage, ma mère en maigrit et en pâlit de tristesse, ma pauvre petite sœur Josette, qui n'avait que onze ans et demi, était sa seule consolation; mais c'était aussi son mortel souci.

Cette petite, Monsieur, que ma mère avait un peu plus gâtée que nous, comme les mères gâtent toujours davantage leur dernier enfant, méritait bien cette préférence. Elle était jolie comme un ange, vive comme un oiseau, gaie et capricieuse comme un cabri. C'était bien la plus fine enfant de tout Voiron. Nous l'habillions, ma mère et moi, avec complaisance, comme une vraie demoiselle, du peu que nous avions; coiffe, robe, dentelles, souliers à boucles, bas blancs. Quand je la menais ainsi, le dimanche à l'église, les dames s'arrêtaient et disaient : « Voyez donc quelle belle enfant! dirait-on que c'est la fille de la pauvre vitrière malade? » La petite entendait tout cela; elle en prenait un peu de vanité, elle le répétait en rentrant à sa mère; elle aimait à sortir et à se faire belle, pour être ainsi admirée; c'était naturel. C'est comme le petit paon qui regarde traîner et briller ses plumes sur l'herbe, au soleil; mais elle avait si bon cœur, si bon cœur, qu'elle ne nous méprisait pas pour cela; au contraire, elle nous embrassait, ma mère et moi, pendant des heures entières; elle disait qu'elle était bien heureuse, bien heureuse, parceque les autres petites filles, nos voisines, n'avaient qu'une mère et qu'elle en avait deux! Ah! je l'aimais bien! je l'aimais tant, Monsieur! c'était comme ma fille; elle couchait avec moi depuis qu'elle était sevrée. J'étais comme notre père, je lui passais tout.

Ici, Geneviève s'attendrit visiblement; sa voix se brisa dans sa gorge, ses yeux brillèrent d'une légère humidité où le rayon de la lampe se trempa un peu comme une étoile dans l'eau. Moi-même je soupirai involontairement, car je pressentais quelque malheur.

XII.

Hélas ! Monsieur, continua Geneviève, notre pauvre mère avait bien raison d'avoir du souci pour Josette, car elle se sentait dépérir tous les jours. Son infirmité n'était pas douloureuse ; mais l'ennui la tuait ; et puis, elle voyait vieillir mon père, et venir la misère depuis que mon frère ne gagnait plus que sa paie de soldat. Quelquefois elle m'appelait la nuit, pendant que le père et la petite dormaient, sous prétexte de me demander à boire, ou de rallumer la lampe, ou de retourner son oreiller sous sa tête, ou de lui lire une prière dans son livre d'Heures; mais je voyais bien que ce n'était pas pour cela, c'était pour parler avec moi et ne pas pleurer seule, Monsieur. Elle me disait : « Pardonne-moi, ma pauvre Geneviève, de troubler ton sommeil, que la misère fait déjà si court; je n'ai que toi à qui ouvrir mon cœur, je le sens éclater comme cela dans la nuit. Est-ce qu'il ne fait pas bientôt jour?... Et puis elle me parlait comme quelqu'un qui a la fièvre, les yeux brillants, les joues rouges, les lèvres sèches, la parole précipitée; elle me parlait de mon frère, des inquiétudes qu'elle avait de mourir avant qu'il eût son congé et qu'il pût suffire à notre existence par son état; de mon père, qui devenait moins actif, moins adroit à son ouvrage, dont la vue baissait, qui tailladait et perdait des vitres, et que ses pratiques de la campagne abandonnaient; mais surtout, surtout de la petite, qui était plus de la moitié de sa pensée. Je cherchais à la reconsoler en lui disant que j'étais jeune, que j'étais forte, bien que je n'en eusse pas l'air, que j'étais accoutumée à la peine, que je me mettrais en condition ou à la journée chez les blanchisseurs de toiles, que peut-être je me marierais avec un honnète garçon du pays, que nous prendrions la petite chez nous, et que nous en aurions soin comme de notre propre enfant.

— Oh! oui, me disait-elle, Geneviève, promets-moi bien, jure-moi, par la croix de ton chapelet, que tu lui serviras de mère, et que tu feras pour elle tous les sacrifices qu'une mère ferait à sa fille !

Et je n'avais pas de peine à le lui jurer, Monsieur, car je ne mentais pas; c'était mon idée, c'était mon cœur! Cette petite, voyez-vous, c'était notre folie à toutes deux.

Ensuite ma mère m'embrassait, et j'allais me recoucher plus contente auprès de ma sœur, qui ne se doutait seulement pas que nous venions de parler d'elle et de pleurer.

XIII.

Quand l'automne fut venu, à la chute des feuilles, aux premières neiges qui tombèrent sur les toiles dans les prés, ma mère m'appela d'une voix que je ne reconnaissais pas, et qui me fit toute tressaillir. Je courus les pieds nus vers son lit. — Geneviève, me dit-elle, va chercher le vicaire quand il fera jour; éloigne ton père et Josette sous un prétexte quelconque; je ne veux pas qu'ils voient mon agonie; je sens là, ajouta-t-elle en prenant ma main et en l'approchant de son cœur, que je vais mourir dans la journée! Ne crie pas, ne pleure pas, mon enfant; tu les réveillerais; ferme mes rideaux, et dis-leur, quand ils se leveront, que je vais dormir!

Je descendis dans la cour pour sangloter contre le mur sans qu'on m'entendît. Je fis ensuite comme elle avait dit. J'emmenai Josette chez une voisine qui lui enseignait à faire la dentelle sur un coussinet de soie verte; je dis à mon père que ses pratiques de là-haut l'avaient fait demander, parceque la dernière grêle devait avoir cassé bien des croisées; il prit son étui de vitres derrière son dos, et il s'achemina vers les montagnes. Le vicaire vint, il confessa et communia ma mère; elle n'eut point d'agonie, sa vie en était une depuis si longtemps! elle s'éteignit tranquillement, seule avec moi dans la chambre, en me recommandant encore Josette. — J'aurais bien voulu la voir, me dit-elle, mais tu l'embrasseras pour moi. Puis, je lui mis le crucifix sur les lèvres; en l'embrassant, elle m'embrassa les doigts. Quand je ne sentis plus de souffle sur ma main, je tombai à terre au pied du lit: elle était morte! Je veillai et l'ensevelis seule aussi dans la maison.

XIV.

Les voisins retinrent Josette et mon père jusqu'après l'enterrement. Je remis tout en ordre dans la maison, comme nous faisons à présent. Puis, ils rentrèrent. Ah! que ce fut triste de voir toujours là ce lit de serge verte, avec ces rideaux fermés, et de n'en plus entendre sortir cette douce voix qui disait à tout moment : Geneviève! Je ne l'aurais pas dit à d'autres, Monsieur; mais je vous le dis; en vérité, bien des fois, pendant les premiers mois, quand j'étais seule dans la chambre, j'allais entr'ouvrir ces rideaux, et crier tout bas : « Me voilà, ma mère, que désirez-vous ? »

La pauvre Geneviève, à ces mots, n'y put plus tenir, et elle sanglota un moment; puis elle s'essuya les yeux avec le bas de laine qu'elle tricotait. Je sentis moi-même une larme rouler de mes yeux sur le canon de mon fusil que j'essuyais au feu, entre mes jambes.

,XV.

Mon père, reprit la servante, ne résista pas à cet isolement. Ma mère était sa conscience, son intelligence et sa volonté. Quand elle ne fut plus là, ce ne fut plus qu'un corps sans âme. Il ne se tint plus à la maison, le soir, pour veiller auprès de ce lit vide. Il sortait après son travail pour aller se distraire ailleurs. Il fit de mauvaises connaissances; il fut entraîné, le pauvre homme, dans les cafés et chez les marchands de vin; il s'adonna au jeu et se livra à la boisson; il rentrait tard; il n'avait plus de cœur au métier; il mangea ou perdit les quatorze cents francs que nous avions épargnés dans le temps, pour racheter mon frère, ou pour marier plus tard moi et Josette; il ne tarda pas à s'abrutir par l'eau-de-vie; quand je lui faisais quelque représentation respectueusement à son réveil : « Bah ! me disait-il, tu as raison; mais c'est plus fort que moi. Depuis que je n'ai plus ton frère avec moi à l'établi et ta mère à la chambre, l'atelier et la maison me pèsent; je ne suis content que quand je ne me sens plus; j'ai mon âme dans le verre! Allons laisse-moi boire la lie, ça ne sera pas long; va, le tonneau baisse et tant mieux! la vie est amère ! » Quelquefois, il nous embrassait cependant, ma sœur et moi, avant de partir, et il nous disait : « Soyez bien sages, je vais prier aujourd'hui au cimetière, à la croix de votre mère; je reviendrai de bonne heure, et je travaillerai demain; » et il sortait. Il était souvent trois ou quatre jours sans rentrer. Une fois il resta huit jours sans reparaître. Nous apprîmes qu'il avait été trouvé mort sous la neige, dans le ravin de Saint-Laurent qui mène au couvent, son étui de vitres encore sur le dos, et ses sous dans sa poche. On ne savait pas s'il était tombé endormi sur la route, en sortant de l'auberge des colporteurs, à Saint-Laurent, ou s'il avait été surpris par la nuit et enseveli par l'avalanche. Nous restâmes seules, Josette et moi. Les voisines nous appelaient en riant la mère et la fille.

XVI.

Ma mère ne m'avait point fait apprendre d'état, et pourtant il fallait vivre et élever Josette. Je pris une petite boutique de mercerie, je m'y installai avec ma sœur, qui tenait le comptoir à côté de moi en apprenant à faire de la dentelle noire pour les paysannes du Haut-Dauphiné et du Valais. On m'avança à crédit une petite quantité de marchandises que je vendais aux colporteurs de la montagne; des boutons d'os, des boucles de souliers et des jarretières, des guêtres de grosse laine blanche qui montent jusque par dessus les genoux, comme vous les voyez ici; du papier, de l'encre, des plumes, des sabots et quelques aunes de grosses étoffes rouges, blanches et bleues dont les montagnardes se font leurs robes. Comme j'étais prévenante et que la petite était jolie, nous ne manquions pas tout à fait de pratiques. Les villageois d'en-haut, qui connaissaient anciennement mon père, venaient s'approvisionner de préférence chez nous pour les neiges. Une fois l'hiver venu, par exemple, nous ne vendions presque plus rien. Nous avions peine à vivre, mais pour gagner quelques petites choses, je faisais les ménages de pauvres voisines absentes, malades ou en couches, pour la nourriture et trois ou quatre sous par jour, ce qu'on voulait me donner. On aimait mon service, parceque j'avais si bien appris autour du lit de ma mère comment on désennuie une malade et comment on la retourne dans son lit! Je rentrais plusieurs fois par jour pour voir ce que faisait Josette toute seule à la maison, et pour la faire souper et coucher; puis, je retournais veiller toute la nuit mes malades, assise sur une chaise.

XVII.

Cela dura deux ans ainsi, et tout allait bien; mais je commençais à me sentir triste sans savoir pourquoi. C'est que j'avais vingt ans, Monsieur, et que je voyais toutes les filles de mon âge courtisées par de jeunes garçons du pays, puis fiancées, puis mariées avec celui qu'elles avaient préféré parmi tous les autres. J'étais souvent appelée dans les maisons pour habiller l'épousée ou pour préparer le repas des noces; pendant que les autres jeunes filles de mon âge allaient à l'église, jasaient à table avec leurs connaissances, ou dansaient dans les granges, je raccommodais les robes, je cuisais les galettes, ou j'étendais la nappe, seule avec les vieilles femmes à la maison. Cela me faisait rêver pourtant de voir le bonheur sur tous les visages de ces jolies filles toutes rouges du bal, qui s'en allaient chuchoter avec leurs fiancés auprès du puits de la cour ou contre le buisson en fleur du jardin. Je me disais : elles auront bien du mal dans la vie, c'est vrai ; mais elles ne seront pas seules à la maison, seules à l'ouvrage, seules dans leur jeunesse, seules sur leurs vieux jours, comme moi, quand j'aurai élevé et marié Josette; elles auront autour d'elles de jolis enfants comme ma petite sœur, qui chaufferont leurs mains l'hiver à la cendre du foyer, qui se pendront à leurs tabliers, qui les appelleront vers leurs berceaux le soir et le matin pour les embrasser!... Mais moi!... je n'aurai rien quand Josette sera partie, que les quatre murs blancs de la chambre, le bruit du tison, l'hiver, se consumant dans l'âtre, et le bourdonnement des mou-

ches l'été, contre les vitres! Cela me faisait respirer quelquefois plus fort
que pour avoir mon souffle; la petite, qui me voyait rêver et qui m'entendait soupirer, me disait: « Qu'est-ce que tu as donc, Geneviève? Est-ce que
je t'ai fait du chagrin? — Non, que je lui disais en l'embrassant, ma petite; bien au contraire, tu me fais trop de plaisir, je t'aime trop; mais c'est
que je pense au temps où tu ne seras plus là. — Et pourquoi plus là? me
répondait-elle; est-ce qu'il y aura un temps où tu ne m'aimeras plus? — Oh!
non, répondais-je; mais c'est qu'il viendra un temps où tu en aimeras d'autres. » Elle ne comprenait pas, la pauvre innocente, et nous reprenions
notre ouvrage, elle en regardant par la fenêtre et en folâtrant, moi en regardant mon aiguille et mon fil, et en cachant un peu d'eau sous mes cils
baissés.

XVIII.

Ces tristesses devenaient toujours plus fréquentes et plus longues vers la
fin de l'automne, Monsieur, au moment où les jeunes colporteurs de la
montagne, qui venaient s'approvisionner l'hiver de petites marchandises à
la maison, d'aiguilles, d'épingles, d'étuis, de dés, remontaient dans leurs
villages, pour ne plus redescendre avant le printemps. Vous me demande-
rez pourquoi. Je ne le savais pas bien moi-même au commencement; je
l'ai bien su plus tard, pour mon malheur; je vais vous le dire franchement.

Elle fit une courte pause; elle respira plus fort qu'à l'ordinaire, comme
elle respirait à côté de Josette, et elle reprit :

XIX.

Voici, Monsieur; je vais vous le dire comme à mon confesseur. Il n'y a
pas de mal, du reste; mais ça fait toujours de la peine de toucher au
cœur, là où il a saigné. Excusez-moi; mais si je ne vous avouais pas cela,
vous ne comprendriez pas le reste, ni pourquoi je suis restée fille, et j'ai
servi M. le curé.

Eh bien! Monsieur, poursuivit Geneviève avec un certain effort, c'est
qu'il y avait un jeune colporteur qui me plaisait.

— Et à qui vous plaisiez, lui dis-je en souriant, car toute sage, et toute
frileuse, et toute vêtue de noir, que vous êtes aujourd'hui, on voit bien à
votre physionomie que vous avez dû avoir votre moi de mai aussi, et votre
floraison.

— Eh bien! oui, Monsieur, je lui plaisais. Depuis la mort de ma mère,
que j'avais moins de peine, que je n'étais pas réveillée vingt fois par nuit,

que je voyais le soleil, que j'allais et que je venais au grand air, j'étais devenue comme les autres, j'avais repris des couleurs, j'avais un peu engraissé; il y avait des rayons de soleil dans mes yeux, qui, jusque là avaient toujours été à l'ombre. Cela ne dura pas, je le sais bien, mais il y eut deux ou trois ans où je ne fus pas déplaisante. Les garçons de Voiron s'arrêtaient pour me regarder à travers la vitre de la devanture, le dimanche, et j'entendais qu'ils se disaient : « Tiens, regarde donc Geneviève , on dirait qu'elle fleurit comme son œillet rouge sur sa fenêtre, et qu'elle ose enfin être jolie. » Que voulez-vous que je vous dise, Monsieur, il y a un coup de soleil d'été pour toutes les plantes, même sur les Alpes, où l'été ne fait que passer. C'est ce coup de soleil qui dore les orges pâles au moment de la moisson. J'étais comme ces pailles d'orge, et j'avais eu, comme elles, mon court soleil de beauté. Mais il ne brilla pas plus de deux ou trois saisons sur mon visage; et je ne le regrette pas, ajouta-t-elle bien vite, oh ! non ! je ne le regrette pas : j'ai trop souffert!

XX.

Il y avait donc un jeune colporteur d'ici, Monsieur, de ce village, où je vous raconte si mal tout cela, parceque tout cela vous désennuie; il y avait un jeune colporteur, fils de l'instituteur du pays, de cette vieille femme qui demeure là-bas, dans le hameau des Trois-Mélèzes, et que vous voyez venir quelquefois causer avec moi à la porte de l'église. Il s'appelait Cyprien; il devait remplacer son père comme instituteur, pour apprendre à lire et à écrire aux enfants, et, en attendant, il était enfant de chœur et chantre à l'église, et il courait les montagnes et les chalets pendant la semaine pour vendre des almanachs, du fil, des aiguilles, des miroirs, et des livres d'Heures aux villageois. Mon père l'avait connu tout petit en venant raccommoder les châssis et les vitraux de l'église de Valneige; il se fournissait chez nous de tous les objets de son petit commerce, et, quand il descendait de sa montagne, il s'arrêtait toujours à la maison, comme si nous avions été ses parents. Mes grandes sœurs riaient de lui, parcequ'il était simple comme un montagnard et qu'il n'était pas vêtu à la mode de Voiron. Mais ma mère l'aimait bien, parcequ'il était rangé et modeste comme une jeune fille, qu'il rougissait au moindre mot, et qu'au lieu d'aller courir aux fêtes ou se déranger aux auberges avec les autres, il restait tous les soirs au coin de notre feu, à écouter lire à ma mère quelques-unes de ses belles et honnêtes histoires, ou à m'aider à tirer de l'eau au puits, à pétrir le pain, à porter de grosses bûches au feu. Je m'étais accoutumée à le regarder comme un frère plus âgé que le mien. Il était de deux ans plus vieux que moi, grand, élancé, un peu mince, comme les sapins de ces montagnes maigres; il avait les yeux plus noirs que les miens, mais aussi doux que des yeux de femme; un visage plus long et plus délicat que ceux des enfants de la plaine, une bouche qui ne riait pas, des couleurs comme du velour rouge, des cheveux noirs qui lui tombaient carrément le long des joues et sur le cou; il était vêtu d'une longue veste de gros drap blanc qui descendait jusqu'à ses jarretières de cuir, d'une large ceinture à petites poches où il mettait sa monnaie, et de longues guêtres boutonnées au dessus du genou. Il avait aux pieds de gros souliers dont les clous luisaient devant le feu comme des diamants, et quand il marchait dans la chambre, on entendait sonner les dalles. Il mettait son bâton et son havresac derrière la porte, comme s'il eût été chez lui. Il avait une voix douce et forte et un peu traînante, comme une orgue dans l'Eglise de Grenoble.

A mesure que je grandissais, il venait plus souvent à la maison; je ne savais pas pourquoi, ni lui non plus, le pauvre garçon. Il ne me disait jamais plus haut que mon nom; je ne lui disais jamais plus haut que le sien; seulement ça me faisait plaisir à voir son ombre sur le mur de la chambre, à la lueur de la flamme du fagot, quand j'allumais le feu pour préparer le souper de la famille. Ce jour-là il y avait toujours quelque chose de plus qu'à l'ordinaire sur la table, comme des gaufres de froment ou des crêpes de sarrazin, et quand, le lendemain, je ne voyais plus son sac et son bâton derrière la porte, j'étais fâchée sans savoir de quoi, voilà tout.

XXI.

La mort de mon père et de ma mère n'avaient pas interrompu ces voyages de Cyprien à Voiron et ses relations avec moi. Au contraire, il y venait un peu plus souvent, et y séjournait un peu plus longtemps; seulement, il ne logeait plus à la maison; il allait demander asile pour la nuit à un de ses pays qui sciait du bois les hivers, aux portes des messieurs, pour les maisons riches, et qui tenait chez lui des petits garçons de la montagne pour ramoner les cheminées.

Mais les deux ou trois jours que Cyprien passait chaque voyage chez son pays, il ne faisait que passer et repasser, sous un prétexte ou sous un autre, tout le jour devant notre échoppe, et il trouvait toujours une raison pour y entrer, pour y revenir, pour y rester un ou deux moments. Tantôt il avait oublié sa provision de boutons de mauches, tantôt les épingles, tantôt les écheveaux de fil; d'autres fois, il avait une commission à me faire de la part de son père ou de sa mère, qui lui avait recommandé de me rappeler les ornements d'église ou les almanachs qu'il fallait faire venir de Grenoble pour Noël prochain ; tantôt il était fatigué d'avoir tant marché dans Voiron depuis le matin, pour marchander du chanvre ou des étoupes, et il me demandait la permission de s'asseoir un moment devant le comptoir, pendant que je causais ou que je pesais aux petits enfants pour deux liards de sel ou de pain d'épice dans mes balances de laiton poli. Ce moment durait des heures, et nous ne nous en apercevions ni lui ni moi.

Les voisins qui passaient et qui le voyaient assis, son coude sur mon ouvrage, ses cheveux luisants comme des ailes de corneille déroulées sur le le comptoir, son bâton ferré entre ses jambes, son sac sur ses genoux, disaient : « Voilà un beau montagnard qui s'apprivoise avec les filles de la plaine. Regardez donc, on dirait toujours qu'il va parler, et il ne fait rien que regarder le bout de ses souliers. »

C'est qu'en vérité, Monsieur, il ne me disait quasi rien, ni moi non plus, ou bien il me parlait de choses qui étaient à mille lieues de ses vraies pensées et des miennes : du temps qu'il faisait, de l'heure qu'il était, des vaches de sa mère qui avaient *vêlé*, du mulet de son père qui s'était égaré dans les sapins, des fromages qui ne s'épanouissaient pas bien dans les métairies cette année, des orges qui avaient verdi trop vite et qui avaient été mordues à la pointe par les précoces gelées, enfin de tout, excepté de lui et de moi. Et moi, Monsieur, je faisais tout de même : ou je ne disais rien, ou je répondais oui et non, ou je lui disais des choses qui n'avaient aucun intérêt, ni pour moi ni pour lui. Mais c'était égal, il suivait des yeux ma main, qui allait de mes genoux à mon front, en ourlant un mouchoir ; je regardais ses cheveux roulés là à côté de moi comme un écheveau de fin fil noir sur le comptoir ; il avait l'air d'être content, et moi je me sentais si bien que j'aurais voulu passer des années dans ce silence ou dans ses entretiens insignifiants. Quand il se levait pour retourner aux montagnes, qu'il passait ses bras dans les bretelles de cuir de son sac, et qu'il dessinait à terre des zig-zag pensifs avec la pointe de fer de son bâton, nous nous disions : « A revoir, à la saison prochaine ! » Il se retournait deux ou trois fois avant de tourner la rue ; je le suivais des yeux comme une sœur suit son frère qui part, et je rentrais seule à la maison. Seulement je m'apercevais bien plus que j'étais seule, et jusqu'à ce que la petite fût revenue le soir de chez la voisine, où elle apprenait la dentelle, je ne faisais qu'aller et venir, je ne pouvais pas tenir sur ma chaise, je n'avais pas de repos, mais je ne savais pas pourquoi.

Je ne pensais pas qu'il m'aimait, je ne pensais pas que je l'aimais moi même ; seulement, je commençais à prendre un peu de vanité ; je m'habil-

lais à l'air de mon visage, je me peignais devant un petit miroir où je ne
m'étais jamais regardée auparavant, je portais des bas blancs et des souliers
fins, je me voyais passer avec contentement les dimanches devant les de-
vantures en vitres des magasins qui faisait glace pour les pauvres filles
comme moi, et qui retraçaient depuis les pieds jusqu'à la tête leur taille,
leur démarche et leur toilette des jours d'oisiveté. Ah ! Monsieur, nous
avons toutes été pécheresses, plus ou moins, dans notre jeune temps. Je
m'en suis bien confessée depuis. Pourtant je n'avais aucune envie de plaire
à personne. Mais j'étais comme le serin de mon maître, qui se lisse les
plumes, qui se lave dans son eau, qui se caresse le cou avec son bec et qui
se regarde dans le miroir, bien qu'il soit seul dans sa cage. Que voulez-
vous? le péché a rejailli sur toute la création ; les bêtes même ont de la vanité ! Hélas ! oui, Monsieur, j'en avais dans ce temps-là.

XXII.

Le moment approchait où j'avais l'habitude de voir descendre Cyprien à
Voiron. Je m'étais fait à moi-même une belle robe ; je m'étais acheté une
chaîne de jais noir avec une croix d'or que j'ai toujours là, ajouta-t-elle en
me faisant un geste de la main gauche vers son armoire ; je ne sais pas pourquoi je tenais plus qu'à l'ordinaire à être un peu belle ; je les portais tous les
jours de peur que, par le hasard, Cyprien n'arrivât un jour où je serais
moins bien mise et où je ne flatterais pas tant ses yeux. « Ma sœur, me
disait la petite, c'est donc tous les jours dimanche, cette semaine ? » Je ne
savais pas que lui répondre et ça me faisait rougir.

XXIII.

Toute la semaine se passa ; les jours m'en parurent plus longs que ceux
des autres mois. Le samedi arriva, la nuit vint, et il ne vint pas. C'était le
lendemain le saint jour de Pâques fleuries ; il n'avait jamais laissé passer cette
semaine, les autres années. sans venir à Voiron chercher les cierges d'é-
glise, les fleurs de papier pour l'autel, les fichus de printemps pour la saison.
Je ne savais pas ce qui se serait passé de nouveau là-haut. Je vis venir quelques-uns de ses pays que je connaissais au costume. Je les arrêtai sous un
prétexte ou sous un autre, je leur demandai : « Cyprien est-il malade ? —
Non, qu'ils me dirent ; nous l'avons vu dimanche qui relevait son mur autour de la fontaine du pré. — Est-ce qu'il ne viendra pas à la plaine cette
année? — Nous ne savons pas, qu'ils me répondirent. Je me couchai bien
triste, je ne dormis pas de la nuit, excepté le matin un moment, et, en me

réveillant, je sentis une place mouillée sur mon traversin ; j'avais pleuré en rêvant, sans me dire à moi-même pourquoi.

XXIV.

Je rentrais toute pâle et toute brisée de la messe, la petite jouait dans la rue avec d'autres enfants, je venais de serrer mon livre d'Heures dans le tiroir, et je me tenais la tête lourde entre les mains, accoudée sur le comptoir en ne pensant à rien. Un montagnard que je ne connaissais pas de vue entra dans ma boutique et me demanda des petits miroirs à acheter. Je les lui donnai poliment ; il me les paya au dessus du prix que je lui avais demandé, et il sortit. En comptant les sous pour les mettre au tiroir, je vis qu'il y en avait douze de trop ; je les pris dans ma main et je courus après lui. « Père, lui dis-je, vous vous êtes trompé, vous n'avez acheté que deux miroirs, et vous m'en avez payé trois ; voilà vos douze sous de trop, reprenez-les, ou bien prenez un miroir de plus. » Il me regarda de la tête aux pieds avec un fin rire que je ne comprenais pas, et qui me fit honte, parceque je crus qu'il se moquait de moi. « Eh bien ! Mademoiselle, qu'il me dit, ce n'est pas de cela qu'il s'agit ; vous êtes une jolie fille, ma foi ! aussi honnête que brave ; mon fils n'a pas menti, vous ne tromperiez pas un enfant pas encore sevré ; ça me fait plaisir. » — Votre fils, lui répondis-je en rougissant jusqu'au blanc des yeux, parcequ'à la ressemblance et au son de voix je me doutai tout de suite de quelque chose ; votre fils, qui est-il donc ? Je ne le connais pas. — Oh ! que si que vous le connaissez, reprit-il, et que lui il vous connaît bien ! Vous ne connaissez donc pas Cyprien, le beau montagnard, et le bon montagnard que je dis, moi ? Eh bien ! c'est mon enfant ! Ah ! vous êtes le père de Cyprien, lui répondis-je en tremblant et les yeux baissés, et je n'en pus dire davantage, tant je me sentais toute tremblante, toute froide, toute de bois, devant ce vieillard. C'était pourtant un vieillard bien comme il faut, Monsieur, pour sa condition : le visage grave, la voix douce, le bonnet à la main, les cheveux blancs, l'air honnête, les paroles de son âge, me parlant comme il aurait parlé à sa fille ou à une dame. — Oui, c'est moi qui suis son père, continua-t-il en me reconduisant jusqu'à la porte, un vieil ami de votre père, une ancienne et fidèle pratique de la maison ; il ne logeait jamais ailleurs que chez moi, quand il montait pour travailler, l'été, sur nos hauteurs ; nous parlions ensemble de sa pauvre femme malade et de ses trois enfants qu'il en avait. Le brave homme, il a trop pris le chagrin à cœur, il s'y est noyé lui-même ; mais ça n'empêche pas que c'était un brave homme, allez, et dont le nom ne fera pas honte à porter à ses enfants.

En parlant ainsi, il entra sans façon derrière moi, et il s'assit sur la chaise où Cyprien s'était assis si souvent, tout près de moi.

— Eh bien! Mademoiselle, me dit-il en me voyant asseoir, toute rouge et toute troublée, devant le comptoir, vous croyez donc qu'à mon âge je ne sais pas compter jusqu'à trente-six, et que je donne mes pauvres liards pour une révérence de jeune fille? N'en croyez rien, continua-t-il d'un air bon et fin, mon fils me disait toujours : Il n'y a pas une fille plus honnête dans Voiron, elle ne surferait pas d'un sou ses pratiques, pas même un passant, pas même un inconnu. Ah bah! que je lui disais, Cyprien, tu ne connais pas le beau monde; je ne m'y fierais pas, tout de même. — Eh bien! allez-y voir, qu'il me dit. Je ne la préviendrai pas; je ne lui ferai rien dire, et si elle vous trompe... eh bien! je ne m'arrêterai plus jamais devant sa porte. Ça sera fini, quoi! car toute jolie qu'elle est, si elle n'était pas honnête, je ne l'aimerais plus, voyez-vous.

Il m'aime donc, que je me dis tout bas, dans le cœur, sans oser lever les yeux.

Le vieillard continua :

— Alors j'ai dit : allons-y voir nous-même; j'ai mis mes guêtres; j'ai laissé Cyprien chanter à ma place au chœur; j'ai demandé la boutique de Geneviève; je suis entré chez vous; j'ai marchandé pour avoir le temps de vous bien regarder; j'ai fait semblant de me tromper de douze sous dans le compte, vous m'avez couru après comme si j'avais été le voleur et vous la volée, pour me rapporter mes douze sous, et voilà!

— Je n'ai fait que mon devoir, père Cyprien, lui dis-je; il n'y a pas de quoi être fière.

— C'est vrai, dit-il; mais il n'est pas moins vrai que, si vous voulez m'entendre, ces douze sous m'auront acheté une belle-fille, et à vous, Geneviève, vous auront acheté un bon mari.

J'étais tellement secouée, Monsieur, par les paroles de ce vieillard, que je n'ouvrais pas la bouche, et que je n'osais pas seulement remuer le pied. Il avait l'air embarrassé dans ce moment, lui-même, de ce qu'il allait dire. Il retournait sa langue sur ses lèvres, il balbutiait un peu, il se levait, il se rasseyait, il toussait. A la fin, comme s'il avait pris son courage à deux mains :

— Bah! reprit-il, autant vaut un mot dit que cent mots à dire. Je vous dirai donc tout : Cyprien vous aime depuis sept ans.

Il me sembla qu'on m'ouvrait le cœur avec des paroles, et qu'on y faisait couler une chose douce qui ne tarissait plus, comme la félicité éternelle.

— Oui, il y a sept ans qu'il vous aime, et nous n'avons jamais pu lui en faire aimer une autre, ni dans la montagne, ni dans la plaine. Il aura da

bien : les sapins, la maison et le pré de la fontaine seront à lui après moi ;
il est doux et humble comme une jeune fille ; il est aimé des garçons, il plaît
aux filles, et il n'est pas plus fier qu'un enfant. Et malgré cela il nous a
toujours dit : je n'épouserais que Geneviève, si j'osais jamais être son cour-
tisan. — Eh bien ! lui disions-nous, sa mère et moi, contente-toi, descends
à la plaine, fais la cour à Geneviève, puisque ton bonheur est là ; mais enfin,
il faut que tu te maries, l'ouvrage est large, nous nous faisons vieux. —
Alors il partait bien résolu à s'expliquer avec vous, Mademoiselle ; et puis
quand il remontait et que nous lui demandions : Que lui as-tu dit, et qu'est-
ce qu'elle t'a répondu ? — Rien, disait-il ; je n'ai jamais osé ; c'est une fille
de la plaine, et moi, je suis un garçon des montagnes ; c'est une demoiselle
de la ville, et moi, je suis un paysan du village. J'ai eu peur d'être méprisé,
et puis, si elle avait dit non, je serai tombé de chagrin sur la route. Je n'ai
pas parlé, mais je serai plus hardi la saison qui vient, laissez-moi faire. —
La saison qui vient s'en allait toujours de même, et le pauvre garçon séchait
sur pied, et nous le voyions dépérir de l'été à l'automne. A la fin, je lui ai
dit : Veux-tu que j'y aille, moi ? Ta mère est boiteuse, elle ne pourrait jamais descendre si bas et remonter si haut. Je suis vieux, mais je suis hardi,
va ; je chercherai une chose ou l'autre à acheter dans sa boutique, je ferai
une ruse de montagnard pour lier la conversation avec elle, je m'informerai
dans Voiron, je saurai si c'est une brave fille, je verrai si elle est avenante,
si elle est jolie, si elle est bonne pour le pauvre monde, et je lui dirai :
Cyprien vous aime ! — J'ai fait comme j'avais dit, Mademoiselle Geneviève,
ne m'en voulez pas, et maintenant, vous, dites-moi franchement à votre
tour : Aimez-vous notre Cyprien ?

XXV.

Je ne répondis que par un gros soupir, et il le comprit. — Eh bien ! c'est
bien, dit-il, puisque vous l'aimez, voulez-vous l'épouser et être notre fille là-
haut.

Je ne répondis pas davantage ; mais je me mis à pleurer.

— Eh bien ! c'est bien, dit-il encore, nous ferons la noce à la Saint-
Jean. Je vais remonter là-haut et réjouir le cœur de mon fils. Cyprien viendra à présent vous faire la cour librement, jusqu'au jour des fiançailles ; il
n'aura pas l'embarras de vous dire que vous lui plaisez, ni de vous demander
si vous en êtes contente. J'ai parlé pour lui, tout est dit. Adieu, Mademoiselle Geneviève ; je ne prendrai pas même un verre de vin à Voiron, de
peur de retarder le bonheur de Cyprien. Je suis sûr qu'il m'attend à moitié
chemin, et qu'il compte mes pas dans sa ; e sée.

e vieillard partit, aussi leste que s'il avait emporté pour lui-même le premier aveu de sa fiancée.

XXVI.

Le dimanche suivant, Monsieur, je vis revenir Cyprien à la maison, comme à l'ordinaire. Il avait l'air bien heureux et bien honteux tout ensemble, et moi de même. Il me prit la main en tremblant par dessus le comptoir, où je repliais une aune de serge, et il me la serra doucement en regardant sur mon visage si j'étais fâchée. Je ne dis rien, et je n'eus pas l'air en colère; ça l'encouragea. — Vous n'êtes donc pas fâchée contre moi, qu'il me dit, Geneviève? Je lui répondis seulement : Non, d'une voix très douce, et je ne retirai pas ma main. Alors nous restâmes comme cela tous les deux longtemps, longtemps sans rien dire; mais mon cœur battait si fort, et le sien aussi, contre le comptoir, qu'on les entendait comme des balanciers d'horloge.

— Geneviève, dit-il enfin, mon père vous a donc parlé ?

— Oui, que je lui réponds, et rien de plus.

— Eh bien! alors, il faut nous fiancer le mois qui vient.

— Le mois qui vient? répondis-je.

— Vraiment! qu'il me dit en se levant et en retirant sa main pour la battre de joie contre l'autre.

— Vraiment! répliquai-je avec gravité, comme si j'avais fait un serment.

— Eh bien! alors, allons nous promener dans les prés, me dit-il, car je ne peux pas tenir en place. Les plantes des pieds me font mal du désir de sortir avec vous, Geneviève, et de dire à tous mes pays que nous rencontrerons et qui se demanderont : avec qui donc est Cyprien? C'est ma promise.

Et nous sortîmes.

Nous nous promenâmes tout le soir, bien loin, bien loin, dans les prés, sur le bord de la rivière. La petite était venue avec nous, qui n'y comprenait rien et qui jouait devant et derrière, avec les papillons sur l'herbe, et les petits poissons sous l'eau. Nous ne nous disions guère plus qu'à la maison; mais nous nous tenions les mains tout le temps, par le bout des doigts, comme des enfants qui vont à l'école. Ça lui faisait plaisir et à moi aussi, et nous soupirions si fort, que la petite me disait par moments, tout bas : « Tu as donc du chagrin, Geneviève? Pourquoi donc ce vilain M. Cyprien est-il venu te faire de la peine? »

Cela faisait rire Cyprien, à qui je le redisais quand la petite était loin,

je me mettais les bords de mon tablier sur les yeux, comme si j'avais
pleuré, mais c'était pour sourire, et pour regarder en souriant Cyprien,
qui me serrait le doigt. Puis la petite venait me tirer mon tablier de dessus
les yeux, et disait : — Ah! vous riez; c'est un badinage !

XXVII.

Nous ne rentrâmes que bien tard à la maison, ce jour-là, après être convenus de tout. Cyprien repartirait la même nuit; il ferait ses foins pendant
les deux semaines; il viendrait me chercher à Voiron pour que les fiançailles se fissent dans le village et dans la maison de son père, à cause de
sa mère boiteuse, qui ne pouvait pas descendre ; il me ramènerait le même
jour à Voiron, et nous nous marierions après les orges rentrées, la semaine
d'avant l'Assomption,

Il partit content comme si nous eussions été déjà l'un à l'autre. Il croyait
à ma parole, le pauvre garçon, comme si c'eût été parole d'évangile. Ah!
Monsieur, que j'ai été traître! dit-elle en se frappant la poitrine avec ses
aiguilles de bas, comme si elle eût voulu se les plonger dans le cœur;
mais c'était pour un bon motif pourtant, reprit-elle avec un accent de conviction qui parut la consoler elle-même.

— Comment, Geneviève, lui dis-je avec étonnement, vous avez été traître, vous?

Ah ! Monsieur, quand je dis traître, je veux dire étourdie ; mais bien
malheureusement étourdie, vous allez voir. Mais avant de recommencer à
vous conter tout cela, laissez-moi jeter quelques éclats de sapin sur le feu
qui va s'éteindre, et regarder dans la marmite si les pommes de terre que
j'ai promis de porter avant le jour aux enfants de la pauvre Marguerite
cuisent bien.

Elle jeta des éclats sur le feu, elle ouvrit le couvercle d'étain, elle remit
une poche d'eau sur les pommes de terre, qui brûlaient un peu, et elle
vint se rasseoir sous la lampe. Je profitai de l'interruption pour délier le
collier de mon chien, qui faisait du bruit avec ses grelots en prenant des
mouches, et pour étendre une goutte d'huile de plus sur les bassinets de
mon fusil. Geneviève continua ainsi :

XXVIII.

— L'histoire des douze sous que le père Cyprien avait racontée aux
cabarets et sur la route en s'en allant, pour se vanter de sa finesse, et, a
promenade que j'avais faite dans les prés avec son fils le dimanche d'après

avaient fait du bruit dans Voiron. Les voisines et les jeunes filles mes amies faisaient semblant de se moquer de ce que j'allais épouser un jeune homme de la montagne, qui portait des guêtres de cuir et des cheveux longs ; mais au fond elles me portaient envie toutes ; je le comprenais quand on me disait qu'elles disaient entre elles : « Tiens ! puisque le beau montagnard voulait se marier en plaine, il aurait bien pu en trouver d'aussi jolies et de plus riches que Geneviève ! » Les plus sages me faisaient compliment, elles me disaient : « Tu as bien fait, Geneviève ; l'habit n'y fait rien, va ; tu entres dans une bonne famille ; le bon Dieu te devait ça pour toutes les peines que tu t'es données avec ta mère. Elle sera bien contente, dans le Paradis, de te savoir établie avec un si beau, si riche et si honnête garçon. » Moi, j'écoutais tout cela, et je songeais à me faire le plus belle que je pourrais le jour de mes fiançailles, pour faire honneur à Cyprien.

XXIX.

J'avais amassé une petite économie en petites pièces, après avoir vécu et payé l'apprentissage de la petite chez la dentellière ; j'avais mis cela dans le coffre à sel, à côté de notre lit. Je me dis : Il faut t'acheter du linge, une robe neuve, une coiffe, des souliers de peau de chèvre et une bague d'or pour Cyprien, des boîtes de dragées pour les parents et les voisines. Je dépensai tout à me faire un trousseau, puisque ma mère n'avait pas pu m'en faire un avant de mourir. Mais aussi, j'étais aussi bien nippée qu'une fille qui aurait eu père et père. Tout cela était étalé sur le coffre à sel, à la tête du lit. J'y allais bien vingt fois par jour pour le regarder et pour me dire : « A quoi ressembleras-tu, Geneviève, quand tu seras là-dedans ? » Vraiment, Monsieur, je n'osais pas l'essayer, tant j'avais peur de ne pas me reconnaître. J'aurais rougi de me parer ainsi, même devant la petite Josette.

A la fin, il fallut bien m'endimancher, car c'était le matin du jour où Cyprien devait venir me prendre pour les fiançailles. Je menai Josette de grand matin chez sa maîtresse ; je priai cette femme de la garder deux jours et de la faire coucher avec ses enfants. Je lui recommandai d'être bien sage, je l'embrassai et je revins m'habiller.

A peine avais-je fini de boucler mes souliers et d'épingler mon fichu rouge devant et derrière ma robe de soie verte, que j'entendis le pas d'un mulet qui s'arrêtait devant la porte. On frappa : j'ouvris ; c'était Cyprien en habits neufs, en souliers neufs, en chapeau neuf à grands bords tombant sur les épaules, presque aussi longs et aussi noirs que ses cheveux. Il ne faisait pas encore bien jour, bien que ce fût trois semaines après Pâques. Il n'y avait personne encore aux fenêtres ni dans la rue.

Cyprien avait marché de nuit pour m'emmener dès le point du jou_, afin d'arriver à l'heure de la messe au village. Le mulet mangeait sur la porte, dans une résille de chanvre cordé qui lui passait autour du cou, et qui lui rapprochait son herbe de la bouche. Il avait un panache rouge sur le front, un collier de grelots qui sonnaient gaiement à chaque mouvement de son encolure, un poitrail de cuir garni de plaques luisantes comme de l'or, une selle large, rembourrée, couverte d'un beau tapis de laine de couleur sur le dos, avec un gros pommeau de cuir et de cuivre pour s'appuyer sur le devant, et deux étriers de fer suspendus à des courroies courtes, au milieu de la selle, pour qu'une femme y pût mettre ses pieds.

« Allons, Geneviève, me dit Cyprien, ne perdons pas un coup de l'horloge; la route est longue, le soleil marche vite une fois qu'il sort des sapins, la famille nous attend. » Je fermai la porte, je lui donnai les clefs comme s'il eût été déjà mon mari. Il me prit dans ses bras comme si j'avais été une javelle d'orge vert; il m'assît sur la selle, il passa mes pieds dans les étriers ; il me mit la bride dans une main, il me dit de me tenir de l'autre main au pommeau de la selle : « N'ayez pas de crainte, Geneviève, qu'il me dit, je vais marcher à côté, un peu en avant, en tenant le mulet par le licol, et s'il fait un faux pas, ou si vous avez peur, criez librement, et jetez-vous de mon côté, je ne vous laisserai pas tomber à terre, allez ! »

XXX.

J'avais bien peur ; mais je ne dis rien et je me rassurai en regardant les épaules et les cheveux de Cyprien, qui touchaient presque à mon genou et balayaient la poussière de mon soulier. Je me dis : « Je n'ai rien à craindre si près de lui. » Il n'était pas tout à fait jour encore quand nous traversâmes le petit pont au milieu des prés, et que nous commençâmes à gravir le sentier qui mène aux montagnes.

Cyprien, sans me regarder et sans me rien dire, se mit à chanter de toute sa force, et avec une si belle voix que les rochers de la route en sonnaient, la chanson des fiançailles dans la montagne. Vous savez bien, Monsieur, cette chanson qui dit :

> Belle, ouvrez-moi la porte
> A l'heure de minuit.

Les grelots et les fers du mulet sur les roches luisantes accompagnaient la chanson de Cyprien, et les rossignols qui s'éveillaient, et les alouettes qui partaient, et la chute des cascades qui bruissaient, et les jeunes filles qui sortaient du lit et qui se mettaient sur les portes de leurs châlets pour nous

voir passer, tout cela était si gai, Monsieur, que je ne me sentais plus le
cœur de contentement, et qu'il me semblait qu'on m'enlevait au troisième
ciel. Je me souvenais d'avoir vu dans la Bible, sur le lit de ma mère, la
figure d'une sainte Vierge, assise avec l'enfant Jésus sur un mulet, qu'un
ange menait par la bride pour voir sa cousine. Je me disais : « Tu es comme
une sainte Vierge, mais qu'as-tu fait de l'enfant ? » Et je me sentais un moment le cœur triste en pensant que j'avais laissé Josette en arrière, mais ça
ne durait pas. Cyprien tournait un autre rocher, entrait dans un autre bois,
traversait un autre torrent à gué, ses jambes nues dans l'eau ou bien en
croupe derrière moi sur le mulet, et tout redevenait surprise, joie et rire
comme avant.

XXXI.

J'étais si neuve à la vue des pays, Monsieur, du ciel, des montagnes, des
bois, des eaux, de toutes ces choses qui couvrent la terre ; je n'étais jamais
sortie de Voiron et presque jamais de ma chambre ; tout cela m'entrait dans
les yeux comme un feu d'artifice. J'admirais tout ; j'interrogeais Cyprien sur
tout, je criais de tout ; et cependant je n'avais peur de rien, parceque j'étais
avec lui. Mais, s'il faut vous l'avouer, Monsieur, deux ou trois fois je fis semblant d'avoir trop peur, au bord des ravins et au bruit du torrent ; je poussai un cri et je me jetai, ma main sur son épaule, autour de son cou, pour
qu'il me soutînt à demi et qu'il m'entourât de son bras robuste, sous lequel
je ne craignais plus rien.

— Et il n'en profita pas pour vous embrasser une seule fois, Geneviève ?

— Oh ! non, Monsieur, je vous le jure, dit-elle, il était trop honnête
homme pour cela ; il ne m'embrassa pas plus que mon ange gardien sur la
route : il était plus rouge de honte que moi ; il ne me toucha pas du bout
des lèvres jusqu'à ce qu'il fût devant tout le monde, à table, dans la maison
de sa mère, et que son père lui dit : « Allons, Cyprien, embrasse donc ta
fiancée ! »

XXXII.

Nous nous arrêtâmes bien quelquefois pour faire souffler le mulet à l'ombre, dans le creux d'un rocher, au bord des eaux qui écumaient. Il cassait
des branches de jeunes sapins qu'il me donnait pour m'éventer ou pour
chasser les mouches de mes joues ; même une fois que j'avais soif, il alla me
chercher de l'eau au torrent dans le creux de ses deux larges mains, qu'il
arrondit comme une coupe ; il les éleva vers moi, et j'y bus en me penchant
comme à la source. Je ne pouvais pas me rassasier d'y boire ainsi ; il me

semblait que ça me familiariserait avec celui qui devait être mon mari, et que je buvais véritablement sa sueur et sa vie. Je prolongeais le jeu au-delà de ma soif, et lui riait et me disait : « Bien, mademoiselle Geneviève, ne vous pressez pas, c'est comme cela que nous buvons à la montagne, quand nous fanons le foin. » Puis, quand j'avais fini, il buvait après moi, ouvrait les mains et me jetait quelques gouttes au visage pour me rafraîchir le front. Voilà tout ce qui nous arriva en chemin.

Mon Dieu ! que je trouvais donc tout cela beau ! les gorges dans les-quelles il semblait que le mulet ne pourrait jamais passer, tant les rochers et les sapins se rapprochaient, comme pour murer la route ; les neiges fon-dues qui bondissaient, comme des agneaux qui se noient, de rocher en ro-cher, jetant des cris, en hurlant, en sifflant comme des personnes; les bras des sapins qui s'étendaient sur le chemin et qui me forçaient à baisser la tête sur le cou de la bête, de peur d'y laisser ma coiffure et mon peigne ; les précipices tout garnis de fleurs rouges, bleues, jaunes, que je n'avais jamais vues dans les jardins de Voiron ; l'écume blanche qu'on voyait au fond, comme des écluses de lait qui auraient coulé du ciel ; les arcs-en-ciel qui formaient des ponts d'un des côtés du précipice à l'autre, et qu'on voyait en bas au lieu de les voir en haut ; par moments, de petits brouillards qni sortaient en fumée des sapins, qui devenaient nuages, qui éclataient en éclairs, en tonnerres, en ondées d'un quart d'heure, et puis qui se dissi-paient, comme les bulles d'air de Josette, en soufflant dessus, et qui lais-saient revoir, après, un ciel sans tache, aussi bleu que l'eau du la-voir quand les blanchisseuses y ont délayé de la céruse ; je ne pouvais me lasser de regarder ; je me disais : « Que le monde est grand ! » J'aurais voulu ne jamais arriver et toujours attendre. Cyprien avait vu cela toute sa vie, Monsieur, lui ; eh bien ! il n'avait pas l'air plus pressé que moi ! il me disait : « Geneviève, vous allez croire que je mens ; eh bien ! le pays ne m'a jamais paru aussi beau que cette fois avec vous. Je ne sais pas pourquoi ; mais c'est comme ça » Et il trouvait toujours que la monture allait trop vite, parcequ'elle sentait le pré, disait-il, et il trouvait toujours une raison pour l'arrêter, tantôt pour resserrer les sangles, tantôt pour lui enlever un taon sur le cou, tantôt pour lui ôter un caillou du pied. Ah ! il aimait bien son mulet, allez !

XXXIII.

Voilà que quand nous fûmes arrivés à un long pont de bois peint en rouge, sur le gave qui sépare les bois de Montagnol des bois de Valneige, nous entendîmes des coups de fusil qui roulaient dans le ravin comme des

tonnerres. « Ne bougez pas, me dit Cyprien : ce sont les parens qui viennent au devant avec les garçons et les filles du pays pour vous faire
fête. »

Nous les rencontrâmes au milieu du pont. Ils étaient bien trente, tant
garçons que filles, tant hommes d'âge que petits enfants. Le père Cyprien
était en avant. Son fils lui donna la bride du mulet. Les enfants jetaient
des grains de blé et des coquelicots sous les pieds de la bête, que les planches du pont en étaient toutes rouges; mais j'étais plus rouge que les coquelicots, moi-même, de honte de me voir ainsi honorée comme une reine
qui ferait son entrée dans Jérusalem! moi pauvre servante, qui n'avais pas
vingt ans, voyez-vous; n'était-ce pas pour m'humilier?

On me conduisit ainsi de porte en porte jusqu'à l'église, où le curé, avec
l'enfant de chœur, nous attendait pour bénir les fiançailles, et de là au
châlet du père Cyprien, pour saluer la mère et goûter le pain. Devant
toutes les maisons disséminées que nous rencontrions, il y avait auprès de
la porte une petite table couverte d'une nappe de chanvre, avec des bei-
gnets, des crêpes sucrées, des gâteaux, du vin blanc et des bouquets dans
un pot à l'eau, dessus. Les mères et les filles étaient sur le pas de leur
porte; il fallait goûter de tout en passant : c'était la coutume. Après cela,
on était du pays.

La mère de Cyprien me présenta le banc de sapin à trois pieds pour
descendre du mulet. Elle me prit par la main, toute boiteuse qu'elle était,
et me mena gravement d'abord à l'étable, puis à la grange, au grenier à blé,
à la laiterie, à la fontaine, au lavoir, au four, enfin dans la maison. Il y
avait une longue table couverte de pain de brioche, de plats cuits au
four et de brocs de vin. Elle me conduisit près du foyer : on y voyait une
quantité de marmites fumantes; elle me fit toucher la crémaillère et les
chenets, puis elle m'embrassa et elle me dit deux ou trois mots du pays que
je ne compris pas.

Je n'osais lui répondre, et, si je n'avais pas vu Cyprien, qui était avec ses
parents, toujours derrière moi, je me serais sauvée. Les hommes se mirent
à table; la mère, les femmes et moi nous les servions; seulement, de temps
en temps le père me faisait asseoir sur le banc, manger un morceau sur le
pouce, et boire une tasse de vin blanc avec lui; le reste du temps, je relevais ma robe de soie à l'agrafe de ma ceinture, je retroussais mes manches,
j'ôtais ma coiffe et j'allais dans le levier à côté, avec les femmes, pétrir les
galettes, récurer les plats et emplir les bouteilles pour les invités. « Elle
n'est pas fière et elle est ouvrière, disaient les vieilles à la mère Cyprien;
vous avez du bonheur, ça fera une bonne servante à la maison. »

XXXIV.

Quand le dîner fut fini, et qu'il ne resta que les pères à table, devisant de choses et d'autres en buvant, Cyprien me mena promener dans le domaine, dans les sapins et dans le pré de son père ; les vaches paissaient dans l'herbe, qui leur montait jusqu'aux genoux. Il me les nommait l'une après l'autre, en me disant leurs qualités et leurs défauts : « Celle-là, c'est la rousse, me disait-il, elle vient d'elle-même tendre son pis deux fois par jour pour qu'on la soulage de son lait ; celle-là donne deux pintes par soleil ; celle-là laboure comme un bœuf, mais elle est toujours maigre et ne broute guère au râtelier ; nous l'appelons la servante : celle-là est bariolée de noir et de blond ; c'est la plus belle, mais elle est fière et capricieuse comme une chèvre : celle-là a la corne de travers ; il faudra prendre garde, Geneviève : jusqu'à ce qu'elle vous connaisse, elle vous regardera de mauvais œil. » Il m'avertissait de tout, Monsieur, et me disait comme il fallait faire pour être agréable à sa mère et pour me faire aimer à la maison. Je le remerciais, et je lui disais : « Soyez tranquille, Cyprien ; n'ai-je pas servi toute ma vie ? » Puis j'admirais les sapins, les orges, les arbres fruitiers, les ruches couvertes de leurs toits pointus de paille grise pour que la neige glissât dessus, les canards dans la mare, les poules dans le verger, enfin tout, quoi ! et je pensais : Je n'aurais pas besoin de tant avec Cyprien ! Il me ramena toute contente à la maison, où les vieillards buvaient encore, quoique le soleil fût déjà haut dans le milieu du ciel, et me fit voir la chambre que j'aurais avec lui au dessus de l'étable ; on y montait par une échelle de sapin, et il y avait une petite galerie devant toute tapissée de maïs luisant, comme si la muraille eût été de l'or. La chambre était basse et petite, tout en bois de sapin poli comme un coffre. « Ah ! que nous serons bien là ! que je me dis ; c'est bien assez grand pour deux. » Je pensais laisser la petite en apprentissage à Voiron, parceque Cyprien m'avait dit en route que sa mère ne voulait absolument que moi. « Et puis, me disais-je, cette pauvre enfant-là a toujours été dorlotée ; ça ne connaît pas la peine ; ça souffrirait trop d'être paysanne dans sa vie, après avoir été quasi demoiselle étant enfant. »

Nous redescendîmes l'échelle sans en avoir plus dit. Le mulet tout harnaché nous attendait en bas. Le père Cyprien me remit dessus. Tout le pays me fit la conduite jusqu'au pont rouge, et nous redescendîmes, Cyprien et moi, fiancés et contents, par où nous étions montés le matin.

XXXV.

Nous étions plus gais, Monsieur, et plus accoutumés ensemble, parceque maintenant nous ne pouvions plus nous dédire, et que nous avions bu et mangé ensemble et mis notre main dans notre main. Le temps nous durait, en idée, jusqu'au grand jour ; mais Cyprien me promettait de venir tous les dimanches me conduire à la messe à Voiron, et me promener dans les prés : ça nous ferait patienter.

Ah ! mon Dieu ! que j'étais heureuse ! et lui aussi, qu'il était content ! Ce n'était plus le même garçon que le matin, voyez-vous ; il me regardait, il me regardait, nous nous regardions ! Il cassait des branches à tous les buissons en fleurs pour en ombrager la tête du mulet ; il parlait à tous les passants d'un air de joie et de bonne grâce, comme un homme qui aurait voulu ouvrir son cœur, où il y aurait trop de contentement, pour en donner une part à tout le monde. Et quand on lui demandait : « Qu'est-ce que tu mènes donc là si joyeux à la ville, Cyprien ? veux-tu vendre la charge de ton mulet ? — Oh ! que non, qu'il disait ; c'est mon cœur : je ne le vends pas, mais je le laisse prendre. » Et puis on riait ensemble en buvant un coup à sa gourde, et les passants disaient en s'en allant : « Voyez donc Cyprien, il ramène sa fiancée, la Geneviève, la fille du vitrier. Un beau et un bon brin de fille, ma foi ! » C'est ainsi qu'on disait, Monsieur. Pardonnez si je me vante ; mais il y a si loin, si loin de cela.

XXXVI.

Nous nous amusâmes si longtemps en route, qu'il était nuit close depuis deux grandes heures, qui ne nous avaient pourtant pas duré, quand nous arrivâmes au bas des montagnes, sur le pont des prés du Voiron. Cyprien, que la nuit rendait plus hardi, s'arrêta sur le pont, tout près de la première maison de la ville : « Nous voilà arrivés, Geneviève, me dit-il tristement ; il faut nous dire adieu avant d'entrer dans la rue, où tout le monde vous écoute. — Eh bien ! oui, Cyprien, disons-nous adieu là, lui répondis-je, et quand vous m'aurez descendue du mulet sur ma porte, où vous m'avez prise, vous n'entrerez seulement pas ; vous repartirez sans me dire plus haut que mon nom, pour que les mauvaises langues n'aient rien à dire.

Alors, Monsieur, il mit ses deux bras sur le cou du mulet arrêté, comme un homme qui prie Dieu les deux coudes sur son banc à l'église ; il tourna la tête de mon côté, j'approchai mon visage du sien ; il me dit : « Adieu donc, Mademoiselle Geneviève ! » Je lui dis : « Adieu donc, Monsieur Cy-

prien! » Et puis il soupira bien fort, je soupirai bien fort aussi, et puis il
répéta : « Adieu, Mademoiselle Geneviève ! » et je répétai : « Adieu, Monsieur Cyprien, » et nous répétâmes bien cinquante fois chacun : « Adieu,
Geneviève ! adieu, Cyprien ! » et autant de fois nous soupirâmes sans en
dire ni plus ni moins ; et à la fin il releva le bras gauche pour le passer
autour de mon corps et m'attirer un peu vers lui, et il m'embrassa en me
serrant un peu sur son cœur, et ça fut dit. Il reprit la bête par la bride,
marcha sans plus se retourner et sans souffler jusque devant ma porte, me
descendit sur le banc de pierre, retourna la tête de son mulet et partit sans
s'arrêter ni se retourner. Mais j'avais bien vu qu'il pleurait en dedans, et
moi je restai un moment toute seule assise sur le banc de pierre dans
l'ombre près de la porte, à pleurer aussi tout bas.

XXXVII,

Quand je n'entendis plus le bruit des fers du mulet sur le pavé, je pris
la clef de la maison que j'avais dans la poche de mon tablier, et j'entrai en
refermant la porte derrière moi. J'allumai du feu et j'entrai, ma lampe à la
main, dans l'arrière-boutique, où étaient mon armoire et mon lit, pour me
déshabiller. Je ne faisais point de bruit en marchant, parceque je croyais
que la petite, que la voisine avait dû venir coucher, était déjà endormie, et
que je ne voulais plus bavarder ce soir-là ayant le cœur trop gros.

XXXVIII.

J'entrai donc à pas de loup, sans faire craquer mes souliers; mais en
m'avançant vers le lit, Monsieur, je vis deux beaux yeux bien ouverts, qui
me regardaient en s'ouvrant toujours davantage par l'étonnement, à mesure
que la lampe m'éclairait mieux. C'était Josette, qui était sur son séant, appuyée contre la têtière du bois de lit, en chemise, mais qui ne dormait pas
et qui me regardait sans rien dire, tout effrayée, la pauvre enfant, Monsieur, comme si elle avait vu un fantôme ou une vision ! Mais elle me reconnut à la voix.

— Tiens ! c'est toi, Geneviève ? qu'elle s'écria en ouvrant ses petits bras
et en déplissant son front et ses lèvres, qui passèrent tout à coup de l'effroi
au sourire.

— Et oui, que c'est moi, lui dis-je, qu'as-tu donc à me regarder comme
ça ? Est-ce que je ne suis pas la même qu'hier ? J'avais oublié, Monsieur,
d'ôter mes beaux habits, qui me changeaient toute.

— Et non, que tu n'es pas la même, dit-elle en boudant un peu des lè-

vres; est-ce que tu veux te moquer de moi? Est-ce que tu avais hier cette
belle robe de soie qui brille, qui luit et qui change comme les gorges des
pigeons sur un toit au soleil, ces souliers qui craquent comme ceux des
dames à l'église, ce fichu de dentelles, cette ceinture de ruban, cette coiffe
dont les ailes te battent sur les joues, ces boucles d'oreilles qui pendent
comme deux poires d'or, ce beau collier avec cette croix sur la poitrine?
est-ce que nous sommes en carême entrant-carnaval? ou bien est-ce qu'il
est venu une fée avec sa baguette, comme dans le livre où tu m'apprends à
lire, qui t'a changée, dans ton voyage, en demoiselle, et qui t'a donné de si
belles nippes que je n'oserais pas seulement t'embrasser?

— Tiens! c'est vrai, que je pensai en moi-même; cette pauvre enfant,
elle ne m'a jamais vue comme ça; ça doit l'étonner tout de même. Je n'a-
vais pas songé que j'avais ma robe de noces!

— Pourquoi donc, continua-t-elle, as-tu fait faire de si beaux habille-
ments?

J'étais embarrassée.

— C'est que je viens de me fiancer, lui dis-je, et que je vas me marier.
Et je me mis à me déshabiller tout en parlant, à ôter les agrafes de mes
souliers fins, à dénouer les nœuds de ma ceinture, à désépingler ma coiffe
de dentelle, à détacher mes boucles d'oreilles et mon collier, à dénouer
mon fichu de mes épaules, à dépouiller ma robe de soie, à replier tout cela
avec soin et à le ranger dans l'armoire pour la noce. La petite me regardait
faire, en s'émerveillant de tant de belles choses. Puis, quand j'eus fini et
fait ma prière et que je fus en chemise, les pieds nus pour me coucher:

— Oh! à présent, dit-elle, je t'aime bien mieux, et j'oserai t'embrasser!
Elle me fit place, je soufflai la lampe et je me couchai à côté de l'enfant.
« Oh! bien, à présent, c'est bon! » dit-elle en me passant ses deux bras
autour du cou, comme elle avait l'habitude de faire quand elle allait s'endormir. Mais elle était si agitée par la vue de mes beaux habits, par mon
absence de toute la journée, et moi j'étais si éveillée par l'impression de
tout ce que j'avais vu et fait dans la journée et par l'image de Cyprien, que
nous nous empêchions de dormir l'une l'autre.

— Eh bien! me dit la petite malicieuse, je ne m'endormirai pas, et je
ne te laisserai pas dormir que tu ne m'aies tout dit. Tu vas donc te marier,
Geneviève?

— Oui.

— Et avec qui?

— Avec M. Cyprien, que tu connais bien, et qui te tient, quand il vient,
sur ses genoux.

— Oh! tant mieux! dit-elle; mais M. Cyprien, il est de la montagne. Est-
ce qu'il va demeurer avec nous?

Je me sentis toute honteuse devant l'enfant, et je m'embarrassai pour répondre. A la fin je pensai : bah! il vaut autant lui dire tout de suite.

— Non, que je lui dis, il reste à la montagne.

— Mais toi, reprit-elle, tu ne resteras donc pas avec lui?

— Si! lui dis-je.

— Tu resteras à la montagne?

— Eh! oui, puisque j'y serai mariée.

— Et moi, ajouta-t-elle en desserrant ses mains d'autour de mon cou, en les battant l'une contre l'autre, j'irai donc rester à la montagne? Oh! que je suis aise! J'aime tant M. Cyprien, son chien et son mulet, le lait, les pommes, les oiseaux, les papillons! On dit qu'il y en a tant là-haut! Quand est-ce que nous y allons?

— Mais toi, répondis-je, de plus en plus embarrassée de répondre, toi, tu n'y viendras pas, mon enfant, tu resteras à Voiron, chez ta maîtresse, qui t'apprend la dentelle. Elle t'élevera avec ses enfants; elle aura bien soin de toi, je viendrai te voir souvent; tu seras bien heureuse!

— Méchante! s'écria l'enfant, tu me laisserais? tu aurais bien le cœur de t'en aller sans moi, sans moi, qui ne t'ai pas plus quittée que ta chemise depuis que je suis venue au monde; sans moi, qui ai toujours vécu, mangé, couché avec toi, comme si j'étais ta fille; sans moi, qui n'ai pas seulement pu m'endormir une heure aujourd'hui, parceque je n'étais pas couchée là avec toi? Méchante! répéta-t-elle avec un accent de colère et en me frappant le sein avec sa petite main, si tu avais bien le cœur de faire cela, tu n'aurais pas besoin de revenir ni souvent, ni une fois à Voiron, va! tu ne me retrouverais pas; je serais bientôt au cimetière, à côté de ma mère, et je lui dirais que tu m'as laissée, comme une menteuse, toi qui disais toujours que tu lui avais promis, quand elle est partie pour l'église, de tenir sa place auprès de moi! » Et puis elle se mit à pleurer.

XXXIX.

Vous sentez, Monsieur, que je n'étais pas à mon aise en écoutant cette simple petite parler ainsi; je commençais à me douter que j'avais agi légèrement et par emportement d'amour avec Cyprien; car enfin l'enfant avait raison. Je lui avais servi de mère, je ne l'avais jamais quittée que ce jour-là dans toute sa vie; je lui avais dit cent fois ce que j'avais dit à notre mère : que je mourrais plutôt que de l'abandonner, et voilà que j'allais me marier et la laisser comme une orpheline aux soins d'une étrangère! Oh! le remords me serrait la gorge, que je ne pouvais ni parler, ni respirer, ni sangloter. Je commençais à me repentir de ce que

j'avais promis à Cyprien ; et puis, cependant, je l'aimais tant que je ne pouvais me repentir de l'aimer. D'un côté la petite, de l'autre mon fiancé, puis
mes promesses à l'église le matin, en face de tout le village, et puis ma promesse
à ma mère là-haut en face de la mort et de Dieu !... Je me retournais en moi-
même et je me retournais dans le lit sans pouvoir trouver une bonne place,
ni échapper à l'enfant, ni échapper à l'image de Cyprien, ni échapper à
l'ombre de ma mère, ni échapper à mon propre cœur !.... Ah ! Monsieur, la
terrible nuit !... Il n'y en a pas de pire, j'en suis sûre, dans l'enfer. Je rougissais, je pâlissais, j'avais la sueur froide sur les membres, je brûlais, j'é-
tais transie, j'avais la fièvre, et la petite se retournait chaque fois que je me
retournais pour l'éviter, et continuait à me reprocher toujours. — Mais,
que je lui disais en l'embrassant et en lui prenant les mains dans les miennes, tu seras si bien chez la dentellière : bien couchée, bien nourrie, bien
parée, bien instruite, comme ses propres enfants. Elle est à son aise ; ce
n'est pas comme chez nous : il y a des meubles, il y a des chambres, il y a
une servante qui fait tout le gros ouvrage. Que veux-tu de mieux ? Est-ce
que je peux te nourrir avec du pain blanc moi ?

— « Qu'est-ce que ça me fait ton pain noir ou blanc, répondit l'enfant,
la robe vieille ou neuve, la chambre, les meubles, la servante ? Ne me
nourris qu'avec du pain de paille, si tu veux ; mais emmène-moi partout
avec toi. Loin de toi, je serai si malheureuse, si malheureuse ! Tu parles de
la dentellière ; elle les nourrit bien, oui, mais si tu savais comme elle les bat,
ses enfants ! Ah ! je ne resterais pas seulement trois jours chez elle qu'elle
m'aurait battue et que je me serais sauvée dans les prés et jetée, comme la
petite de la Bohémienne, dans la rivière, où on l'a retrouvée hier ! Qu'est-
ce que tu dirais quand tu apprendrais ça ? Serais-tu bien contente là-haut,
avec ton Cyprien ? Ah ! je le déteste maintenant ! Et qu'est-ce que ma mère
penserait de toi dans son lit de terre ?

Je me mis à pleurer plus fort à ces mots ; alors elle redoubla de parler de
ma mère. Les enfants, voyez-vous, c'est plus fin que ça n'en a l'air. Elle s'a-
percevait de l'impression que faisait sur moi ce reproche au nom de notre
mère, elle y revenait toujours. Ça m'attendrissait, et, quand elle vit que je
pleurais bien et que j'étais ébranlée, alors, Monsieur, elle s'entortilla autour
de moi comme un serpent, les bras à mon cou, la bouche sur ma poitrine, les
membres contre mon corps, en m'embrassant avec fureur, en se collant à moi
comme ma peau et en criant tout bas : « Non ! non ! non ! tu n'auras pas le
cœur de me déchirer les membres, pour m'arracher de toi et pour me jeter
à comme une vieille robe en morceaux, pour qu'on marche dessus ! Non,
Geneviève, ma sœur ! ma nourrice ! mon autre mère ! deux fois ma mère !
puisque tu l'as été après la mort de la première, comme avant ! Je serai si

sage, si bonne, si obéissante! Je t'aimerai tant, je t'embrasserai tant, le jour et la nuit! Oh! dis-moi, dis-moi que tu ne me quitteras pas! »

J'allais le dire, Monsieur, tant cette enfant me remuait jusqu'au fond du cœur, en m'étouffant dans ses petits bras, quand je vins à penser à Cyprien, qui venait de me quitter si joyeux et qui n'était pas encore peut-être au pied des montagnes. « O Dieu! me dis-je, il m'a été fiancé ce matin, il m'a embrassée il n'y a pas une heure, il a encore l'odeur de la rose de mon front sur les lèvres et déjà sa maîtresse est traîtresse! Non, non, Josette, que je lui dis en lui dépliant les bras de mon cou et en me dégageant le corps de son corps pour me retourner de l'autre côté du lit et pour réfléchir; non, une honnête fille doit tenir sa parole, et j'ai fait serment à Cyprien. Laisse-moi!

— Un serment! qu'elle me dit en se levant toute droite sur le lit; tu n'en as donc point fait à ma mère? Eh bien! oui, laisse-moi tout de suite: je ne veux plus coucher avec toi; je veux aller coucher sur sa pierre et lui demander si c'est Cyprien ou moi qu'elle t'a mis dans les bras en mourant! Nous verrons ce qu'elle répondra!...

En disant ces mots, Monsieur, cette petite, folle de tendresse et de colère, fit un pas pour me passer pardessus le corps à travers le lit, et pour sauter sur le plancher; mais s'étant embarrassé les pieds dans les plis du drap, qui était déjà tout tordu par ses convulsions, elle tomba la tête la première sur le carreau, jeta un cri et resta sans mouvement au pied du lit!

Ah! j'entendrai toute ma vie ce cri et le coup sourd de sa chute sur le plancher. Je m'élançai, je la pris dans mes bras, je l'appelai: Josette! Josette! Je la portai vers la fenêtre pour lui faire respirer l'air de la nuit; rien n'y fit; elle était comme morte dans mes bras! Je l'étendis sur le lit, je lui jetai de l'eau sur les tempes, je pris ses mains dans les miennes, je mis ma bouche contre sa bouche; elle ne respirait toujours pas; elle devenait froide comme j'avais senti ma mère en l'ensevelissant.

— Malheureuse que tu es! m'écriai-je en me parlant à moi-même, tu as tué ta sœur! et je tombai un moment sans connaissance sur le plancher.

Je ne sais pas combien de temps j'y restai; mais, quand je repris mes sens, ma sœur était encore immobile et sans souffle sur le lit! Je me remis à genoux devant, la tête sur son corps, priant Dieu, priant tous ses anges et tous ses saints, priant ma mère surtout, de la ressusciter et de me prendre à sa place! J'étais comme dans un rêve, Monsieur, et cependant j'étais éveillée! C'est alors que j'entendis là, comme je m'entends, la voix de ma mère dans mon oreille, mais la voix plus sévère que je ne l'avais jamais entendue pendant sa vie, qui me dit : « Caïn ! Caïn ! qu'as-tu fait de ton frère ? » comme elle m'avait lu ces mots dans la Bible ?

On m'a bien dit depuis que c'était une illusion, un écho de ces paroles que j'avais entendues d'elle autrefois, et qui sonnait de loin dans ma tête troublée par le désespoir ; mais j'entendis pourtant si bien ces paroles, que j'y répondis tout de suite, comme je réponds quand on m'appelle.

« — Ma mère ! ma mère ! répondis-je, ne me condamnez pas ! Je jure « que, si vous rendez le souffle et la parole à la petite, je ne me marierai « pas, et que je me sacrifierai entièrement à votre enfant ! »

Et je fis un vœu, Monsieur, un vœu irrévocable, en dedans de moi !

La preuve que ma mère m'avait bien parlé, Monsieur, et qu'elle avait bien entendu ma réponse, c'est qu'à peine mon vœu était fait dans mon cœur, que la petite commença à respirer, à étendre les bras, à ouvrir les yeux aussi doucement que si elle sortait d'un sommeil, et qu'elle me dit, sans plus de colère :

« — Geneviève, tu ne te marieras plus, tu ne me laisseras jamais, n'est-ce pas ?

« — Non, jamais ! jamais ! jamais ! dis-je en la couvrant de baisers, en me recouchant à côté d'elle, et en la réchauffant sur mon corps. Mais comment le sais-tu ? lui dis-je.

« — Quelque chose me l'a dit dans le cœur, » dit-elle.

Alors elle m'embrassa de nouveau, et nous nous embrassâmes tout le reste de la nuit, elle en riant, moi en pleurant.

Le malheureux Cyprien, il n'était pas encore au pont rouge, et il n'avait plus de maîtresse ! et il chantait peut-être, avec son mulet, sans se douter de rien !...

Ce que c'est que de nous pourtant, Monsieur ! Ah ! ne m'en parlez pas ! Le monde est une marche les yeux bandés ; on croit aller à droite, on va à gauche. C'est Dieu seul qui voit clair pour nous !

XL.

Josette finit par dormir aussi tranquillement que dans son berceau quand elle était petite et que je la berçais du pied en chantant de la voix ; moi, non ; le jour commençait à glisser sur le lit ; j'étais contente en la regardant si jolie, si jolie, avec ses beaux cheveux, où il y avait un peu de sang, tout déroulés et tout mêlés sur le traversin, par l'agitation de la nuit, et puis, quand je revenais à penser à Cyprien, le cœur me fendait, et je devenais tout eau dans mes yeux.

Je n'aurai jamais le courage de lui dire : « Cyprien, votre Geneviève est une traîtresse! Les paroles m'étoufferaient de chagrin et de honte! Non; il faut l'avertir, le pauvre garçon! Je vais lui écrire, le papier ne rougit pas; allons!

Je me levai doucement, doucement, pour ne pas réveiller Josette, qui avait besoin de se refaire, et je me mis à écrire à Cyprien vers la fenêtre d'où l'on voit la montagne. Ah ! j'usai bien des feuilles de papier ce jour-là, Monsieur; car je pleurais tant, je pleurais tant, que chaque fois qu'une ligne était faite, il fallait en faire une autre, parceque le papier était tout mouillé, et que j'aurais mis à la poste mes larmes au lieu d'encre ! Cela arriva bien dix fois, tant que j'eus de l'eau dans les yeux. Enfin, à la fin des fins, j'en fis une qui était assez sèche.

— Comment, sèche! lui dis-je en l'interrompant, Geneviève, et pourquoi? Était-ce donc la faute du pauvre Cyprien?

— Quand je dis sèche, Monsieur, répondit Geneviève, je veux dire que le papier n'était pas si mouillé que les autres. Cependant il y avait bien encore trois ou quatre grosses taches d'eau.

— Ah bien! répliquai-je, je vous comprends. Mais qu'est-ce que vous pouviez lui dire pour vous justifier dans cette lettre? Je voudrais bien le savoir. Vous en souvenez-vous ?

— Ah ! Monsieur, si je m'en souviens ! Je n'ai jamais écrit que celle-là dans toute ma vie, et même je l'ai conservée, ajouta-t-elle en me montrant du coin de l'œil son armoire, c'est à dire le brouillon, car la lettre, c'est la mère Cyprien qui l'a avec les effets de son fils.

— Je voudrais bien la lire alors, si ça ne vous fait pas de peine, Geneviève; car cette lettre est une partie principale de votre histoire, et puis elle n'était pas facile à écrire, et moi qui en écris tant, comme vous dites, j'aurais été bien embarrassé à votre place pour écrire celle-là.

— La voilà, Monsieur, me dit-elle après avoir fouillé un moment dans son armoire et tiré un papier caché entre deux chemises de femme. Elle me remit la lettre et reprit sa chaise et son tricot.

XLI.

C'était du gros papier, un peu gris, avec lequel les détaillants et les merciers enveloppent les boîtes de dragées ou les joujoux des enfants qu'ils vous vendent. On voyait qu'il avait été trempé d'eau à sept ou huit places, car l'eau avait délayé et élargi les lignes de la plume. L'écriture était ronde, à grands traits, à lignes très espacées, mais peu horizontales. Elle était pliée d'une trentaine de plis compliqués, bizarres, inextricables, comme les lettres des pauvres gens qui ne savent pas comment fermer une lettre simplement quand elle est écrite, et qui se torturent l'esprit pour inventer un pliage inusité. Elle n'avait jamais été cachetée. Je la lus tout bas pour ne pas faire de la peine inutile à la pauvre fille. La voici :

« Monsieur Cyprien,

« Celle-ci est pour vous dire que vous ne pensiez pas à moi pour votre femme... Pourtant, si vous y pensez comme j'y pense, ça me fera toujours plaisir, attendu que nous n'avons rien à nous reprocher, du moins vous, ni moi non plus ; mais tout est dit. Le bon Dieu ne veut pas que je me marie avec vous. Je n'en épouserai pas d'autre. Je vais vous dire pourquoi. Allez, je vous plains bien, mais ce n'est pas ma faute...

« Cette nuit, la petite est tombée du lit par terre. Elle a été morte pendant je ne sais combien de temps. Pour lors, je l'ai ramassée et j'ai été morte aussi. Ma mère est revenue ; elle m'a dit comme ça : Caïn, qu'as-tu fait de ta sœur ?

« Pour lors, la petite m'a dit : N'est-ce pas que tu ne te marieras pas avec M. Cyprien. J'ai dit : Non, ma mère, et j'ai fait le vœu ; c'est dit, c'est fini, il n'y a plus à y revenir. Ah ! mon Dieu, Monsieur Cyprien, qu'allez-vous penser de moi ?... Moi qui aimais tant vos vaches et le mulet ! Parlez-leur de moi. Renvoyez-moi le bouquet et la bague ; voici votre ganse de chapeau, en fil de tresse, que vous avez oubliée sur le comptoir. Mon Dieu ! que j'ai de chagrin !... Non, je n'y survivrai pas... Mais vous, ne vous faites pas d'ennui pour cela, ça n'en vaut pas la peine.

« Je suis bien aise de vous dire que tout va bien à la maison. Dites-en de même chez vous. Votre père et votre mère ont été bien honnêtes vis-à-vis d'une pauvre fille comme moi. C'est dommage qu'il n'y eût pas deux chambres au-dessus de l'écurie. La petite n'aurait pas coûté beaucoup à votre mère. Ça se nourrit de rien. Tout le malheur vient de là. Faites-leur bien mes compliments. Je suis fâchée de la dépense. Excusez-moi.

« Adieu, Monsieur Cyprien, n'y pensez plus et portez-vous bien !

                                        GENEVIÈVE.

« Quand vous viendrez à Voiron, ne passez plus jamais par notre rue, ça me ferait peine rien que d'entendre les pas de votre mulet.

« Adieu, Monsieur Cyprien... (Une pluie de larmes et d'encre délayés. On lit encore, à travers ce brouillard, deux ou trois fois : « Adieu, Monsieur Cyprien...»)

XLII.

Je lui rendis la lettre sans rien dire, et elle la serra de nouveau dans son armoire, entre les deux chemises.

Pauvre fille ! voilà pourtant le résumé écrit d'un monde d'impressions d'amour, de souvenirs, d'espérances vivantes et anéanties dans un cœur ! Le sentiment existe, mais il est sourd et muet dans l'âme illettrée du peuple.

XLIII.

Geneviève continua :

Après avoir écrit la lettre à Cyprien, je la remis à un des petits ramoneurs de la montagne qui logeaient chez le pays de mon fiancé, et je le chargeai de la porter à Valneige. Je lui donnai pour cela une paire de sabots garnis. Quand je lui remis la lettre dans sa poche, le pauvre enfant, je sentis bien que tout était dit, et il me sembla que mon cœur me tombait des mains avec la lettre.

XLIV.

Puis je rentrai sans savoir ce que je faisais ; la petite dormait encore, j'allai droit à l'armoire. Je pris mes souliers fins, mes boucles, ma ceinture à nœuds de ruban, ma coiffe de dentelles, mes boucles d'oreilles, mon collier de grains de jais, ma belle robe de soie gorge-de-pigeon, j'en fis un paquet bien plié dans une serviette blanche qui n'était pas marquée, j'emportai tout cela à l'église de Voiron pendant qu'il n'y avait personne, et je le déposai, sans avoir été aperçue par le sacristain, sur l'autel de la sainte Vierge. J'avais attaché sur la serviette, avec une épingle, un petit morceau de papier où j'avais écrit : *vœu*. On savait que cela voulait dire, dans le pays, une offrande pour habiller la sainte ou la madone. Je me disais : « Il ne faut rien garder à toi de ces habits trompeurs de fête et de fiançailles ; ça te rappellerait ta traîtrise avec M. Cyprien et ton malheur ; ça te ferait penser à revenir au mariage, peut-être à abandonner ta sœur, à rompre ton vœu. Jamais tu ne seras tranquille avec ces nippes à toi dans la maison. Donnons-les à Dieu, à qui on ne reprend rien, et que ça soit fini. »

Quand la petite, à mon retour, me demanda à les voir, je lui dis ce que j'en avais fait. Elle ne pleura pas, Monsieur, ces beaux habits ; elle me sauta au cou et elle me dit : « Eh bien ! tu as bien fait, Geneviève, j'aime mieux toi toute nue, que tout ton cocon de soie dans lequel je ne te reconnaissais quasi pas cette nuit. Tant que j'aurais su tes habits de noce là, dans l'armoire, j'aurais toujours cru que tu allais te marier une fois ou l'autre. A présent, je t'en défie bien ; qui est-ce donc qui te prendrait dans ta robe de bouracan et dans tes sabots de noyer ? »

Cette enfant s'attacha à moi comme ma chemise, depuis ce jour-là, Monsieur. Elle n'avait que douze ans et demi, mais elle avait de l'esprit comme

les autres de quinze ans; elle me faisait souvent pleurer et rire tout à la
fois. Elle devint sage comme un ange et jolie, jolie comme une sainte
vierge de cire! Seulement, elle avait de la vanité, ça c'est vrai; quand je ne
trouvais pas mon miroir à la fenêtre, je n'avais pas besoin de le chercher,
je savais bien où il était; et puis, il faut être juste aussi, tout le monde
dans la rue et dans Voiron lui répétait sans cesse qu'elle était la plus fine
du pays, et on l'appelait déjà la belle dentellière. C'est mauvais pour les
jeunes filles, ça, Monsieur, voyez-vous, surtout quand elles n'ont ni père
mère.

XLV.

Voilà donc comment ça se passa, Monsieur. La famille de Cyprien me fit
dire par le ramoneur que c'était bon, et que le garçon ne reviendrait plus
à Voiron. « Et qu'est-ce qu'il faisait, lui? demandai-je au ramoneur. —
Oh! Mam'selle, qu'il me dit, il ne faisait rien; il étrillait son mulet contre
le mur de l'étable, et il tombait de grosses larmes de ses yeux sur le poil de
la bête. » Voilà tout ce que j'en ai su pour le moment.

XLVI.

Nous restâmes deux ans et demi comme cela sans entendre plus parler l'un
de l'autre que si nous étions morts tous les deux. S'il m'avait revue il ne
m'aurait pas reconnue, car ma beauté d'un printemps n'avait pas tenu à mon
chagrin, mes couleurs avaient passé comme une teinture de mauvais teint
sur une étoffe; je travaillais tard, je me levais matin, je pleurais la nuit, je
me nourrissais pauvrement pour gagner le trousseau de Josette et pour
payer ses apprentissages, je n'allais plus dans les prés, je ne voyais plus le
soleil que contre le mur de la chambre un moment le soir, j'avais maigri
que mes robes me tombaient des épaules et que ma bague me glissait du
doigt; je m'étais voûtée, comme vous le voyez, à force de coudre; je pensais toujours à Cyprien en cousant, et je me disais malgré moi: « Qu'est-ce
qu'il fait à présent? Hélas! s'il me rencontrait, que dirait-il? croirait-il
bien qu'il a jamais pu être amoureux de cette pauvre fille qui tiendrait tout
entière dans l'écorce d'un sapin de douze ans? »

Les voisines me disaient: « Tu te fonds, Geneviève, comme un cierge
qui brûle la nuit; ne travaille donc pas tant, mon enfant! » Mais ce n'était
pas tant le travail, c'est que la joie n'y était pas.

Je croyais bien pourtant que je n'aimais plus M. Cyprien, parceque je
n'entendais plus personne me dire son nom. Mon petit commerce de mercerie, auquel j'avais ajouté l'état de tailleuse en gros, n'allait pas mal pour-

tant. Les jours de foire et de marché, il y avait bien des paysannes de la montagne qui se servaient chez nous. Je leur vendais des rubans de fil, des dentelles pour les coiffes, je leur coupais des robes à la mode de leur pays, je leur détaillais des rubans, des collerettes, des boucles d'oreilles de pierres fausses, des bagues de laiton, des chaînes d'acier luisant pour pendre leurs ciseaux sur leur tablier, un peu de mille choses, quoi ! Elles disaient : « Allons chez Geneviève ; elle n'est pas chère et elle a de tout. Et puis on n'a pas honte chez elle comme chez ces riches marchandes de la Grande-Rue ; elle n'est pas fière ; elle accommode le pauvre monde. »

Voilà ce qu'on disait, et c'était vrai.

XLVII.

Un samedi, Monsieur, un samedi matin, de la dernière semaine du mois de novembre, que j'étais seule à la maison à finir une robe pour Josette, qui devait danser le lendemain aux noces d'une de ses amies, voilà que je vois entrer une jeune fille de la montagne, si belle, si belle, qu'excepté Josette, je n'en avais jamais vu de si avenante. Deux vieilles femmes avec un garçon de quinze ans, qui paraissaient sa mère, sa tante et son frère, étaient restés dehors sur le pas de la porte ou assis sur le banc, pendant que la jeune fille marchandait ceci et cela. Ils avaient deux mulets avec des paniers, d'où le garçon avait tiré du pain, du vin, des châtaignes, que les paysannes et lui mangeaient dans la rue.

La jeune fille regardait, touchait, essayait tout dans la boutique : bagues, pendants d'oreilles, chaînes de cuivre doré, dentelles, fichus, soierie, souliers de peau de chèvre, il n'y avait rien de trop beau pour elle, qu'on aurait dit : « Combien ceci ? combien cela ? Je prends tant d'aunes de l'une, tant d'aunes de l'autre ; et puis ces joyaux ! et puis ces boucles ! et puis ces rubans ! et encore ceci, et encore cela ! » Ft, la bourse sur le comptoir, pleine de pièces de trois francs et de trente sous ; je croyais qu'elle allait acheter tous les cartons.

Et le frère venait, et il emportait et rangeait tout à mesure, bien proprement, dans le panier d'un de ses mulets.

« — Ce n'est pas tout, me dit en rougissant gracieusement la belle paysanne, Mam'selle Geneviève ; on nous a dit que vous étiez tailleuse pour femme, il faut encore que vous me preniez mesure de trois robes, de six collerettes, de deux coiffes en dentelle, d'un tablier, d'une demi-douzaine de ceintures et que vous m'essayiez mes boucles d'oreilles et mes colliers.

« — Bien volontiers, que je lui dis, Mam'selle ; venez avec moi dans la chambre, pour que le monde ne vous voie pas déshabiller à travers la vitre. »

Et elle vint avec moi dans la chambre, où je la déchaussai pour lui essayer ses souliers, et où je la déshabillai pour lui approprier ses collerettes, ses fichus et ses robes neuves. Ah! Monsieur, la belle créature que ça faisait! Comme elle avait de beaux pieds, de belles mains, de belles épaules, un cou comme du satin blanc, de cheveux qui lui tombaient jusqu'aux genoux. Un visage plein, rouge, velouté comme la pêche; des yeux, une bouche, des dents, et avec cela un air si doux, si modeste, un son de voix qui remuait tout le cœur. Je ne me lassais pas de la regarder pendant qu'elle baissait les yeux, et je disais en moi-même : » En voilà un d'heureux! Elle doit en avoir eu des prétendants, celle-là! Mais, qui sait? C'est peut-être un vieux qui est riche, un veuf qui regrettera sa première femme avec elle? Ou bien un parent, un cousin, jeune, mais laid et indifférent, qui ne l'aime pas? Le monde est si hasard, que l'envers et l'endroit ça ne se rencontre jamais bien! C'est dommage tout de même! »

Puis, pendant que j'étais à genoux pour lui attacher ses boucles d'argent sur le cou-de-pied: « — Vous allez donc vous marier, Mam'selle, sans être trop curieuse ? » que je lui dis. — Oui, me répondit-elle, avec un son de voix fier et empressé, comme si elle avait attendu ma question, impatiente d'y répondre. « Je suis fiancée du printemps dernier et je me marie la semaine qui vient.

— Ah! repris-je, en continuant et en la flattant de la voix, comme vraiment je la flattais du cœur, en moi-même, tant je la trouvais prévenante; ah! et en êtes-vous contente de vous marier ?

— Je crois bien, dit-elle, que je suis contente! Demandez plutôt à toute la montagne, si mon fiancé n'est pas le plus honnête garçon du pays.

J'avais fini d'attacher les boucles, je me relevai toute rouge et toute heureuse de servir cette belle enfant; je la fis asseoir sur mon lit, je lui agrafai son collier, je lui relevai ses longs cheveux sous sa coiffe, je lui passai ses boucles d'oreille, je lui épinglai la plus fine de ses collerettes sur la poitrine. je pris le miroir à la fenêtre, je le lui mis dans la main, et je lui dis :

— Regardez-vous, maintenant, et voyez si votre fiancé serait content.

— Oh! ce n'est pas pour lui, dit-elle, il m'aime tant! il n'a pas besoin de tous ces attifements pour être bien aise! C'est pour le monde à l'église, voyez-vous; c'est pour faire honneur au pays, c'est pour qu'on ne dise pas que les filles de Montagnols ne sont pas aussi reluisantes le jour de leurs noces que celles de Valneige.

— Vous êtes donc de Montagnol, lui demandai-je, sans vous offenser?

— Oui, et j'épouse un garçon de Valneige; il est bien connu de tout Voiron, allez! je parie que vous le connaissez de vue et de nom, car c'est lui qui nous a dit d'aller faire nos emplettes chez vous...

— Le fils du père Cyprien, dis-je.

Je tremblai tellement des doigts à ce nom que je lui piquai sa belle poitrine jusqu'au sang avec la pointe de l'aiguille de la collerette, en essayant de la faufiler. Je devins plus rouge qu'elle et puis plus pâle, aussitôt après, que mon drap.

— Qu'avez-vous, mam'selle Geneviève, que vous tremblez tant, me dit-elle en essuyant sa goutte de sang, mais sans se fâcher.

— Rien, mam'selle, que je lui dis; mais c'est que, voyez-vous, je suis, si honteuse de vous avoir piquée ainsi sans le vouloir...

Oh! Dieu, disais-je en moi-même, en continuant de l'attirer, mais d'une main maladroite et avec un brouillard sur les yeux, qui aurait dit jamais que ce serait moi qui parerais la fiancée de mon amant pour son jour de noces, et que quand il déferait ses boucles d'oreille et son agrafe de collier après la messe ce serait l'ouvrage de ma main qu'il toucherait sur le cou de son épousée!

J'essayai bien de reparler encore une fois ou l'autre; je ne pus rien dire que oui et non; pourtant, je pris plaisir et peine à garder long-temps cette belle enfant dans ma chambre, pour une raison ou pour une autre, et à la faire aussi belle que je pouvais pour Cyprien : « Tu souffres, que je pensais tout bas en moi-même; eh bien! tant mieux! pourquoi l'as-tu trompé? Il est juste qu'il en aime à présent une plus belle que toi, et que tu contribues de tes propres mains à le venger de toi !

Quand tout fut fini, elle partit en disant à son frère de revenir chercher les robes et les tabliers le samedi suivant, et je me mis à y travailler nuit et jour, en pensant, à chaque point de fil, que c'était pour Cyprien.

Pour le moment, Monsieur, je n'en sus pas davantage de lui; mais c'était bien dur. Qu'en pensez-vous, n'est-ce pas, Monsieur ?

XLVIII.

Cependant il faut être juste; la petite, qui voyait bien mon chagrin sans que je lui disse jamais un mot plus haut que l'autre sur Cyprien, me reconsolait tous les jours davantage par sa gentillesse, par sa tendresse pour moi et par sa beauté. J'étais comme sa mère; elle était comme ma fille, si ce n'est qu'elle n'avait pas vis-à-vis de moi ce respect pour l'autorité d'une mère qui impose toujours un peu à l'amitié. J'étais pour Josette comme une mère qu'elle aurait choisie volontairement, et vis à vis de laquelle elle n'aurait eu aucune réserve, aucune froideur de respect : sa mère, sa sœur et son amie tout à la fois : voilà. Vous jugez si c'était doux pour moi, Monsieur, qui avais élevé cette enfant depuis le maillot; c'était mon nourrisson, c'était mon caprice, c'était ma vanité, c'était ma poupée, c'était mon idole, quoi ! Et puis, si vous saviez, Monsieur, combien on s'attache par les sacrifices que l'on a faits à quelqu'un ! On s'y attache, Monsieur, comme un avare s'attache à l'intérêt de son argent. On se dit : « J'ai mis là mon trésor; il faut qu'il me rende tout ce qu'il m'a coûté. » C'est comme ça que l'homme est fait, c'est comme ça que j'étais. Allons, il faut l'avouer, j'étais l'avare du cœur de Josette.

XLIX.

Quelle philosophie, me disais-je en moi-même, en écoutant Geneviève, il y a dans le cœur simple et même dans les expressions de cette pauvre fille ! La Bruyère ou Pascal n'aurait pas senti plus juste et n'aurait pas dit mieux.

L'intervalle qu'elle laissa écouler entre la fin de son récit et le commencement du récit qu'elle allait reprendre me permit de faire cette réflexion, car elle s'arrêta longtemps comme incertaine si elle continuerait, et elle respira deux ou trois fois plus fortement qu'à l'ordinaire, comme si elle eût remué avec effort dans sa mémoire un poids qui retombait toujours sur son cœur.

A la fin, elle dit : Bah! je vous ai promis de tout dire; je vous dirai tout, quand même ça me ferait pleurer.

L.

Le temps avait coulé; elle allait avoir seize ans à la Saint-Martin. Elle était mûre pour son âge comme une plante qui n'a jamais souffert, et qu'on a toujours tenue au chaud sur une cheminée, avec de la mousse sur le pot de fleurs. Vous ne lui auriez donné guère moins de dix-huit ans. Son âme s'était développée comme son visage; elle savait lire, écrire, calculer, chanter, danser, coudre, broder, faire des dentelles, comme la première demoiselle du pays; elle se mettait comme une petite reine. Les bourgeoises en étaient jalouses, elles disaient : « Voyez donc cette petite Josette! ça est pimpant parce que ça se sait jolie; ça a l'insolence de se coiffer en cheveux, d'avoir un peigne d'écaille, des boucles d'oreilles en perles fausses, un collier de corail et des gants longs sur les bras! ne diriez-vous pas que c'est la fille d'un confiseur ou d'un drapier pour le moins? Vous savez ce que c'est, ce sont les filles d'une vitrière, ça n'a pas de pain tout son saûl à la maison, et ça fait des insolences au soleil en s'habillant de jaune et de vert, et en portant la tête droite comme un tournesol! Qu'est-ce donc que nous mettrons à nos filles, si les mercières portent leurs propres boutiques sur leurs épaules ?

J'entendais redire tout cela, Monsieur, par des voisines qui me le rapportaient; et pourtant cela n'était pas juste, car ce n'était pas ses robes ni ses fichus qui la faisaient regarder; c'étaient ses agréments. Elle était bien habillée, mais sans luxe et sans effronterie. Mais elle avait tant d'éclat qu'elle éclairait vraiment toutes ses robes; vous l'auriez mise en noir que vous n'auriez pas pu éteindre la lumière qui sortait d'elle. C'était dans ses yeux, c'était dans sa bouche, c'était dans sa peau, c'était dans sa taille, dans sa démarche, dans sa pose, dans tout! C'était comme le ver luisant : tant plus que vous mettiez ça à l'ombre, tant plus ça se voyait. Que voulez-vous? elle n'y pouvait rien, la pauvre enfant, ni moi non plus. Quelquefois elle rentrait de la promenade dans les prés où elle allait avec ses cousines, toute confuse, et elle ne voulait plus ressortir de la soirée. Elle me disait en boudant :

— Ça m'ennuie.

— Eh quoi! que je lui disais, Josette?

— Que tout le monde me suit comme si j'étais une bête curieuse, et que tout le monde se retourne en chuchotant quand j'ai passé.

Moi, Monsieur, ça ne me fâchait pas, et au fond, j'en tirais vanité. Le bon Dieu m'a bien punie de cette complaisance que je mettais dans cette jolie enfant! Nous y voilà !

LI.

Elle était bien sage et bien modeste cependant. Seulement elle aimait un peu la danse, et quand ses cousines venaient la chercher les dimanches soir ou les jours de noces dans le voisinage, elle ne se contenait pas de joie. Elle n'y entendait pas de malice, mais le mouvement, la musique, la chaleur, la valse, le tourbillon, ça l'enivrait. Quand elle revenait de là, à minuit, ramenée par ses tantes ou par ses cousines, je ne pouvais pas l'endormir; elle valsait en rêve à côté de moi. Voilà tout son défaut; je ne lui en ai jamais connu d'autre. C'était bien innocent, Monsieur, n'est-ce pas? Car enfin, quand le cœur est vide, les pieds sont légers, et quand le vent souffle, la poussière s'élève.

Eh bien! Monsieur, c'est pourtant ça qui l'a perdue!

— Comment! perdue? m'écriai-je.

— Hélas! oui, vous allez voir, et moi aussi, reprit-elle.

J'écoutai plus attentivement.

LII.

C'était au printemps de 18.., Monsieur, un escadron de chasseurs était en cantonnement à Voiron pour surveiller la frontière. Ah! le beau corps que ça faisait donc! C'étaient tous des jeunes gens comme vous êtes à présent, Monsieur, grands, élancés, bien pris dans leur taille, des couleurs fraîches, des moustaches noires, avec des ceintures de cuir verni, des chaînes de fer sous les pieds; des vestes galonnées de noir, des casques luisant au soleil comme le coq du clocher de Voiron; des crinières qui leur pendaient sur le cou et que le vent faisait flotter en les soutenant, quand ils couraient, comme les queues de leurs chevaux blancs. C'était superbe de les voir manœuvrer les jours de revue dans les prés, allant, venant, courant, galopant le sabre à la main, au bruit des trompettes, à la voix de leur commandant. On aurait dit une rivière d'acier fondu qui aurait débordé dans les prés. Tout le monde y allait pour les voir. On les aimait dans la ville, parce que les militaires, c'est bon pour l'habitant, quoique ça soit terrible contre l'ennemi; ils étaient logés chez les artisans et chez les bourgeois, qui ne s'en plaignaient pas; au contraire, chacun se disait : « Mon enfant est peut-être comme ça chez de pauvres gens d'une autre frontière. Il faut avoir bien soin de mon soldat, pour que les autres aient bien soin de mon fils aussi; » c'est juste. Le logement, le feu, la chandelle et le vin blanc, et l'amitié par dessus, on leur donnait tout de bonne grâce.

Nous, Monsieur, on ne nous en avait pas donné, parce que, disait-on, nous n'étions que deux jeunes filles, et que nous n'avions qu'une chambre derrière la boutique. La mairie avait des égards, quoi !

LIII.

Voilà qu'un jour, en revenant de la manœuvre (on a bien raison de dire, cette fois, que faute d'un clou le monde serait boiteux)... voilà donc qu'un jour, en revenant de la manœuvre, passe un jeune maréchal-des-logis à la tête de son peloton au grand trot, le sabre à la main. Le clou d'un des fers de devant de son cheval s'en va je ne sais comment, le fer se tourne sens dessus-dessous; le cheval, embarrassé par son fer, qui lui pend au pied, fait un faux pas sur le pavé; il s'abat, il jette le cavalier à dix pas devant lui contre le banc de pierre de notre boutique, il lui roule sur le corps; nous jetons un cri. Le peloton, lancé à grande course, ne peut pas s'arrêter court, les chevaux sautent par-dessus leur chef renversé; on le relève, il était tout en sang, il ne donnait plus de signe de vie, on le croit mort, on l'étend sur le banc de pierre. Josette et moi, Monsieur, nous en avions pitié que nous en pleurions, bien que nous ne le connussions pas; c'était un si beau jeune homme; il ne paraissait pas avoir vingt ans; les yeux fermés, le front coupé en deux endroits par deux cicatrices d'où le sang coulait sur ses joues blanches, des cheveux noirs comme la crinière de son casque, mais plus fins; des traits délicats comme une jeune fille, un enfant de famille, quoi! qui servait pour son agrément, et qu'on avait fait maréchal des logis tout de suite pour le faire officier en quelques mois. Ah! il fallait voir comme ses soldats l'aimaient. Ils pleuraient tous! ils lui déboutonnaient sa veste, ils lui enlevaient son casque, tout bossué, ils lui ôtaient sa cravate, ils lui ouvraient sa chemise sur la poitrine, du linge superbe, Monsieur; ils lui jettaient de l'eau sur son visage pâle, ils couraient chercher le chirurgien-major, que ça faisait la chair de poule à Josette et à moi. Le chirurgien-major accourut, il lui tâta le pouls, il dit: « Ça n'est rien, portez le maréchal des logis bien doucement dans cette maison, sur un lit, je vais le panser. «

Je n'osais pas le dire, de peur de faire affront aux soldats, mais j'en fus bien aise, et Josette aussi; ç'aurait été notre frère que nous n'aurions pas été plus triste de la chute, de l'évanouissement, de la pâleur et du sang de ce beau jeune militaire. Nous ouvrîmes la porte de notre chambre, et deux cavaliers le portèrent sur le lit. Ça ne sera qu'une paire de draps à changer, dis-je à Josette. Nous nous retirâmes toutes tremblantes dans la boutique pendant le pansement. Nous écoutions pourtant à la porte, et quand nous l'entendîmes respirer et dire au chirurgien-major : « Où suis-je? » nous entendîmes aussi le chirurgien-major lui répondre : « Chez de braves femmes, mon cher Septime ! (Il s'appelait Septime de ***.) Restez-y quelques jours; vous avez l'épaule démise et quelques égratignures à la tête, avec un peu d'ébranlement qu'il faut calmer par une immobilité complète,

« Il y aurait danger à vous transporter en ce moment; mais dans quinze jours vous serez à cheval. Je vais faire mon rapport. Adieu! »

Il vint me prier d'éviter tout bruit au malade et me défendre de lui donner autre chose que de l'eau, avec quelques gouttes d'une liqueur qu'il me laissa. Je me sentais portée de cœur à soigner ce jeune homme que la Providence m'avait envoyé. Je dis à Josette : « Tu iras coucher chez ta tante Marlette avec ta cousine; moi, je resterai à veiller avec la garde et le planton. » Ce fut fait comme j'avais dit. Je servis pendant huit jours avec plaisir de garde au pauvre blessé ; il était si doux et si reconnaissant !

LIV.

Josette revenait de grand matin de chez sa tante travailler avec moi à la maison et tenir le comptoir. De temps en temps elle demandait au ma-réchal-des-logis la permission de traverser sa chambre pour aller prendre son linge, son fil, ses ciseaux, son dé dans son armoire. Le jeune homme la regardait et lui demandait bien pardon de la déranger ainsi de son lo-gement; elle baissait les yeux et elle lui disait : « Du tout, Monsieur, nous sommes trop contentes que vous vous trouviez bien chez nous; guérissez-vous tranquillement, à votre loisir; nous voudrions seulement que la chambre fût plus propre et le lit meilleur ! Puis elle ressortait toute rouge et toute tremblante, et elle me disait : « Il est bien, M. Septime, il a repris ses couleurs. — Tu l'as donc regardé ? que je lui disais. — Non, répon-dait-elle; mais je l'ai vu. Et à chaque instant, elle avait oublié quelque chose qu'il fallait qu'elle allât de nouveau chercher dans l'armoire. C'était un sort quoi ! Je lui disais ¡ » Que tu es donc étourdie! Josette; tu vois bien que tu déranges pour rien le blessé ! — Oh! non, disait-elle, ça n'a pas l'air de lui faire de la peine ; il ne s'est pas plaint une seule fois; il a l'air si bon, même qu'il m'a dit tout-à-l'heure : Mademoiselle, j'ai une sœur qui vous ressemble; quand vous passez ça me fait illusion, je me crois chez ma mère! Pourtant, qu'il a ajouté, elle n'est pas encore aussi belle que vous! »

Ça commençait à m'inquiéter, mais je me disais : Ça va finir; dans dix jours le malade sera guéri ; le régime it va [partir, elle n'y pensera plus. Un officier! ça n'est pas fait pour elle; l'aig ille, c'est trop petit pour l'épée, ça ne va pas de pair. Tout de même, j'aurais autant aimé que le cheval se fût abattu devant une autre porte.

LV.

Le jeune homme guérit au bout de quelques semaines pendant lesquelles ce manége d'aller et de venir, de se regarder, de se parler, avait toujours duré entre la petite et le blessé. A la fin il fut assez remis pour qu'on pût le transporter à l'hôpital. Nous le vîmes partir avec peine, nous nous étions habituées à lui comme des sœurs. Il nous remercia bien; il avait des larmes dans les yeux en nous disant adieu; il nous promit de venir nous revoir de temps en temps, dès qu'il pourrait marcher sur des alines. Je m'en doutais bien; j'aurais bien autant voulu qu'il ne revînt pas; mais je n'osai pas le lui dire, ce qui n'est pas honnête, et puis cela aurait trop fait pleurer Josette.

LVI.

Il ne fut pas plus tôt sorti de la maison que je ne reconnus plus cette pauvre enfant. C'était comme un corps sans âme. On aurait dit que son visage était là et que sa pensée était ailleurs. Elle ne faisait qu'entrer et sortir, qu'aller chez sa cousine et en revenir, pour avoir l'occasion de passer vingt fois par jour devant le jardin de l'hôpital, où l'on voyait les malades assis sur des chaises au soleil, par-dessus le mur. Quand elle était à la boutique, elle regardait plus souvent à la vitre que son ouvrage, et elle devenait toute rouge ou toute pâle quand elle entendait seulement les bottes éperonnées d'un militaire sur le pavé. Elle rêvait, elle laissait à chaque instant effiler sa dentelle sur ses genoux; elle oubliait d'épingler son coussinet; elle se levait comme pour aller chercher quelque chose dans notre chambre; elle rentrait sans rien apporter. Elle ne mangeait guère, elle ne dormait pas, elle soupirait la nuit. Je lui disais : « Qu'as-tu donc? — Rien, qu'elle me répondait. — Je vois bien que si, peut-être! Ah! que tu es bête de penser à celui-là ! Est-ce que c'est fait pour des pauvres filles comme nous? Est-ce que ce n'est pas un enfant de famille, qui n'épousera jamais qu'une demoiselle de sa condition? est-ce qu'il t'emportera de garnison en garnison et à la guerre, derrière son cheval dans son porte-manteau? Allons donc! sois donc raisonnable et pense à tes dentelles ! — Est-ce qu'on pense à ce qu'on veut, me répondait-elle avec humeur. Je voyais bien que ces jeunesses, ça s'était parlé sans se rien dire comme moi et Cyprien. Mais je pensais : « Bah! c'est une idée folle, c'est une fleur d'avril; ça gèle sur pied, ça partira avec le régiment !

LVII.

M. Septime, le maréchal-des-logis, était guéri, il venait de temps en temps à la maison pour remercier ses hôtesses. Il fallait voir alors comme Josette était contente. Il semblait vraiment que le soleil était entré dans la boutique avec lui. Il s'asseyait devant le comptoir; il jouait avec la poignée de son sabre; il posait son casque sur la chaise; elle peignait sa crinière elle; raccommodait ses aiguillettes; il lui ramassait ses écheveaux de fil à dentelles, il lui tenait sa pelotte d'épingles, pendant qu'elle marquait son dessin sur le coussinet; et puis, M. Septime par-ci, mademoiselle Josette ou mademoiselle Joséphine par-là, car elle commençait à mieux aimer qu'on l'appelât Joséphine; et puis on riait, et puis les demi-mots, les soupirs, les silences, et puis les conversations tout bas. Je ne pouvais pas me fâcher, Monsieur, parceque le maréchal-des-logis était si réservé, si honnête! et que Josette était si heureuse, si tendre, et de plus en plus si affable et si obéissante pour moi! Mais quand est-ce donc que le régiment partira? disais-je au bon Dieu.

LVIII.

Il ne partait toujours pas. Le monde n'entendait pas malice aux visites fréquentes du maréchal-des-logis chez nous, parceque, quoique pauvres, nous avions une bonne réputation dans l'endroit, et puis, vous ne le diriez pas, Monsieur, on croyait dans le quartier que c'était à moi que le maréchal-des-logis faisait la cour. On disait : « La cadette est trop jeune, c'est une enfant, ça ne pense à rien; c'est Geneviève qui est en âge, et c'est une fille avenante sans être belle, tout de même. Eh bien! tant mieux, elle aura un gentil mari, ma foi! »

Voilà ce qui donnait lieu à cette méprise; les amoureux, c'est si fin, voyez-vous! Le maréchal-des-logis ne parlait jamais qu'à moi dans la rue; il ne parlait jamais que de moi aux voisines et aux camarades; quand il frappait à la vitre, il n'appelait jamais que Mam'selle Geneviève; quand il venait nous chercher, les jours de congé, pour nous mener ici ou là, il ne donnait jamais le bras qu'à moi; il était plein d'égards, d'attentions et de respect pour moi, comme s'il avait voulu me flatter et me prendre par l'amour-propre. Je me doutais bien pour quoi : pour que je fusse mieux disposée en sa faveur et plus indulgente pour ses visites; ça ne me trompait pas; mais j'étais bien bonne, Monsieur; il n'y avait pas de mal, ça me faisait de la peine d'en faire à ces jeunesses; je laissais aller. Je pensais toujours : « Un bon coup de trompette, un soir ou un matin, ça me délivrera de ces politesses! » Mais les voisines prenaient ça pour tout de bon.

LIX.

Un soir, en effet, un soir du mois de mai, on dit dans Voiron : « Le régiment part demain! » Ah! la pauvre Josette, Monsieur; ses bras lui tombèrent le long de sa chaise; elle devint plus pâle que sa dentelle. J'aurais voulu que le régiment ne partît plus jamais.

Le malheur voulut qu'au même moment, Monsieur, on vint me chercher vite, vite, pour aller veiller une voisine qui était en mal d'enfant, et qu'on disait qui ne passerait pas la nuit. Ses petits enfants criaient après moi et me tiraient par mon tablier pour me mener vers leur mère. J'y courus, Monsieur; je recommandai bien à Josette de fermer la boutique de bonne heure et de se coucher. « Le régiment ne part qu'à huit heures demain, lui dis je; nous irons le voir partir et faire nos adieux à M. Septime. Je ne veux pas que tu le voies sans moi, ce soir; ça te ferait du chagrin; tu ne pourrais pas dormir. — Ah! je n'ai pas envie de le voir, qu'elle me répondit; je ne l'ai que trop vu; ça me déchirerait là, en me montrant son cœur; j'aime mieux que tu me dises demain : Il est parti; que veux-tu, c'est fini! Je vais faire ma prière pour qu'il fasse un bon voyage et qu'il pense à moi jusqu'au retour!

« — Bien! que je lui dis, et je l'embrassai en m'en allant.

LX.

Le lendemain, Monsieur, quand je rentrai, je trouvai Josette endormie, ou faisant semblant de dormir encore. Ça m'étonna. Je lui dis, pour tenir ma promesse : « Allons voir partir le régiment. — Non, me dit-elle, j'aime mieux rester et me rendormir; j'ai trop pleuré, on verrait mes yeux, ça me ferait honte. Je ne me sens pas le cœur à la promenade. — Eh bien! lui dis-je en fermant la fenêtre, par laquelle le soleil donnait sur sa tête tout en feu, reste au lit, dis ton chapelet, dors, reconsole-toi; je vais travailler. »

Il n'y eut ni plus ni moins entre nous deux à l'occasion du départ du régiment. Seulement, ça m'étonnait que M. Septime ne fût pas venu nous dire adieu. Mais je pensai qu'il avait mieux aimé nous écrire de la première étape.

Ça alla bien pendant trois ou quatre mois. Josette était sage, raisonnable et rangée comme une religieuse; elle ne sortait que pour aller à l'église ou pour aller à la poste prendre une fois par semaine les lettres du maréchal-des-logis. Ils s'étaient promis mariage, Monsieur; elle ne disait ni oui ni non, mais je m'en doutais bien. Elle écrivait aussi tous les dimanches de longues lettres dans la chambre; mais elle ne l'avouait pas. Je le reconnaissais au papier qui manquait à la rame, dont je comptais les feuilles. Je ne faisais pas semblant : « Il faut que l'amour se passe, me disais-je; il s'est bien passé pour moi et M. Cyprien, il se passera bien pour la pauvre enfant. Quand elle ne pensera plus à M. Septime, ou quand M. Septime l'aura oubliée, eh bien! il ne manque pas de braves ouvriers dans le pays; elle fera une connaissance, je la marierai, je resterai avec eux, je ferai le ménage et j'aurai soin des enfants. Voilà! »

LXI.

Pas du tout, Monsieur! Voilà qu'un soir on m'apporte une lettre avec un cachet noir, pendant que Jossette était chez sa tante. Je l'ouvre, et qu'est-ce que je lis?... Je l'ai encore là, Monsieur, avec l'autre ; tenez, lisez voir.

Je pris la lettre et je lus :

« Mademoiselle Geneviève,

« Le maréchal-des-logis Septime de *** a été tué à la première affaire que « nous avons eue en débarquant à ***. En mourant il m'a dit : « Tu écriras « à Mademoiselle Geneviève, à Voiron, que je lui fais mes adieux, ains « qu'à sa sœur. Je suis bien coupable; mais je suis plus malheureux que « coupable... Je la prie de me pardonner. Si j'avais survécu, j'aurai réparé « mon tort involontaire. Je n'étais pas pervers; non; l'adieu, la nuit, et le « désespoir de nous quitter nous ont enivrés... Je l'ai épousé secrètement « devant un prêtre de Savoie... Fatale nuit !... Il faudra envoyer l'enfant « à... »

« La mort lui a coupé la parole. Voici une boucle de ses cheveux que je « vous envoie de sa part. Il m'avait dit : Si je meurs, tu feras tenir cela à « Voiron. »

LXII.

La boucle de cheveux tomba à terre avec la lettre, Monsieur, car je n'a-vais fait attention qu'à la mort de ce pauvre brave jeune homme, et à ce mot terrible qui me révélait tout le mystère de leur amour et la honte de notre famille : « Tu lui diras d'envoyer l'enfant à... »

« Dieu ! me dis-je, quoi !... ma sœur !... Est-ce bien possible !... Elle si sage et si pieuse... elle m'a pourtant trompée ainsi ! Ah ! elle est trop punie, pensai-je aussitôt. Malheureuse enfant ! que va-t-elle devenir en apprenant la mort de celui... dirai-je son séducteur ou son époux ?... le père, hélas ! de l'enfant qu'elle portait à mon insu dans son sein !... Et que devenir ?... et comment avouer ?... et comment cacher cette honte ?... Où nous enfuir ? où nous ensevelir dans la terre ? Mon Dieu ! mon Dieu ! venez à notre se-cours. »

Je sentis un mouvement de colère contre ma sœur : « Comment, me dis-je, moi qui ai été sa mère... moi qui ai renoncé, pour la garder, à mon amour, à ma fortune, à mon bonheur, à Cyprien ! moi qui ne la quittais pas plus que son ombre le jour, pas plus que la muraille de sa chambre et le chevet de son lit la nuit ! elle a pu me tromper ainsi !... elle a pu me cacher tout : l'amour, le prêtre appelé de Savoie, la nuit, le mariage secret, les

angoisses, les terreurs, les suites terribles de cette union mystérieuse?...
Ah! est-ce traître? est-ce caché? est-ce défiant de sa sœur?... Je ne veux
plus lui parler, je ne veux plus la revoir, je veux me sauver!

« Mais si je ne lui parle pas, si je ne la revois pas, si je me sauve, que
va-t-elle devenir? Non, il faut rester; et si je lui montre un mauvais visage
au moment où il faut lui dire la mort de son amant et où elle a besoin de se
jeter dans les seuls bras qui lui soient ouverts sur la terre, pour cacher son
désespoir et sa honte, son enfant mourra de ses angoisses et de ses convulsions dans son sein!... Et puis, enfin, n'est-ce pas ma sœur, ma petite, ma
Josette toujours, mon enfant que j'ai élevée et qui n'a de mère que moi,
comme je n'ai de fille qu'elle ici-bas? »

Et je mis à pleurer, à sangloter, à fondre en eau, si fort, Monsieur, que
ma tête se troubla, que mes sens s'égarèrent, et que je glissai de ma chaise
sans connaissance sur le plancher.

LXIII.

Je restai ainsi pendant je ne sais pas combien de temps, Monsieur; bien
longtemps, sans doute, car c'était nuit quand je me reconnus. Je fus réveillé
par un cri terrible qui semblait sortir d'un cœur qu'on aurait percé d'un
coup de mort! un cri qui retentira éternellement dans mon oreille. Dieu,
quel cri! J'ouvris les yeux; je vis Josette qui tenait de la main gauche la
boucle de cheveux et la lettre, et qui de l'autre main s'arrachait les cheveux et les jetait à flocons dans la chambre, comme une folle qui déchire sa
coiffe et qui jette ses plus belles dentelles au visage de ses gardiens. La
porte était heureusement fermée, et une seule petite lampe éclairait notre
chambre; Josette ne m'avait pas vue glissée de ma chaise derrière le comptoir, et accroupie dans l'ombre, dans un coin du mur.

A son aspect, à son cri, à son geste égaré et furieux, je compris qu'elle
savait tout, Monsieur. Je m'élançai vers elle, je l'entourai de mes deux bras
et je la jetai sur son lit. Je n'eus pas le courage de lui faire un reproche.
Hélas! la pauvre enfant! elle était bien assez malheureuse. Elle ne me voyait
seulement pas; elle croyait que j'étais M. Septime. Elle m'embrassait, elle
me parlait comme si j'eusse été lui. « Oh! tu n'es pas mort, disait-elle en
riant d'un rire étrange; Oh! dis-moi que tu n'es pas mort! N'est-ce pas,
c'est ta main qui passe sur mon front si doucement?... » Enfin, que sais-
je? Toutes sortes de tendresses, de badineries et de caresses de mots que le
délire peut mettre sur les lèvres. Puis elle me reconnaissait par moments;
elle mettait son doigt sur ma bouche et elle me disait : « Chut! tu ne diras
rien de ce que tu sais; c'est un secret. Nous sommes mariés, vois-tu; mais

il ne veut pas qu'on le sache jusqu'après la campagne, où il le dira à sa mère et où il me menera dans sa maison, »

LXIV.

Pauvre enfant ! elle croyait tout cela ! C'était si jeune, si simple, si innocent, voyez-vous.

Puis, tout à coup, elle se levait sur son séant toute échevelée, avec les yeux plus luisants que la lampe ; elle me repoussait du bras loin du lit : « Va-t'en, va-t'en, criait-elle ; je ne veux voir personne ; il est mort ; il est couché froid dans la terre ; je veux qu'on m'enterre avec lui ; je veux qu'on m'ensevelisse dans mon drap et qu'on plante trois croix demain sur ma tombe au cimetière ! » Puis, elle s'enveloppait, en effet, la tête sous son drap, et restait là immobile comme une morte. J'avais beau l'appeler, elle ne répondait pas, ou bien elle répondait : Non, je suis morte ! C'était une fièvre terrible ; mais je n'osais pas appeler le médecin ni les voisines, de peur que la chose ne fût connue. Je lui donnais à boire entre ses dents, qui claquaient ; je lui parlais, je l'embrassais, je la reconsolais comme je pouvais, je pleurais avec elle et sur elle. Je priais Dieu au pied de son lit, ses pieds froids dans mes mains et sous mon souffle ! Ah qu'elle nuit !... Depuis celle où j'avais pleuré Cyprien, je n'en avais pas encore eu une pareille !

Vers le matin, les convulsions, les cris, les délires cessèrent, et elle s'assoupit, les paupières pleines d'eau. Je remerciai Dieu. Elle se réveilla tard, tard, et elle avait repris la raison ; mais ce n'était plus la même enfant ; elle avait bien vieillie de cinq ans en une nuit ; on n'entendait quasi plus sa voix, son visage était devenu pâle comme le mien. Elle était sur le lit, les yeux fixés sur la boucle de cheveux qu'elle tenait dans ses mains jointes sur la couverture. Je m'étais lavé les yeux et habillée proprement pour servir les pratiques comme à l'ordinaire dans la boutique, pour que personne ne se doutât de rien. On me disait : Où est donc Josette ? — Elle est là qui dort plus tard que moi, répondais-je aux voisines ; ces jeunesses, c'est plus délicat que nous ! Ou bien : elle est allée travailler chez sa tailleuse. Ou bien : elle est allée à l'église entendre une messe pour sa mère. Enfin mille raisons.

Cela dura comme cela plusieurs jours, pendant lesquels la pauvre fille, tantôt sur le lit, tantôt debout dans la petite chambre, ou assise sur la chaise, la tête sur son bras, pleura toute l'eau de son cœur et but ses larmes jusqu'à ce que son cœur fût noyé dedans ! J'allais, je venais, j'entrais chez elle, vingt fois par jour et toute la nuit : Oh ! que tu es bonne ! me disait-elle, je t'ai trompée, je t'ai déshonorée et c'est toi qui me consoles.

Elle avait été si imprudente, c'est vrai ; mais elle avait si bon cœur, Monsieur ! Je crois que depuis son malheur je l'aimais encore davantage.

Au bout de huit ou dix jours, elle reprit sa vie ordinaire avec moi dans la boutique et son ouvrage sur ses genoux. Seulement elle ne jasait plus, elle ne riait plus avec l'un et avec l'autre comme autrefois. Quand elle n'était pas là, les voisines me disaient : « Votre petite sœur devient sérieuse, Mam'selle Geneviève ; ça commence à réfléchir, il faudra penser au mariage ; quand le fruit mûrit, la fleur tombe ; quand le vin à son temps, il ne mousse plus. » Vous jugez si ça me faisait mal d'entendre ça ; mais personne ne se doutait de rien. La maison paraissait tout comme à l'ordinaire. Seulement on disait dans le quartier : « Geneviève devrait penser à marier sa sœur, voilà que c'est temps. » Et les garçons de Voiron passaient le dimanche devant la vitre et disaient à leurs parents : Je l'aimerais bien, tout de même !

LXV.

Pourtant, Monsieur, jugez si nous étions tristes toutes deux. Voilà que le temps passait et qu'il y avait près de sept mois que le régiment était parti. Josette ne sortait plus, et, comme elle travaillait toujours à côté de moi, derrière le comptoir, on ne voyait que son joli visage, et l'on avait aucun soupçon de son malheur. Je disais depuis longtemps aux voisines que j'avais fait un vœu et que je comptais aller dans deux mois, avec ma sœur, en pélerinage à la chapelle de Saint-Bruno à la Grande-Chartreuse ; c'est la coutume du pays, et personne n'y trouva à redire ; au contraire, on disait : Ces deux jeunes filles sont bien sages ; elles ne craignent ni la route ni les neiges pour aller prier le saint. Je les accoutumais comme ça à l'idée de notre absence, et je leur disais : Vous tiendrez bien la boutique pour nous pendant quelques jours ? — Oh, oui, qu'elles me répondaient.

C'était une finesse. Ma vraie pensée, Monsieur, était de prendre quelques sous que je ramassais pour cela, en vendant à perte mes merceries, et de mener une nuit ma sœur à Lyon ou à Grenoble, dans un hospice où elle serait délivrée secrètement, de confier l'enfant, en le marquant bien, pour le reprendre après le sevrage, et de ramener Josette avec moi à la maison, sans qu'aucune tache portât sur notre nom. Je m'en rapportais du reste au bon Dieu. Je disais : « Si elle ne se console jamais, eh bien ! elle restera fille et élèvera l'enfant comme si c'était un orphelin déposé la nuit à notre porte ; et si elle se reconsole après quelques années, et que l'enfant vienne à mourir, eh bien ! elle n'aura pas sa réputation perdue pour une faute qu'on ne pardonne jamais aux filles ; et plus tard, eh bien ! plus tard, si elle rencontre quelque brave garçon, qui lui plaise, qui lui pardonne un mariage qu'elle a cru légitime, et qu'elle consente à se marier, elle se mariera, et tout sera oublié. » Voilà ce que je me disais. Ça déplaisait à Josette de se cacher, elle aurait voulu dire à tout le monde : Oui, j'ai été sa femme, et je serai la mère de son enfant ! Les filles qui aiment éperdûment, ça s'honore de son amour au lieu d'en rougir ! Mais je lui disais : « Le nom et l'honneur de la famille ne t'appartiennent pas ; veux-tu me déshonorer et me perdre avec toi ? Veux-tu avilir la mémoire de notre pauvre mère, la réputation de notre bon frère dans son régiment ? Veux-tu qu'on dise : Voilà comme sa mère l'a élevée ! voilà comme sa sœur l'a gardée ! voilà le frère de deux mauvaises filles de Voiron ! » Elle comprenait cela, Monsieur, et elle disait alors comme moi, elle me promettait tout ce que je voulais.

LXVI.

Mais l'homme propose et Dieu dispose ; il y a longtemps qu'on le dit.

Voilà, Monsieur, qu'une nuit terrible, ah ! plus terrible que toutes les autres ! juste sept mois après le mariage secret de ma sœur, le malheur arrive ! Je n'ai que le temps de courir pieds nus chercher une sage-femme, aussi secrète et aussi sûre qu'un cadenas. Je lui fais jurer le silence. Elle se glisse sous l'ombre des murailles, elle reçoit l'enfant dans ses bras ; un garçon, Mon Dieu ! que faire ? rien de prêt, tous mes plans renversés ! un enfant à cacher, à nourrir, à emmailloter, la publicité, la honte, le déshonneur, la mort ou la perte de Josette ! Jugez de ma confusion, de mon désespoir ! Je n'avais pas le temps de la réflexion. La sage-femme était heureusement discrète comme la tombe : Que faire ? que je lui dis.

· « Mam'selle Geneviève, qu'elle me dit, c'est un malheur ; mais j'en ai vu d'autres, et avec le silence et le temps, on avance plus, voyez-vous, qu'avec le bruit et la presse. Il faut vous donner le temps de combiner les moyens de sauver l'honneur de la petite, d'avertir le père, de préparer la famille, d'avouer la naissance et de la légitimer. Pour tout cela, il faut des jours ; fiez-vous à moi, remettez-moi le nouveau-né, nous allons le marquer par un signe qui le fasse toujours reconnaître, je le porterai cette nuit, dans mon tablier, au tour de l'hospice où on les dépose ; je sonnerai, une sœur viendra, je me retirerai à l'écart, jusqu'à ce que j'ai vu la sœur prendre l'enfant inconnu dans le tour, et le porter à une des nourrices des montagnes qui couchent à l'hospice pour attendre des nourrissons. Personne que Dieu et ses étoiles ne nous verront. C'est S. Vincent-de-Paul qui a inventé ça, voyez vous, Mam'selle, qu'elle me dit, pour aveugler la charité, pour couvrir la honte des pauvres mères et pour sauver la vie à des milliers d'enfants. »

LXVII.

Je n'avais pas le choix, Monsieur, continua Geneviève, je marmottais une prière à ce grand saint; je mis un bracelet des cheveux de son père avec une S et un J sur un morceau de papier, au bras de l'enfant, qui ne criait pas encore. la bonne femme l'emporta dans son tablier, et je revins soigner ma sœur, qui ne se doutait de rien. Peu à peu je lui dis ce que j'avais fait, en lui faisant entrer doucement les raisons dans l'esprit. Elle pleura bien, la pauvre petite; mais elle comprit cependant la nécessité de cette séparation momentanée de son enfant, quand je lui eus démontré la certitude de le reconnaître, et que je lui eus prouvé qu'il serait aussi bien soigné par la charité du bon Dieu que chez nous.

En trois jours elle fut sur pied, Monsieur; on la vit, comme à l'ordinaire, assise à côté de moi, à son ouvrage dans la boutique. Je lui dis de chanter et de rire quand les voisines passaient devant; personne ne se douta qu'elle eût seulement eu un mal de tête. Je remerciai Dieu et la bonne femme dans mon cœur.

LXVIII.

Ah! Monsieur, l'homme ne sait jamais de quoi il pleure et de quoi il rit! Pendant que je me réjouissais ainsi en moi-même de la protection que la Providence nous avait accordée dans notre malheur, vous ne devineriez jamais le malheur plus affreux que les autres malheurs qui tombait sur nous. Non, vous ne le diriez pas en cent, mon pauvre Monsieur! Eh bien! voilà.

Je redoublai d'attention.

Eh bien! voilà, reprit-elle, en parlant plus bas, comme dans une confidence qu'elle aurait craint qui fût entendue de quelqu'un, bien que nous fussions seuls, voilà qu'après cinq grands jours et cinq longues nuits passés, je ne voyais pas revenir la brave sage-femme, pour me rendre compte de ce qu'elle avait fait de l'enfant. Josette se tourmentait. Je me dis: Elle a peur de nous compromettre en venant de jour chez nous; mais la nuit, pourquoi n'y vient-elle pas? la rue est déserte, personne n'y passe une fois le pauvre monde couché; qu'est-ce qui est donc arrivé? Il faut que j'y aille. Je mis mon manteau, toute tremblante, comme si j'avais fait un crime, quand la nuit fut brune, et j'allais, sans savoir si j'oserais bien entrer jusqu'à la porte de la vieille maison isolée où demeurait la sage-femme.

Voilà qu'au moment où je tourne la rue pour prendre la ruelle qui menait chez elle, j'entends un murmure de gens autour de sa porte, et je vois deux gendarmes qui conduisaient la pauvre femme, comme une voleuse, entre eux deux !

LXIX.

Qu'est-ce que je devins à cette vue, Monsieur ? Je n'en sais rien ; il me sembla qu'on m'arrachait la peau du visage et qu'on m'exposait toute nue aux rayons d'un soleil brûlant. C'était la honte intérieure, voyez-vous, qui me montait au front et qui me disait : ça te regarde peut-être ; tu vas être découverte et ta pauvre sœur déshonorée. Ah ! mon Dieu ! mon Dieu ! le pressentiment n'était que trop juste. J'étais perdue !

L'un disait à l'autre, dans la foule qui suivait la sage-femme en prison : « Qu'est-ce donc qu'elle a fait, la brave mère Bélan ? — On dit qu'elle a tué un enfant. Oh ! la monstre ! que disaient des vieilles femmes. — Non ; que disaient les autres, elle les a seulement vendus à des Bohémiens, à trois francs la pièce. — Bah ! que disait un troisième, vous ne savez pas ce que vous dites ; elle n'est pas capable de cela, la sainte bonne femme. On la mène en prison parcequ'elle a été surprise par un espion du commissaire, pendant qu'elle venait de porter au tour, qui est surveillé en attendant qu'on le ferme, un enfant, un nourrisson ; qu'elle a reçu, dit-on, de l'argent pour cela de la mère, et qu'elle n'a jamais voulu dire d'où venait l'enfant. Eh bien donc ! elle a bien fait, disaient les voisines, ne vouliez-vous pas peut-être qu'elle allât crier sur les toits les secrets et les malheurs des maisons ? »

Vous jugez si j'avais la petite mort et la sueur froide sur la peau en écoutant ça, cachée sous l'ombre d'une porte, et dans quelle agonie je revins à la maison !

LXX.

J'étais si pâle, si pâle, que Josette s'en aperçut. « Tu as quelque chose, Geneviève ! s'écria-t-elle. Il est arrivé un malheur. Mon pauvre enfant ! je veux le voir, je veux l'embrasser ! je veux me lever, je veux aller chez la mère Bélan ! Je veux qu'elle me dise ce qu'elle en a fait ! »

Elle se levait comme une folle, Monsieur, tout en disant cela ; elle mettait sa robe et sa coiffe ; elle allait sortir malgré moi ; elle allait rencontrer la foule qui était encore sur les portes, dans la ruelle de la sage-femme ; son désespoir et ses cris allaient tout trahir ; elle était perdue. Je fus obligée de me jeter devant elle, de lutter de toutes mes pauvres forces avec ma sœur, tout en tremblant de lui faire mal, pour la recoucher dans son lit, et de lui tout avouer ce que je venais d'apprendre.

— Et l'enfant, mon enfant! le fils de mon Septime, qu'en ont-ils fait? où est il? Je veux le ravoir; je veux l'arracher à ces monstres! » Elle criait comme ça, si haut, Monsieur, en se débattant, que j'étais obligée de lui mettre la main sur les lèvres pour qu'on ne l'entendît pas de la rue. — « L'enfant? que je lui dis, il n'y est plus, on l'a envoyé à une nourrice dans un pays loin d'ici. Mais, sois tranquille, nous lui avons mis une marque, avec un chiffre qui le fera bien toujours reconnaître. »

LXXI.

Mais j'avais beau lui répéter que l'enfant était bien, qu'il était marqué, qu'il avait un bracelet de ses propres cheveux, à elle, et des cheveux de son père; elle n'entendait plus raison, elle se jetait sur son oreiller; elle l'embrassait comme si c'eût été son fils, elle l'approchait de son sein comme pour lui donner à téter! Elle riait, elle pleurait, elle était folle, quoi! C'était fini, ce coup lui avait tourné son lait qui n'était pas encore tari, la fièvre la prit, le délire augmenta; avant le jour, elle était morte!... Oui, morte, Monsieur, là, dans mes bras, seule, froide, morte! bien morte...

Quand le médecin vint, il tâta le bras, en regardant de l'autre côté. Il dit que c'était une fièvre pourprée, avec un transport à la tête, et puis il s'en alla. Ce sont des maladies, dit-il à la famille rassemblée dans la boutique, qui ne laissent pas le temps à l'art; quand le médecin arrive, la malade n'y est plus!

Moi, Monsieur, je ne disais rien. J'étais comme une mère qui a perdu sa fille unique; mais je me contenais, pour sauver au moins son honneur, n'ayant pu sauver sa vie; je ne voulus pas que personne autre que moi veillât le jour et la nuit, à la lueur du cierge, auprès du lit; je l'ensevelis de mes propres mains et je la couchai, après lui avoir baisé le front, dans sa bière, que lui fit un de ses cousins. Je me disais, en l'enveloppant dans son linceul comme un enfant dans un maillot : « Voilà donc pourquoi j'ai renoncé à me marier avec Cyprien! C'était pour me marier avec la mort! »

J'étais reconsolée pourtant, autant que je pouvais l'être, par l'intérêt que les parents, les voisins et les voisines me montraient dans mon affliction. C'était un cri dans tout Voiron; on venait en foule à la porte de la boutique: on disait : Quel malheur! quel dommage! une si belle enfant! une 'fille si laborieuse et si sage! Jamais la rue n'en reverra de pareille! C'était la rose du pays! Le bon Dieu l'a cueillie! Pauvre Geneviève!

Quand le matin du second jour fut venu, les cloches sonnèrent comme pour une vraie dame; les jeunes filles de la ville, riches ou pauvres, vinrent, vêtues de blanc, épingler des bouquets blancs aussi sur le drap de sa bière et accompagner le cercueil à l'église et au cimetière; on y planta une belle croix de fer, toute couverte de rubans blancs, de couronnes d'immortelles, blanches aussi, symbole et honneur des jeunes filles mortes dans leur innocence baptismale. La croix ressemblait à un cep de vigne tout chargé de grappes, ou à un pommier nain, couvert de fleurs sur toutes les branches. C'est la mode du pays, Monsieur; et quand une jeune fille n'a pas cela sur son tombeau au cimetière, ça n'est pas bon signe pour sa mémoire et pour sa famille.

J'y allai aussi le soir, moi-même, quand la nuit fut quasi tombée, et j'y vis ces fleurs et ces rubans; ça me fit encore davantage pleurer que s'il n'y avait rien eu! Je me disais : Ça trompe les hommes, mais ça ne trompe pas les anges. Pauvre enfant! il faut que la tombe garde ton secret! il faut que ta croix mente pour conserver la pureté de ta famille dans Voiron!

Ah! que je pleurai! que je pleurai, toute seule sur cette terre fraîche, toute seule dans mon lit, toute seule dans la boutique pendant ces trois jours!

LXXII.

Et puis j'avais bien un autre poids sur le cœur! c'était comme un reproche qui ne me laissait pas un moment de repos; comme un remords qui me mordait le cœur, toutes les fois que j'avais envie de dormir à force d'avoir pleuré!

Je me disais : Que fais-tu là, dans ta maison, pendant que la pauvre mère Bélan est en prison pour cause de toi? As-tu bien le cœur de laisser souffrir une brave femme et courir des propos sur son honnêteté, pendant que tu sais son innocence et qu'elle n'est dans la peine que pour n'y pas mettre les autres?

Au bout de trois jours, je n'y pus plus tenir. Je m'habillai de mes plus beaux habits sans rien dire à personne, j'allai à l'église et sur la fosse de ma sœur faire ma prière; puis je montai dans une carriole qui menait les pauvres gens à Lyon pour trente sous. C'était la même dans laquelle les gendarmes avaient mené la sage-femme en prison. Je m'informai de tout du conducteur, et quand je fus arrivée à Lyon, je me fis conduire par un petit ramoneur, pour deux sous, à la porte de la prison des femmes, sur la côte de Fourvières. Je demandai au concierge de me laisser parler à la sage-femme de Voiron, disant que je lui apportais des nouvelles de ses petites et un peu de linge et d'argent. Le concierge et sa femme me regardèrent bien entre les deux yeux et me refusèrent; puis, quand ils virent que je restais là, tout humiliée, à la porte, et que je pleurais à chaudes larmes, mon mouchoir sur les yeux, devant les soldats, ils prirent pitié de moi, ils me rappe-

lèrent, et m'ayant fait entrer dans un guichet à côté de leur loge, où il y
avait une grlile de fer et des bancs de bois, ils firent venir la sage-femme et
me laissèrent seule avec elle autant que je voulus.

Ça me fit bien honte de la revoir, vous pouvez le croire, Monsieur, mais
surtout de la revoir là à cause de nous.

LXXIII.

Elle me dit, sans me faire aucun reproche, qu'au moment où elle
portait l'enfant au tour, elle avait été espionnée par des surveillants
cachés aux abords de l'hospice ; que ces surveillants l'avaient dé-
noncée au commissaire de police ; que le commissaire de police, d'après
les ordres qu'il avait reçus de ses chefs, l'avait désignée comme une femme
qui portait, par intérêt ou par complaisance, des enfants trouvés dans le
tour, au préjudice du département, obligé de les nourrir ; que les gendarmes étaient venus la prendre ; qu'on l'avait menée interroger d'abord à
Grenoble, pour qu'elle justifiât d'où venait l'enfant qu'elle avait déposé et
qu'elle avouât la mère ; qu'elle s'y était refusée, pour ne pas nous faire de
la peine ; qu'elle mourrait plutôt dans un cachot que de trahir la confiance
que de jeunes filles dans l'embarras mettaient dans sa probité ; que, là-
dessus, le juge lui avait dit : « Eh bien ! vous resterez en prison jusqu'à ce
que vous ayez dit où vous avez pris cet enfant, » et qu'on l'avait envoyée à
Lyon, dans cette maison de correction, pour y rester, tant qu'il plairait à
Dieu, en prévention d'avoir exposé des enfants légitimes ou illégitimes, pour
mettre leur entretien aux frais de l'Etat, et pour les faire rendre ensuite à
leurs mères sur les signes de reconnaissance qu'elle leur mettait au cou ou
au bras. Mais soyez bien tranquille, ajouta-t-elle, allez, Mm'selle Geneviève,
je sais souffrir, mais je ne sais pas trahir. J'aime mieux que mes petits enfants mendient leur pain aux portes ; j'aime mieux vieillir comme ces murs
et sécher comme ce bois que dénoncer votre sœur. Pauvre chère petite !
dites-lui qu'elle ne se fasse pas de chagrin !

Alors je lui appris, tout en larmes, la mort de ma sœur.

— Eh bien ! donc, dit-elle, que craint-elle là-haut ? Elle est dans le
Paradis où le bon Dieu en pardonne bien d'autres comme à la Madeleine !

— Oui, lui dis-je, mais les méchantes langues ne pardonnent jamais ici,
ni pendant leur vie ni après leur mort, au nom et à la mémoire des pauvres
innocentes qui ont été trompées par un faux mariage et qui ont fait une
faute involontaire. La mémoire et l'honneur de ma sœur me sont aussi
chers et plus sacrés que pendant sa vie, voyez-vous ; jurez-moi, par votre
salut, que vous ne direz jamais à personne qui vive ; excepté à votre confesseur, que Josette avait péché ! » Elle me le jura.

Alors, je lui dis adieu en l'embrassant, et je lui promis qu'elle serait délivrée le lendemain, et que je viendrais prendre sa place à la prison.

Elle me comprit, et elle essaya de me détourner de mon dessein : « Comment, Mam'selle Geneviève, me dit-elle, vous auriez bien le cœur de prendre le malheur sur vous, et de laisser croire que la faute est de vous, pour délivrer une pauvre créature comme moi, et pour détourner les mauvaises paroles de la tombe d'une morte ! Mais vous ne savez donc pas comme le monde est cruel et comme il va vous prendre, toute votre vie, pour ce que vous allez dire que vous êtes ? Ah ! Mam'selle, ne le faites pas, gardez votre honneur ! on n'en a pas deux ! vous êtes perdue !

— C'est plus fort que moi, mère Bélan, lui dis-je, c'est plus fort que moi. Je ne peux pas me faire à l'idée de vous savoir ici entre quatre murs, pour nous avoir voulu rendre service ; je ne puis pas me faire à l'idée de voir le nom de la pauvre Josette, de mon enfant à moi, de mon ange à présent au ciel, mêlé avec un sourire de mépris sur les lèvres de tout Voiron, d'entendre chuchotter, toute ma vie, quand on parlera d'elle, des demi-mots qui feront rougir sa pauvre chère âme dans le Paradis, et puis de voir les paroissiens et les paroissiennes, dimanche prochain, quand ils sauront la vérité, arracher en passant les rubans, les couronnes virginales, les branches de sa croix au cimetière et balayer du pied les bouquets de fleurs blanches que les jeunes filles de son âge viennent renouveler tous les jours de fête sur sa fosse ! Oh ! non, jamais je ne pourrais supporter cela, de voir ma sœur méprisée dans son cercueil, devant moi, et sa terre devenue une place nue et un signe de mépris parmi les places des jeunes filles, dans le cimetière où nous passons tous les jours pour entrer à l'église ! Il me semble que son âme n'aurait jamais de repos, malgré toutes les messes que je ferais dire, et que son fantôme viendrait toutes les nuits me tirer par les pieds et me reprocher de l'avoir laissé humilier dans la terre ! Non ! non ! jamais ! j'aime mieux tout prendre sur moi. Eh bien ! je puis supporter les soupçons et le mépris pour elle, moi, parce que j'ai ma conscience qui ne me reproche rien ! »

Elle eut beau faire et beau dire, Monsieur ; mon parti était pris ; je suis obstinée, c'est mon défaut, comme me disait quelquefois en riant M. le curé ; je ne voulais rien entendre, et je sortis de la prison avec plus de hardiesse que je n'y étais entrée.

LXXIV.

Le lendemain, à midi, je me fis conduire chez le juge ; on me fit entrer dans son cabinet. C'était un Monsieur qui avait l'air sévère et soupçonneux en vous regardant. Je perdis un moment la parole devant lui. Il écrivait.

— Que me voulez-vous, mon enfant? me dit-il d'une voix rude, en relevant la tête.

— Monsieur le juge, lui dis-je en balbutiant et en tremblant malgré moi, comme quelqu'un qui aurait fait un crime, il y a dans votre prison une femme de Voiron qu'on appelle la mère Bélan. C'est la sage-femme du faubourg de l'endroit; chacun l'estime et l'aime dans le quartier et dans la campagne. On l'a accusée d'avoir porté un enfant légitime au tour, pour épargner la dépense de son entretien à un père et à une mère mariés, qui voudraient ainsi voler la charité. On lui a dit qu'on la retiendrait dans la prison jusqu'à ce qu'elle eût avoué d'où vient le nourrisson.

— Eh bien! qu'il me dit en se levant et en me regardant avec des sourcils plus froncés qu'auparavant.

— Eh bien! Monsieur, puisqu'il faut vous le dire, le nourrisson n'a ni père ni mère légitimes; la sage-femme est innocente, elle punie pour la faute d'autrui! L'enfant vient....

— De chez qui ?

— De chez moi, répondis-je bien bas en baissant la tête et en rougissant jusqu'au blanc des yeux.

— Si jeune, dit-il après un moment de silence, déjà mère dénaturée! Comment vons avez eu la barbarie d'exposer votre enfant, pour vous éviter un moment de juste honte, et de violer la nature plutôt que de supporter le respect humain ? » Et ceci, et cela. Enfin, il me fit un discours aussi long et aussi menaçant qu'un curé dans sa chaire, quand il parle au nom de la justice de Dieu aux pécheurs !

Je ne répondais rien et je regardais toujours la pointe de mes souliers. Bien que je me sentisse humiliée jusqu'au bout des ongles, j'étais contente, en moi-même, qu'il me crût si bien coupable et qu'il se fâchât si fort contre moi.

Il me demanda ma condition, mon état, mes moyens d'existence. Je ne me fis ni plus riche ni plus pauvre que j'étais.

— Voulez-vous le reprendre, si on le retrouve, ajouta-t-il, votre enfant?

— Ah ! Monsieur le juge, que je lui dis, en me jetant à genoux devant lui, je ne demande pas autre chose. Au nom du ciel ! faites-le moi rendre! je l'ai remarqué d'un bracelet de cheveux. A présent que tout est découvert et que je n'ai plus de honte à boire, je lui paierai de mon travail les mois de nourrice, et je l'élèverai comme s'il était mon fils... » Je sentis que je me coupais : « Comme s'il était mon fils légitime, » me hâtais-je de reprendre.

— Eh bien! me dit-il en se radoucissant, vous n'avez pas l'air d'une fille perverse ; je vais écrire à Grenoble pour qu'on fasse des recherches pour retrouver votre enfant ; on vous le rendra, vous paierez l'amende. En attendant, je vais ordonner qu'on mette en liberté la sage-femme, et je vais vous faire conduire à sa place, pour quelques jours, en prison. On aura égard à votre repentir et à votre aveu. »

Il écrivit. Il sonna une sonnette qui était là sur ses papiers, comme la sonnette du prêtre sur le coin du marchepied de l'autel. Il entra un homme noir avec une chaîne d'argent sur son gilet. « Huissier, dit-il, conduisez cette fille en prison ; voilà son écrou. — Attendez, dit-il encore, voici la mise en liberté de la sage-femme de Voiron. » Le monsieur noir prit les deux papiers, me fit monter dans une voiture qui était sur la place et me conduisit poliment à la prison.

La pauvre sage-femme, Monsieur, pleura plus en sortant que je ne pleurai en y entrant. Elle avait plus de compassion de moi que d'elle-même.

LXXV.

Je restai environ six semaines en prison. On m'avait mis, au commencement, dans le même dortoir et dans le même préau qu'un tas de mauvaises femmes et de filles perdues qui faisaient horreur à voir et à entendre. Ah ! Monsieur, le fumier de la cour est plus propre que ce préau de prisons ! j'en ai mal au cœur rien que d'y penser, quoi !

« — Qu'est-ce que tu as fait, toi ? qu'elles se disaient les unes aux autres. — Moi, j'ai pris des enfants égarés et je les ai fait pâtir de faim, transir de froid, et je les ai torturés sous leurs habits pour les faire crier et pour exciter l'aumône des passants. — Moi, j'ai fait ceci. — Moi, j'ai fait cela. — Moi, j'en ferais bien davantage si j'étais dehors. » Toutes à l'enchère les unes des autres parlaient du libertinage et du crime. Puis des éclats de rire qui auraient fait pleurer les anges dans le paradis. « Et toi, qu'as-tu fait pour mériter d'être en notre compagnie ? me disaient-elles. — Moi ! je n'ai rien fait, grâce à Dieu ! — Oh ! la niaise ou l'hypocrite ! qu'elles disaient en me montrant au doigt ; va, tu en sais plus long que nous toutes, avec ton air de sainte dans sa niche, ou bien si tu es aussi innocente que tu le dis, nous t'aurons bientôt déniaisée ! »

Je me mettais à pleurer, Monsieur, de honte, et j'allais m'asseoir toute seule, sur les marches du cloître, qui descendaient dans le préau, sous le mur de la chapelle ; priant dans mon cœur le bon Dieu, mais sans remuer les lèvres, de peur qu'elles ne me dissent trop d'injures. Ah ! qu'elle écume, Monsieur, il y a dans ces grandes villes. Toute la boue ne va pas dans les égouts, allez !

Quand le concierge et sa femme virent cela, au bout de deux ou trois jours, cette brave femme, ayant besoin d'un aide pour tirer de l'eau, pour balayer et faire les lits dans les dortoirs, me prit chez elle, le jour, et me fit coucher, la nuit, dans une soupente, au-dessus de sa loge. Ah! que je fus contente et que je servis bien! J'avais l'habitude, ça ne me coûtait rien. Je soignais aussi ses enfants tout petits ; ça me faisait repenser à celui de ma sœur. Cette brave femme s'accoutuma si bien à mon service, qu'elle me dit : « Quand vous sortirez de prison, si vous voulez rester, je vous donnerai des gages.

— Ce n'est pas de refus, lui répondis-je; on ne sait pas ce qui peut arriver.

LXXVI.

Après deux mois passés dans la prison, mais prison adoucie par l'humanité de la geôlière, le magistrat me fit appeler dans son cabinet, où je fus conduite par le même homme noir qui m'avait consignée dans le guichet.

— Vous êtes libre, que me dit sévèrement le juge, allez où vous voudrez, et ne retombez plus dans de pareils égarements. La loi sera inflexible contre ces expositions.

Je ne m'en allais toujours pas.

— Qu'attendez-vous donc? reprit-il avec un air d'impatience et de rudesse.

— Et l'enfant? Monsieur, lui demandai-je timidement, parce que je croyais qu'on allait me le rendre.

— Votre enfant, malheureuse! s'écria-t-il en colère, est-ce que vous croyez qu'on vous le rendrait si on l'avait afin que toutes les mères coupables et dénaturées comme vous se donnassent le plaisir de faire nourrir les fruits de leurs vices par le pays, pour n'avoir que la peine de les reprendre après, bien élevés et bien portants? Non, non; la loi doit prévenir à tous prix de pareils abus, qui ruineraient le département. D'ailleurs, ajouta-t-il, c'est inutile à discuter dans le cas présent; on n'a pu le retrouver votre enfant! En les recevant dans les hospices de Grenoble, les religieuses ont ordre de leur enlever les marques de reconnaissance qu'on pourrait leur avoir attachées au cou ou au bras.

— Ah! est-il bien possible! m'écriai-je, en levant les deux mains vers lui comme si je l'avais supplié, on lui a ôté son bracelet! l'enfant est perdu! Oh! mon Dieu! qu'ai-je fait? Et je fondis en larmes.

Mon geste, mon désespoir, mes larmes et mes cris ne servirent qu'à confirmer le magistrat dans la conviction que j'étais bien véritablement la mère.

— Oui, dit-il, perdu! perdu pour jamais! C'est votre punition. Celles qui exposent ne méritent pas qu'on leur restitue leur crime! Allez, vous dis-je, et tâchez d'être honnête; la police aura les yeux sur votre conduite.

Je sortis comme une malheureuse que la police vient de relâcher après sa peine accomplie, que les passants regardent sortir avec dégoût du tribunal, et que sa honte suit dans la rue.

LXXVI.

Je pris machinalement le quai qui mène à la place où j'étais descendue de la carriole de Voiron. Je montai pour mes trente sous, avec mon paquet sous le bras, dans la même voiture, qui allait justement partir. Le conducteur, qui avait été humain en m'amenant, me fit mauvaise mine en me ramenant. Il parla tout bas, tout le long de la route, avec les gens du pays ou des environs qu'il avait sur son siége et dans sa voiture. On me regardai de mauvais œil avec des airs moqueurs; personne ne me parlait. J'entendis deux ou trois fois mon nom suivi d'éclats de rire et d'expressions de lèvres méprisantes : « Elle vient d'une auberge où on loge et on nourrit gratis, disait le conducteur; demandez-lui voir si la table est aussi bonne que le lit. — On n'y reçoit pas les enfants de deux mois, disait un autre en ricannant. — Est-elle hypocrite! disait une vieille femme; qui est-ce qui ne lui aurait pas donné le bon Dieu sans confession? » Et puis on riait, on riait tout autour de moi, comme si on avait parlé de quelqu'un qui n'était pas là. Moi, Monsieur, je comprenais bien la malice; je baissais les yeux, je faisais semblant de tricoter, je brouillais mes mailles, la confusion m'aveuglait les yeux et me mêlait les doigts. J'aurai voulu être dans un cachot pour le reste de ma vie, à vingt pieds sous terre. Les murs, voyez-vous, c'est moins froid, moins dur et moins offensant que les hommes! Je me disais : « Que vas-tu devenir dans la rue et sur la grande place de Voiron? Les enfants vont te suivre comme un carnaval! Tu n'oseras pas seulement aller le jour prier le bon Dieu sur la fosse de ta sœur, et lui demander d'incercéder là-haut pour l'enfant! » Ah! Seigneur Dieu! que la journée fut longue! J'avais peur d'entendre ma propre respiration.

LXXVIII.

Heureusement qu'il y a une Providence, Monsieur; la carriole cassa à quelques lieues de Voiron; chacun continua, de son côté, ce bout de chemin à pied. La nuit tomba, je me glissai seule par le derrière de la ville, mon petit paquet à la main, jusqu'à la porte de ma maison. J'entrai; personne ne me vit; j'avais un morceau de pain dans ma poche. Oh! j'aurais voulu qu'il ne fît plus jamais jour!

— Mais, ma pauvre Geneviève, lui dis-je là, en l'interrompant, c'était de l'enfantillage; car enfin vous pouviez lever le front devant les hommes, devant les femmes et même devant les anges!

— C'est vrai, Monsieur; mais j'avais tellement pris le malheur et la honte pour moi qu'il me semblait véritablement que j'étais la coupable de tout ce que les autres avaient le droit de penser de moi.

Et le jour d'après, que fîtes-vous? voyons!

LXXIX.

Le jour d'après, Monsieur, je n'osai jamais ouvrir les volets de la boutique, de peur que les voisines et les passants ne vinssent me regarder aux vitres. Je restai tout le jour dans l'obscurité à prier Dieu et à penser à Josette. Quand la nuit fut venue, j'ouvris la porte avec tremblement, je sortis pour acheter ma nourriture. « Ah! vous voilà donc sortie de prison!» que me dit la marchande.

— Oui! que je lui répondis. Je vis que tout le monde savait d'où je venais, et croyait à ma faute. On me regardait avec répugnance, mais sans offense pourtant; on me plaignait des yeux. J'allai, en mangeant mon pain, au cimetière; je m'assis sur la terre de ma sœur, auprès de la croix encore tout ornée de fleurs renouvelées du dimanche d'avant; j'y fis ma prière, et j'y mangeai mon pain dans les larmes.

LXXX.

Après cela, je rentrai chez moi, et le lendemain, voyant qu'il n'y avait plus que quelques pauvres liards dans le tiroir, je me dis : Tu dois pourtant gagner ton pain; tu ne peux pas mendier, à ton âge. Allons, coûte que coûte, il faut rouvrir la boutique, chercher de l'ouvrage, travailler et vendre pour vivre!

J'eus le courage d'ouvrir, Monsieur, d'étaler mes petites marchandises et de m'asseoir au comptoir, comme à l'ordinaire, de supporter les regards, les sourires et les chuchotements des passants, comme si rien n'était arrivé à la maison; mais personne n'entra plus, Monsieur, excepté un ou deux mendiants pour me demander l'aumône. J'entendis ces méchantes langues dans la rue qui disaient : « Faut-il avoir du front! Ah! si sa pauvre belle petite Josette avait vécu, aurait-elle été humiliée de voir la honte de

sa sœur aînée ! Elle était jolie, au moins, celle-là. Le bon Dieu a bien fait
de la prendre pour lui ! »

Et puis il y avait dans la rue en face une mauvaise femme qui, me voyant
partie, et me croyant hors du pays ou en prison pour longtemps, s'était
dépêchée de prendre ma place, avait ouvert une boutique des mêmes merceries que moi, m'avait soutiré toutes mes pratiques, et ne cessait pas de
me montrer au doigt, en disant aux unes et aux autres : « Qui est-ce qui
oserait maintenant acheter pour deux liards de savon seulement dans une
pareille boutique ? Ça tacherait les doigts au lieu de les laver. »

Dieu ! en ai-je souffert, pendant cette malheureuse semaine ! Mes sœurs
de père et mes cousines me reniaient les premières et ne mettaient plus les
pieds à la maison.

LXXXI.

Enfin, Monsieur, personne, personne ne venait plus. Les mères disaient
à leurs filles, quand elles leur remettaient un sou pour acheter des pommes
« Vous n'irez pas chez Geneviève ! » On ne m'apportait point d'ouvrage non
plus, et je n'osais pas en aller demander ; on m'aurait dit : « Nous n'en
avons pas pour vous. » Ah ! Monsieur, on parle de la peste ; mais la honte
est une pire peste aussi, allez, pour une pauvre fille. Si ma mère ne m'avait
pas élevée chrétiennement, je ne sais pas ce que j'aurais fait ; mais, je vous
le dis en vérité, je n'y pensais seulement pas, je serais morte de faim plutôt
que de mal faire.

LXXXII.

Mais attendez, Monsieur, ce n'est pas tout. Voilà que malheureusement
j'avais acheté, le printemps d'avant, pour cinquante écus de marchandises à
crédit chez les gros marchands de la Grande-Rue, pour les payer en automne,
après la saison de la revente. Personne n'achetant plus chez moi, je ne pouvais pas payer mes marchands en gros. Je ne pouvais pas rendre non plus
les marchandises ; car, pendant les deux mois que j'avais été en prison et
que ma boutique avait été fermée avec la clef dans ma poche, le chat ne
trouvant plus rien à manger sous le comptoir et s'étant sauvé par la lucarne,
vous jugez si les rats avaient fait un beau tapage dans le magasin. Et les
hardes donc ! c'était une pitié à voir, Monsieur. On voyait le jour à travers
une pièce de gros drap ; le sel avait fondu, le savon avait moisi, les pains
d'épice étaient dentelés comme des scies, les dentelles ressemblaient à de la
charpie, les miroirs étaient en bribes sur le carreau. Personne n'aurait
voulu reprendre ses fournitures. Tout le monde me demandait ce que je lui
devais. On disait : « Elle va lever le pied un beau matin, tirons-en ce que

nous pourrons. » Le loyer n'était pas tout payé ; le propriétaire ne voulait plus renouveler son bail, parceque ma boutique donnait, disait-il, mauvaise renommée à sa maison. Enfin, Monsieur, lui et les gros marchands de la Grande-Rue s'entendirent pour faire vendre chez moi.

Oui, Monsieur, je vis tout vendre à l'encan devant ma porte, sur le pavé de la rue ! Un homme, monté sur le banc où Cyprien m'avait tenue si joyeuse dans ses bras pour m'asseoir sur le mulet, criait en dépliant des pièces de drap, des mouchoirs, des fichus et jusqu'à mes robes, et aux robes et aux colerettes de la pauvre Josette. « A deux sous ! à trois sous ! à six sous ! qui en veut ? Voilà le tablier de soie de mam'selle Josette ! Voilà les robes du trousseau de mam'selle Geneviève ! Adjugé pour ce que ça vaut ! » Et de grands éclats de rire venaient retentir jusque dans la chambre de l'arrière-boutique, où je me tenais cachée, assise sur la paillasse, au bord du bois de lit, dont on vendait les matelats à la porte !

Et personne ne venait me consoler, Monsieur, pas même le commissaire-priseur, qui venait prendre brutalement sous mes yeux, dans l'armoire, tantôt un objet et tantôt un autre, pour les crier et pour les vendre, et qui, en vérité, m'aurait, je crois, par distraction, criée et vendue moi-même, tant il était échauffé par le tumulte et par le vin ! et, en vérité aussi, je crois que je l'aurais laissé faire, tant j'étais bouleversée et tant les jambes me manquaient sous moi !

Pourtant le soir la sage-femme vint et me dit avec un coup d'œil de reproche et d'intelligence : « Est-il possible, mam'selle Geneviève, que vous portiez si injustement tant d'affronts que vous ne méritez pas, et que vous ne me rendiez pas le serment que je vous ai fait ?

— Non, lui dis-je, mère Bélan, je ne vous le rendrai jamais, jamais, à aucun prix.

— Et pourquoi cette obstination ? reprit-elle.

— Parceque les vivants, voyez-vous, que je lui dis, ça peut supporter ; mais les âmes des morts, ça ne peut se défendre.

— Et qu'allez-vous faire maintenant ? me dit, en croisant ses mains sur son tablier, la pauvre femme.

— Je vais aller, quand il fera nuit, demander asile à ma sœur de père. »

Elle hocha la tête et s'en alla. Puis elle revint et me dit : « Quand vous n'aurez plus de pain, mam'selle Geneviève, souvenez-vous qu'il y en a toujours pour vous à la maison ! »

LXXXIII.

En effet, Monsieur, quand la rue fut déserte et aussi vide que la boutique, et qu'il fit tout à fait nuit, j'allai sonner à la porte de ma sœur de père, la seule qui me restât ; l'autre était partie de Voiron. Elle n'était pas méchante ; mais, je vous l'ai déjà dit, ces deux sœurs-là, du premier lit, nous avaient toujours un peu regardées de haut, à cause de la fortune de leur mère, qu'elles avaient, et que nous autres, d'une autre mère, nous n'avions pas. Ça ne leur faisait pas plaisir d'avoir des parentes pauvres, des filles de vitrier ambulant, dans Voiron.

Elle me reçut bien, m'offrit à manger et à boire, et même elle me fit un lit dans le grenier pour coucher à côté de la servante. « Mais nous avons des enfants, des jeunes filles qui seront bientôt à marier, me dit-elle, en me raisonnant d'amitié ; tu sais ce que l'on dit de toi dans le pays ; ça ne me regarde pas, je n'ai rien à y voir ; je te crois honnête. Pourtant, si on voyait mes filles avec une mauvaise tante, que ne dirait-on pas?.... Et puis tu as mal fait tes affaires ; tu as été vendue en public, par contrainte. Ça nuit au crédit ; mon mari est dans le commerce, vois-tu ; tu comprends? Tu ne peux pas rester ici ; nous allons te garder quelques jours, mais il ne faut pas qu'on le sache par la ville. La semaine écoulée, il faudra chercher ; il faut te mettre en condition un peu loin d'ici. Nous te donnerons pour faire la route. »

Je compris cela et je ne le blâmai pas, Monsieur ; chacun pense pour ses enfants. C'était pénible, mais ce n'était que juste. Je la remerciai, je mangeai un morceau avec la famille, le soir, sur le bout de la table, et j'allai me coucher avec la servante, après l'avoir aidée à approprier la maison et à relaver les assiettes.

LXXXIV.

La difficulté n'était pas pour moi d'entrer en condition et de servir celui-ci ou celle-là ; au contraire. J'y étais faite et ça me plaisait, à moi, de rendre service, même pour rien. Je n'avais pas de fierté dans mes habits et je ne craignais pas la peine, comme vous voyez. Mais qui est-ce qui me prendrait ailleurs sans certificats ? Une pauvre fille qui a eu un malheur, qui a exposé un enfant au tour, qui a pourri deux mois dans les prisons de Lyon ! ça n'est pas flatteur, n'est-ce pas? Non. Eh bien ! donc, il n'y avait qu'une seule personne, dans tout Voiron, qui pût me donner un certificat en conscience ; et cette personne avait besoin de certificat pour elle-même dans mon affaire, et il n'y avait aussi que moi qui pouvait le lui donner, en vérité : c'était la sage-femme, la mère Bélan. Voyez un peu les hasards des choses humaines ! Nous étions toutes deux suspectes, et il n'y avait que nous qui pussions certifier l'innocence et la moralité l'une de l'autre. Mon Dieu, que la vie est un écheveau mal débrouillé !

Cette réflexion me fit sourire, quoique je fusse véritablement attendri par l'embarras singulier de cette pauvre fille.

LXXXV.

— Eh bien! c'est égal, dis-je le matin en me réveillant, j'irai chez la sage-femme. Et j'y allai avant qu'il y eût du monde dans les rues.

La sage-femme me fit le certificat comme quoi j'étais, moi, Geneviève, une fille probe et honnête, qui n'avait jamais fait tort à personne dans le pays, et qui méritait la confiance de tous et chacun, soit pour la cuisine, soit pour le ménage, soit pour garder les enfants à la maison, et elle signa. Ça n'était pas bien écrit ni sur du papier bien propre, mais elle l'écrivit de bon cœur, et même, quand ça fut fini, elle alla à son armoire et elle me força d'accepter quinze francs en monnaie qu'il y avait et un de ses meilleurs mouchoirs de cou pour me présenter avec décence dans les maisons. « Vous me rendrez cela quand vous aurez économisé sur vos gages, Mam'selle Geneviève, » me dit-elle. Je le dois encore, Monsieur, Mais elle me dit aussi : « Si vous ne pouvez pas me le rendre, eh bien! vous me le rendrez en Paradis ! »

LXXXVI.

Ma sœur de père me donna aussi quelques nippes et quelques pièces de monnaie pour mon voyage, et je partis pour chercher une place à Grenoble. La sage-femme m'avait recommandée là à une de ses amies qui exerçait la même profession qu'elle à Voiron. Je servis là sans gages pendant quelques semaines; mais la profession de cette femme, la vue des femmes en mal d'enfant et les cris des nourrissons dans la maison, me rappelaient tellement et toujours ma pauvre sœur et l'origine de notre malheur, que je ne pouvais pas m'y accoutumer. Il fallut sortir bon gré mal gré, car je ne faisais que pleurer et je tombais malade. Une pauvre bourgeoise, veuve d'un épicier, qui avait une jolie demoiselle de seize ans, me prit pour faire la cuisine et les lits et pour enseigner la dentelle à sa fille. J'avais dix écus de gages par an, douze aunes de toile et deux tabliers au jour de l'an. La mère était honnête, mais un peu regardante; elle m'accompagnait elle-même au marché pour voir si je marchandais bien, et pour s'assurer si je ne prenais pas pour moi une pomme ou un pruneau dans le panier de la provision. Ça m'humiliait bien, moi qui n'ai jamais été sur ma bouche.

Mais la demoiselle était si jolie, si gentille, si affable, si complaisante, qu'elle me reconsolait de tout. Une fois mon ouvrage fini à la cuisine, et il n'était pas long, nous travaillions, elle et moi, dans la salle, les pieds sur un chauffepied, tout le jour, pendant que sa mère allait causer de maison en maison avec ses anciennes connaissances. Au bout de trois mois nous étions comme des sœurs. Elle me rappelait Josette, Monsieur, et j'étais heureuse, heureuse, que je serais bien restée là toute ma vie !

Mais voilà qu'au moment où nous nous aimions le mieux, et où elle me promettait de me prendre avec elle quand elle se marierait, pour ne jamais nous quitter, un marchand ambulant de Voiron, que je ne connaissais pas même de vue, mais qui me connaissait, lui, entra, avec son sac de coutil sur le dos, dans la maison pour vendre de la toile à la bourgeoise. On m'envoya chercher un verre de vin à la cave pour faire rafraîchir cet homme après qu'il fut payé, parcequ'il avait retenu qu'on lui donnerait un coup à boire et un morceau à manger par dessus le marché. Ah ! le vilain homme ! je ne lui veux pas de mal, pourtant ; mais il aurait bien pu retenir sa langue et ne pas perdre une payse comme moi, pour le plaisir de bavarder.

Voilà que quand je remontai, ma bouteille à la main, j'entendis que cet homme parlait tout bas avec les deux dames; ils se turent en me voyant entrer; mais je vis je ne sais quoi d'extrordinaire et de soupçonneux sur le visage de la mère et de la demoiselle. La mère avait l'air en colère ; la fille tout affligée. Elles ne me parlèrent pas avec la même voix; elles ne me regardèrent plus avec le même œil ; elles ne m'appelèrent pas pour veiller comme de coutume avec elles à mon rouet dans la salle. Je passai une nuit de souci, cherchant en moi-même ce que j'avais fait pour leur déplaire. Le matin, la dame vint dans la cuisine; elle me dit : « Voilà votre compte. Vous êtes bien hardie d'oser mettre les pieds dans une honnête maison, après ce que le marchand de toiles nous a dit de vous. Faites votre paquet devant moi, afin que je m'assure que vous n'y mettrez rien qui ne vous appartienne, et sortez! »

Hélas ! mon paquet, Monsieur, il n'était pas bien embarrassant, il tenait dans un de mes bas. Je n'osai rien répondre ; je rentrai dans ma chambre pour prendre mes souliers. La demoiselle vint en cachette me dire adieu ; elle pleura en me quittant et me glissa un petit écu dans la poche de mon tablier. J'allai de porte en porte chercher une condition dans toute la ville ; mais tout le monde me disait : « D'où sortez-vous ? Avez-vous des répondants ? Avez-vous un bon certificat de vos maîtresses ? Nous prendrons des informations. » Quand je revenais le soir ou le lendemain, on me disait : « Nous n'avons pas besoin de servante. » Je me retirais en m'essuyant les yeux avec le coin de mon tablier.

A la fin, la femme du cordonnier de ces dames consentit à me prendre pour soigner ses enfants et pour border les souliers dans l'arrière-boutique.

J'avais mon lit et ma nourriture et deux sous par paire de souliers que j'ourlerais. Eh bien ! Monsieur, j'étais contente, parceque le cordonnier et sa femme ne me méprisaient pas, et qu'ils me disaient quelquefois : « Tout le monde est fautif ; mais ce n'est pas une raison pour se rebuter comme ça les uns les autres. Les enfants sont bien soignés, les souliers sont bien bordés ; il n'y a jamais un mot plus haut que l'autre dans la boutique. Restez avec nous tant que vous voudrez ; nous n'avons pas honte de vous, nous ! »

Oui, c'est vrai, ils n'avaient pas honte de moi, eux ; mais croiriez-vous que les autres leur firent honte de leur charité pour moi ? Oui, Monsieur, la méchante épicière commença par lui retirer sa pratique et celle de sa fille, et puis celle de toutes les dames ses amies, en disant : « Ces gens sont bien insolents et bien peu délicats de prendre chez eux une vagabonde qui a trompé la confiance d'une honnête maison comme la nôtre, en sortant de prison pour ceci, pour cela ! » pour mille choses affreuses dont on me croyait coupable, comme d'avoir voulu perdre et peut-être bien tuer un pauvre enfant ! Enfin, quand je vis cela, Monsieur, et que la charité de la cordonnière pour moi était la cause de tout le mal, et que le travail et le pain baissaient à cause de moi dans la boutique, je me dis : « Il ne faut pourtant pas que tu portes malheur au pauvre monde. » Je dis adieu à la cordonnière et à son mari, j'embrassai les enfants et je partis un soir pour que personne ne me vît sortir de la ville. La cordonnière m'avait remis une lettre pour la femme d'un bourgeois de Lyon, qu'elle avait servie étant jeune. Elle disait que j'étais sage, rangée, et qu'il n'y avait rien à redire sur mon travail. Elle la priait de m'être secourable, si par hasard elle ou quelque dame de ses amies avaient besoin d'une fille de service.

LXXXVII.

Cela tomba bien, Monsieur, car le lendemain du jour où j'arrivai à Lyon, la fille de cette dame, qui venait d'épouser un fabricant de Tarare, me prit à son service, et m'emmena avec elle dans une maison de campagne qu'elle habitait tout auprès de ce gros bourg. Ça me fit une joie au cœur que je ne puis pas vous dire, de voir des montagnes, des buissons, des prés, des métiers de tisserand et des toiles étendues sur l'herbe, tout comme à Voiron sous les fenêtres de ma mère. Je restai trois ans bien tranquille et assez contente dans cette maison. Il n'y avait rien à souffrir des maîtres, excepté un peu d'avarice comme chez presque tous les marchands. Ils étaient pourtant bien à leur aise ; mais on dirait que la bourse est hydropique, Monsieur : plus ça gonfle, plus ça veut boire. Ils m'aimaient bien, parceque je ne demandais quasi point de gages, que j'avais un petit appétit et que je ne refusais aucun travail ; tellement que je faisais la cuisine, je soignais la dame et ses deux enfants, je bêchais le jardin, je blanchissais, et je pansais le cheval de Monsieur; car il avait un cheval pour traîner la carriole dans laquelle il allait vendre ses toiles. La pauvre bête! on lui disputait bien sa nourriture, aussi! Si je ne lui avais pas porté en cachette les épluchures des herbes de la cuisine, les tronçons de salade, elle aurait bien souvent mangé son râtelier. Mais je l'aimais, cette pauvre bête, quoi! Elle hennissait dans l'écurie dès qu'elle entendait ma voix ou mon pas dans la cour, et, quand j'ouvrais la porte de l'étable, elle me regardait avec amitié comme une personne. C'est pourtant de cette avarice de maîtres à l'égard des animaux, et de la pitié que j'avais d'eux, que me vint mon dernier malheur et puis mon bonheur après. Je vais vous conter cela; mais vous allez rire... Eh bien! c'est pourtant vrai; que voulez-vous? Le cœur entraîne à bien des fautes!

LXXXVIII.

Il y avait dans l'étable avec le cheval que je pansais, deux ou trois brebis qui tondaient le pré pendant tout le jour, quand les toiles étaient repliées. Le maître et la dame ne voulaient pas perdre le peu d'herbe qui poussait à moitié pourrie sous le chanvre humide. On les vendait avec leurs petits, à l'entrée de l'hiver, au boucher, après les avoir tondues pour la laine et pour n'avoir pas la dépense de les nourrir dans la morte-saison.

Une de ces brebis mit bas à la Saint-Martin, qui est le 11 novembre, et la mère ayant été vendue huit jours après pour être tuée, on ne put pas vendre son fruit avec elle, et le petit me resta. Je lui donnai du lait de la vache dans le creux de ma main et je l'élevai comme on élève un enfant dont la nourrice a tari. Ce pauvre petit animal s'attacha à moi, Monsieur, comme une personne. Quand il n'était pas autour de moi, à l'étable, dans la cour ou dans le jardin, il bêlait toujours; tellement que, pour le faire taire, j'étais obligée de le faire entrer avec moi à la cuisine, où il se couchait à côté du chien, entre ses jambes, au coin du feu; il n'avait de paix qu'auprès de moi et du chien. Le chien s'y était tellement aussi attaché qu'il aboyait dans sa loge jusqu'à ce que je lui eusse mené l'agneau. Il lui faisait place sur la paille dans sa niche en pierre, et ces deux animaux jouaient ou dormaient ensemble, que ça faisait plaisir et compassion à voir.

Faut-il vous l'avouer, Monsieur, quand mon feu était recouvert sous la cendre, et que les maîtres étaient dehors, j'y allais souvent aussi moi-même, dans la niche, assise sur le bord, les pieds au soleil et je tricotais mon bas ou bien j'ourlais mes serviettes, là, avec eux deux. L'homme est si bête,

Monsieur, que je me sentais pour ainsi dire heureuse de me sentir là auprès
de deux animaux qui m'aimaient. J'écoutais leur souffle et je sentais leurs
têtes chaudes sur mon cou. Enfin, Monsieur, j'en demande bien pardon à
Dieu, parce qu'on dit qu'il faut croire que les animaux n'ont pas d'âme (et
je crois que ce sont les bouchers et les charretiers qui ont dit ça); mais, en
vérité, quand je regardais bien dans leurs yeux, j'y croyais voir derrière,
une pensée à la fenêtre, tout comme dans les miens lorsque je me voyais
au miroir. Enfin, c'est égal, le bon Dieu sait ce qu'il en est; ça ne me regarde pas. Toujours est-il que ce chien et cet agneau, c'était ma société,
ma famille, ma consolation à moi. Que voulez-vous? On prend son bien là
où on le trouve.

LXXXIX.

— Ah! mais, dit Geneviève, en se reprenant, je ne vous ai pas dit comment était le chien.

— C'est vrai, répondis-je, dites-le-moi un peu; vous savez combien je les
aime.

— Eh bien! Monsieur, ce n'était pas un chien bourgeois, comme le vôtre,
car vous savez bien qu'il y a des chiens de tous les états, ainsi que des hommes : des chiens mendiants, des chiens ouvriers, des chiens bourgeois, des
chiens seigneurs : ça se connaît au poil, chez eux, comme chez nous à
l'habit; pourquoi? je ne vous le dirai pas, c'est un mystère, mais c'est
comme cela.

— Cela me prouve, Geneviève, que vous avez bien observé les animaux.
Dieu en a fait pour toutes les professions. La nourriture et l'habitation n'y
changent rien; ils sont ce qu'ils sont. Vous voyez un chien noble chez un
paysan, et un chien paysan chez un noble. Ils ne s'y trompent pas entre
eux, allez, ils se reconnaissent bien pour ce qu'ils sont, d'autant mieux
qu'ils n'ont pas d'habits pour se déguiser. Ils sont fiers ou humbles selon le
rang; ils se portent envie ou respect tout comme entre nous. Toute la nature est faite de la même pâte. Mais dites-moi donc comment était le vôtre.

— C'était un chien, ni grand, ni petit, ni gras, ni maigre, dont le nom
était *Loulou,* parcequ'il venait de cette espèce qu'on appelle les chiens-
loups ; il avait le museau un peu pointu, l'œil gris et vif, des dents courtes
et blanches, les lèvres souriantes, la voix douce et un peu plaintive quand
il était à la chaîne, deux petites oreilles droites, aiguës, toujours dressées
et qu'il tournait de droite et de gauche, comme les ailes d'un moulin à vent,
pour prendre le bruit. Sa queue, fourrée comme celle d'un renard, était

droite et relevée à l'extrémité, mais le poids de sa soie longue et épaisse la courbait vers le milieu. Son poil était long, doux à toucher, comme des étoupes bien peignées par le peigneur de chanvre. Ce poil était si touffu, que, quand je le caressais, ma main y entrait tout entière, et que, quand je la retirais, la place de mes doigts y restait marquée, comme les pieds restent marqués dans le pré quand l'herbe est haute. Je vous ai dit un chien paysan, mais tirant sur le bourgeois, à peu près comme celui de M. le curé que vous voyez là, sur sa chaise.

CX.

Quoique la maison fût bien dure, Monsieur, la dame bien parcimonieuse, le monsieur bien brutal, le gage faible et le travail dur, le chien et l'agneau me tenaient compagnie le jour dans l'étable ou dans la cour, le soir à la veillée dans la cuisine. Cette société m'attachait aux murs. Il me semblait que nous étions parents, eux et moi, et que, si je venais à quitter mes maîtres, ces animaux resteraient sans personne qui les comprît et que moi je resterais sans conversation et sans amitié sur la terre. Ils me paraissaient m'appartenir, à moi, par droit d'habitude et d'attachement ensemble bien plus qu'aux maîtres; je n'aurais pas voulu les voler, pourtant, car ils ne mangeaient pas mon pain, mais celui de la maison. Aussi, quoique je ne fusse pas heureuse là, je ne songeais pas à en sortir. L'idée de dire adieu pour jamais à l'agneau et au chien ne me venait tant seulement pas dans l'esprit. Ça m'aurait paru un désert.

L'agneau couchait avec le chien sur le pied de mon lit. Ça me faisait tant de gaieté, Monsieur, de voir le matin, en me réveillant ces quatre yeux qui me regardaient amicalement ! Et puis, quand j'étais levé, le chien allait à son devoir, à la porte de la cour ou dans sa niche, et l'agneau, me suivant de la cuisine à l'étable et de l'étable au bûcher, du bûcher au grenier pour étendre le linge, montait et descendait derrière moi les escaliers et ne me quittait pas plus que mes sabots.

On ne disputait pas trop sa vie au chien, parcequ'il gardait les toiles et qu'il mangeait les os et les restes; mais l'agneau faisait de la peine à Monsieur et à Madame parcequ'il mangeait du foin, du pain et des herbes. J'avais souvent des raisons à cause de lui : tantôt il avait brouté une salade, tantôt il avait grignoté le sel, tantôt il avait rongé un reste de pain. Madame disait : « Il faut le tondre et le vendre à la Saint-Martin; nous ne pouvons pas nourrir pour rien une bête qui s'engraisse de nous sans nous rien rapporter. » Ah ! c'est que, savez-vous, l'économie chez ces gens-là, ça n'avait ni égards, ni pitié, ni yeux, ni oreilles, ni si, ni mais; il fallait que tout rendît quelque chose. Une fois qu'il avait donné sa laine, la pauvre bête n'avait rien à donner que sa tendresse et son plaisir à moi ; ça n'était pas dans mes conditions.

XCI.

« Eh bien ! que je dis un jour à Madame, puisque l'agneau vous fait de la peine pour le pain, je le nourrirai, si vous le permettez, sur mes gages. Rabattez douze francs sur les trente-six francs que vous me donnez par an, et n'en parlons plus. Vous aurez la laine et moi l'amitié ; nous serons tous contents. » Monsieur et Madame calculèrent sur leurs doigts, se mirent à rire et dire : Nous voulons bien. Je n'eus plus que vingt-quatre francs, et l'agneau eut sa nourriture avec moi, au pied du banc, à côté du chien. Tout alla bien jusqu'aux approches de l'autre Saint-Martin.

Mais voilà qu'un soir que j'étais sortie pour traire la vache, et que j'avais laissé le sceau de lait à la porte de l'étable pour faire la litière, ce gourmand d'agneau, Monsieur, voit le lait tout écumant devant lui, trempe la tête dans le sceau et se met à le boire. Il n'en but pas pour un liard, peut-être, Monsieur, il le flairait plutôt ; mais voilà que la fenêtre de Madame s'ouvre en face et qu'elle jette des cris comme si on lui avait bu l'or dans sa bourse. J'accours, je chasse l'agneau, je demande excuse à mes maîtres pour la bête, je dis que c'est ma faute d'avoir laissé le lait par terre ; rien n'y fait. Le mauvais œil recommence contre l'animal et contre moi. On nous épiait comme deux voleurs, on mesurait le pain, on me demandait compte des épluchures ; on disait que je donnais à l'agneau des tronçons de salade qui étaient pour la vache ; plus de paix pour moi, enfin ! J'en pleurais quelquefois en caressant la pauvre bête, qui semblait comprendre et qui me regardait toute triste, sa tête sur mon tablier et ses beaux yeux si doux sur les miens.

XCII.

Nous touchions à la Saint-Martin, Madame et Monsieur ne cessaient pas de marmotter que je négligeais les intérêts des maîtres pour les intérêts des bêtes, que j'avais le cœur trop bon, que je me laissais conduire par le chien et par l'agneau ; qu'il fallait tenir l'un à la chaîne tout le jour, et vendre l'autre avant que la saison des foires fût passée, après quoi on n'en trouverait rien, ou l'on perdrait dessus. Je proposai de l'acheter pour moi, et de laisser tout mon gage de l'année pour mon pauvre ami. Mais on dit que ce serait encore un mavais marché, parceque je lui laissais faire du dégât dans le jardin et dans la cuisine. Alors ils firent une conspiration. Ça me fait encore un frisson de vous le dire.

XCIII.

Un samedi soir, Monsieur, que j'étais tranquillement, après mon ménage fait, occupée à raccommoder mes bas dans ma chambre haute et que j'avais laissé l'agneau et le chien couchés ensemble dans la niche, au soleil, ne se doutant de rien, voilà que j'entends un grand bruit sous ma fenêtre, des pas qui courent, l'agneau qui bêle, le chien qui aboie et grince des dents. Je laisse tomber mon ouvrage, j'ouvre la fenêtre; qu'est-ce que je vois ?... Je vois un homme, les bras nus, avec un tablier retroussé à sa ceinture et un grand couteau dans la main droite, tirant de la main gauche l'agneau par le cou pour l'arracher de la loge du chien qui défendait de la voix et des dents son ami! Je pousse un cri pour arrêter le garçon boucher; mais il ne m'écoute seulement pas; et furieux d'avoir été mordu par le chien, il plonge son couteau dans le cou de l'agneau, sous mes yeux et malgré mes gestes et mes cris. Ah! Monsieur, ça me fit l'effet d'un crime et je crus voir immoler un chrétien.

Cependant, l'homme ayant été jeté à la renverse et ayant laissé le couteau dans le cou du pauvre animal, le chien et l'agneau lui avaient passé pardessus le corps et s'étaient précipités par instinct dans la cuisine dont la porte était toute grande ouverte, pour venir se réfugier naturellement près de moi. Ils montèrent tous deux, l'un jappant, l'autre râlant, l'escalier de bois et se jetèrent sous le lit, à mes pieds, comme pour se sauver de leur assassin. Pauvres bêtes! Il fallait voir comme ils me gardaient et comme ils semblaient implorer ma protection! Je me jetai sous le lit moi-même pour arracher le couteau du cou de l'agneau : il me tendit la tête de lui-même et me laissa faire, comme s'il avait compris que je voulais le soulager et non le perdre. Mais à peine eus-je arraché la lame, que le sang coula à gros bouillons sur mes mains et qu'il expira dans mes bras! Le chien tremblait de douleur comme s'il avait frémi de voir égorger son compagnon et comme s'il avait eu la même horreur que moi de la mort et du sang! Je pleurais moi-même comme lui, l'agneau mort sur mes genoux, le chien hurlant à mes pieds, mêlant mes hurlements aux siens et mes larmes au sang de l'agneau. Ah! Monsieur, je n'avais jamais vu de crimes, mais celui-là me fit comprendre les autres et ne put jamais s'effacer de moi.

Je ne fis pas de reproche au maître. Je me dis : « Ils sont maîtres de ce qui leur appartient; le cadavre de l'animal est bien à eux, mais enfin son amitié était à moi. Pourquoi me l'enlever en trahison? Allons-nous-en. »

J'embrassai le chien; je le plaignis de rester, lui, dans une condition si dure, mais je ne pouvais plus y rester, moi, d'abord parceque j'aurais toujours eu cette scène d'horreur, ce meurtre et ce sang dans les yeux, dans ma chambre, ensuite parceque l'assassinat de mon pauvre compagnon de lit et de jardin m'avait tellement bouleversée que je n'aurais pas pu de longtemps faire la cuisine et toucher à un morceau de viande crue sans m'évanouir. De ce coup j'avais perdu mon état. Je pris mes gages de trois ans, mon paquet sous le bras, et je partis de Tarare sans trop savoir où j'irais reposer ma tête. Je ne pouvais plus me présenter dans aucune maison bourgeoise pour servir à tout, puisque la cuisine me répugnait jusqu'à me faire évanouir. Je me dis : « Je vais revenir en Dauphiné et tâcher de gagner ma vie comme ouvrière ici ou là dans les alentours de Voiron. Peut-être que la faute qu'on y a mise sur moi sera oubliée, que de braves gens me prendront pour soigner les enfants, pour soigner les cocons de vers-à-soie, ou pour étirer et blanchir les toiles. »

XCIV.

Après mon entretien payé, il ne me restait de mes gages de trois ans qu'une bourse de douze écus dans un bas et quelques nippes. Une voiture de coquetier qui menait des châtaignes à Lyon, et dont je connaissais le maître, me ramassa sur la route et me permit de monter et de m'asseoir sur ses sacs pour une pièce de vingt-quatre sous que je lui donnai. La neige me mouilla, le froid me saisit, et, en arrivant à Lyon, il fallut me descendre à la porte de l'hôpital. Les sœurs m'y reçurent; elles eurent bien soin de moi. Je fis amitié avec deux d'entre elles qui servaient dans la salle des femmes. Cela me paraissait si beau et si bon, Monsieur, de servir ainsi tout le monde, connu ou inconnu, propre ou répugnant, sans leur rien demander, en leur obéissant au contraire, et pour un gage qu'on ne recevrait que du maître de tous dans le Paradis! Dieu, que je les enviais! Je leur demandai si je ne pourrais pas faire comme elles, puisque j'étais servante aussi. Elles me dirent que oui, mais qu'il fallait avoir de bons renseignements, avec une petite dot et entrer dans un couvent, d'où on m'enverrait ensuite comme elles dans un hôpital. Des renseignements? Ils n'auraient pas été bons. Un couvent? On m'aurait dit : D'où venez-vous? et qu'apportez-vous? Une dot? Je n'avais que mes trente-trois francs et mon tablier où étaient roulées mes chemises.

Mais je me trompe, Monsieur, je croyais les avoir; je ne les avais plus. Une mauvaise femme qui était en convalescence de la maladie des prisons, dans le lit à côté du mien, voyant que je regardais souvent mon paquet sur ma chaise, m'avait dit : « Défiez-vous ; on ne sait pas à côté de qui on couche dans ces auberges du bon Dieu. Je ne sais pas si vous avez une bourse ; mais, si vous en avez une, cachez-la bien. » Je croyais, Monsieur, qu'elle parlait par intérêt pour moi, mais c'était à mauvaise intention ; elle voulait savoir si j'avais de l'argent. Je retirai de mon paquet le bas dans lequel j'avais mis mes trente-trois francs, et je le cachai devant elle, sous mon traversin ; mais la fièvre me prit si fort que je ne pensai plus à mon pauvre butin.

Cette femme quitta l'hospice pendant ma maladie, et quand je sortis moi-même, je n'avais plus rien ! Elle m'avait volé pendant ma fièvre. Je n'avais plus que deux pièces de douze sous dans la poche de mon tablier ! Quel désespoir de rentrer ainsi dans mon pays après une absence de plusieurs années, et de faire un tel affront à ma famille ! Je ne pus pas m'y résoudre et j'achetai du pain ; je demandai ma route aux passants et je m'acheminai lentement, par les villages, vers Crémieux, Bourgoing, la Tour-du-Pin. Partout j'offris mes services, et partout je fus refusée. Je vécus environ quinze jours sur les grands chemins, vendant tous mes pauvres effets un à un pour payer mon lit et mon pain dans les auberges des faubourgs ou des paroisses ; mais c'était la morte-saison : il n'y avait ni cocons à soigner, ni foin à faner, ni soie à dévider, ni blé à sarcler pour une pauvre fille comme moi dans la contrée. J'avais beau rôder de porte en porte, autour du pays de mon père, on disait : « Nous n'avons pas d'ouvrage, » ou bien : « Cette fille n'a pas de papiers, » ou bien : « Elle a l'air maladif, nous avons bien assez de nos enfants et de nos vieux. » La neige et la glace couvraient les chemins.

XCV.

A la fin, Monsieur, il ne me resta rien que les habits que j'avais sur le corps et qui tombaient déjà de fatigue et de reprises. Mes souliers ne me tenaient plus aux pieds, mes bas laissaient voir mes talons ; j'avais l'apparence d'une de ces vagabondes qui sont entrées dans les prisons ou dans les hospices dans leurs habits d'été et qui en sortent au mois de décembre avec une robe d'indienne, un chapeau de paille contre le soleil, et des souliers fins, noués par des rubans, pour marcher sur l'herbe ou sur la poussière. Quand je me voyais en passant devant les vitres des fenêtres basses des maisons, je me faisais peur et pitié à moi-même. Je me disais : « Qui est-ce qui voudra jamais faire asseoir à son fe... ....reille mendiante ? »

Hélas ! Monsieur, il fallut bien le devenir, mendiante. Oui, Monsieur, je ne rougis pas de le dire, j'ai tendu la main; pas pour longtemps, par exemple; mais j'ai tendu la main.

— Pauvre Geneviève, m'écriai-je, comment! vous en avez été réduite à frapper aux portes et à demander du pain et un abri pour la nuit, par charité? Ah! vous l'avez bien rendue depuis!

XCVI.

— Oui, Monsieur, me dit-elle en relevant la tête avec plus de fierté qu'elle n'en avait eu jusque là dans son attitude, je me résolus, plutôt que de rentrer dans Voiron et d'humilier ma sœur aînée, mes nièces et mes neveux, riches, à demander la charité. J'aimai mieux encore cette honte pour moi que l'autre honte pour toute la famille. Par exemple, une fois que je n'eus plus rien sur moi et plus d'espoir de trouver une place, j'évitai les villes, les gros bourgs, les grandes routes, et je me dis : « Il vaut mieux aller par les chemins de traverse; on ne te verra pas, et il vaut mieux demander ta vie aux pauvres gens de la campagne, aux portes des maisons isolées, qu'au riches ou aux marchands des villes. Là, où il y a plus de misère, il y a plus de pitié et moins d'affront. »

C'est singulier, pourtant; mais c'est comme cela. On dirait que les riches pensent : « Bah! nous ne tomberons jamais si bas, » et que les pauvres pensent : « Ah! nous pourrions bien être comme cela demain. » Cela leur fait mieux comprendre la parole de Dieu, vous savez : « Faisons aux autres ce que nous voudrions qui nous fût fait. » Et puis, j'ai toujours vu que la misère ouvrait le cœur et que la richesse le durcissait. Cela n'est pas vrai pour tous, par exemple; car il y a les riches du bon Dieu comme les pauvres du bon Dieu; ceux-là ont autant de plaisir à donner que les pauvres à recevoir. Mais on ne tombe pas toujours à la porte du Samaritain. Il vaut mieux, quand on baisse la tête, passer sous les petites portes que sous les grandes. Et puis les misérables n'ont pas honte de la misère. Chez eux il n'y a pas de pain quelquefois, mais il n'y a pas d'affront. Je me dis donc : « Ne va que par les champs et ne t'arrête qu'aux portes des chaumières; » et je m'en trouvai mieux.

XCVII.

Vous me direz : « Mais où alliez-vous? Geneviève. » Ah! Monsieur, je m'attends bien à la question. Eh bien! sur ma part en Paradis! cette question, je me la faisais à moi-même et je ne m'y répondais pas clairement.

Quoi qu'il en soit, je me rapprochais toujours davantage de ce pâté de montagnes de la *Chartreuse*, entre Voiron et Saint-Laurent ; soit que l'instinct qui ramène le lièvre au gîte d'où il est parti me fît tourner à mon insu autour du pays de ma jeunesse et de mon amour ; soit que j'eusse le pressentiment confus que je trouverais plus de charité en montant plus haut sur les montagnes qui sont plus près du ciel, voyez-vous ; soit que mon bon ange me menât par la main, sans que je le visse, vers l'asile de mon salut.

XCVIII.

Je faisais peine et horreur à voir, tant ma robe, mes bas, mon fichu, mes souliers retenus à mes pieds par des ficelles, étaient souillés par la boue des chemins, mouillés de pluie et de neige, déchirés par les cailloux et les épines des sentiers et des champs. Malgré cela, Monsieur, je trouvai assez bon visage dans tous les chalets que je voyais fumer le soir, et où je me présentais pour demander les restes du pain de seigle et un peu de paille ou de foin dans un coin pour la nuit. On me faisait approcher du feu ; on mêlait souvent à mon pain un peu de lait, de beurre ou de miel. On me mettait ordinairement dans l'écurie des vaches, où il fait si chaud, qui sent si bon et où on est distrait par le ruminement paisible des bêtes. Quand j'étais trop mouillée encore ou trop fatiguée pour repartir, on me disait : « Restez tant que vous voudrez, pauvre femme, vous porterez bonheur au bétail ; nous n'avons jamais fermé la porte à la misère. On ne sait pas si ce n'est pas sa providence et son salut à qui on refuserait l'entrée de sa maison. »

Mais je n'abusais pas, Monsieur, et toutes les fois que mes pauvres jambes pouvaient me porter, je remerciais bien la maîtresse, j'apprenais une prière ou l'autre aux petits enfants, et je m'en allais ailleurs pour ne pas être à charge trop longtemps au même foyer. On disait : « C'est une pèlerine qui aura fait un vœu à S. Bruno, et qui l'accomplit dans la rude saison. » Mais on ne m'en disait pas plus haut que cela. Le paysan n'est pas curieux, Monsieur. Chacun a son idée, dit-on, et les secrets des autres ne sont pas les miens.

XCIX.

Enfin, Monsieur, la vie n'aurait pas été t *j* pénible s'il n'avait pas fallu changer tous les jours de visage et si la saison n'avait pas été si dure. Mais nous étions déjà entre la Noël et les Rois ; plus je montais, plus la glace, la neige et les brouillards se figeaient comme une huile blanche sur les branches des sapins. Ils couvraient la terre d'un linceul qui faisait que toutes les

vallées, toutes les montagnes, tous les champs et tous les chemins se ressemblaient. Je ne reconnaissais les champs qu'aux traces que les petits oiseaux, les chevreuils et les lièvres dessinent avec leurs pattes sur le manteau
des blés verts ; je ne retrouvais les sentiers qu'aux creux inégaux et profonds
que le pied sûr des mulets laisse'dans la neige, tant que le vent qui la herse
pendant la nuit ne les a pas tout à fait effacés. Quelquefois je me trompais
et je m'engloutissais à moitié dans cette poussière blanche qui comblait les
ravins ; mais les branches de houx et d'épines-vinettes qui s'élevaient au
dessus me retenaient, et, grâce à Dieu, il ne m'arriva pas d'autre malheur
que de perdre mes deux souliers. « Eh bien ! que je me dis en me ramassant,
tu es bien née les pieds nus, n'est-ce pas ? tu peux bien vivre de même. »
Et je reprenais courage, en me disant : « La neige fondra, et après avoir
marché pieds nus sur la glace, tu marcheras pieds nus sur l'herbe tendre et
sur les fleurs du printemps. La vie est comme ça ; il faut la prendre comme
le bon Dieu l'a faite ; de la critiquer, ça ne sert à rien qu'à vous faire du
mauvais sang ; il vaut mieux regarder en haut qu'à ses pieds ; au moins quelquefois on voit le soleil ou une étoile. Allons ! » Et j'allais, Monsieur.

— Bonne Geneviève, lui dis-je, que vous aviez de résignation et de courage ! Et je m'arrêtai pour la regarder avec admiration, tout ému des paroles de cette sainte fille. Elle baissa les yeux et garda le silence ; et elle ne
reprit que le lendemain, à l'*Angelus* du soir, la fin de son récit.

C.

Pourtant un jour ça tourna mal. Je me trompe quand je dis cela ; mais ça
faillit tourner mal. Pourtant si j'étais morte là, j'aurais eu tout de même un
beau drap de cercueil. Voici, Monsieur :

J'étais partie par un beau soleil d'hiver d'une grange bien haut, bien haut,
dans les montagnes, et je montais encore, sans savoir où, entre des gorges
séparées par des torrents que je traversais sans les voir, parcequ'ils étaient
recouverts d'une croûte de glace, et que les avalanches en tombant étaient
venues se coucher sur la croûte de glace. On m'avait dit qu'il y avait beaucoup de chalets dispersés du côté de la Savoie, et que le monde y était doux
et humain. Je pensais que je pourrais y gagner mon pain à filer de la laine
noire ou à tiller du chanvre pendant l'hiver. Je marchais donc pieds nus
avec confiance en Dieu, et avec espérance que ma vie de mendiante pourrait s'arrêter là ; car j'avais toujours bien honte de manger comme un chien
sans maître le pain d'autrui sans le gagner.

Il était déjà trois ou quatre heures après midi : je le connaissais au so-

leil que j'entrevoyais par moments à travers des nuages bas, lourds et
gris, qui courraient, comme des troupeaux effarouchés, chassés par un
grand vent. Les montagnes craquaient comme un pain chaud dont on brise
la croûte; les sapins sifflaient, pliaient, cassaient par instants, et roulaient,
les racines en l'air, la tête en bas, avec les avalanches de neige et de
pierres dans les profondeurs des ravins, dont je n'osais pas seulement regarder le fond. Je montais toujours sur le bord des abîmes, me retenant
aux branches glacées, contre le vent qui m'avait emporté mon chapeau,
ma coiffe, mon peigne, qui me faisait fouetter mes cheveux sur le visage
tout en sang et qui semblait vouloir m'arracher ma robe et me jeter, nue
comme la main, dans cette mer de neige en écume. Je criais, mais je n'entendais pas ma propre voix, tant la rafale emportait le son à mesure qu'il
sortait des lèvres; c'était si fort, Monsieur, qu'elle me faisait retourner les
cils dans les yeux.

En même temps ce vent enlevait de tels tourbillons de neige en la laissant retomber ensuite, que le ciel, la terre, l'air, la lumière, la neige,
étaient confondus, et ne formaient plus qu'un seul élément, moitié transparent, moitié ténébreux, moitié étouffant, moitié respirable à travers lequel
je m'avançais les bras tendus en avant comme quand je vais au grenier ou à
la cave sans lumière, à tâtons! De moments en moments, la nuit était plus
sombre; je n'osais plus faire un pas, de peur des précipices; je m'assis sur
la neige que le vent entassait, de minute en minute, plus haut autour de
moi, comme on dit que la marée monte insensiblement sur le sable de la
mer pour ensevelir les hommes qui n'ont pas regagné la terre à temps.
J'attendais ma dernière heure, en priant tout bas le bon Dieu. Je n'avais
pas peur de la mort, Monsieur, mais j'avais peur d'être déterrée là, le lendemain par les loups, qu'ils ne déchirassent ma robe et qu'ils ne disper-
sassent mes pauvres membres nus sur les sentiers, aux regards des passants!
Et cependant, au milieu de ma peur, de mes frissons, je me sentais sommeil, et je laissais rouler par moments ma tête sur la neige comme sur l'o-
reiller. Le froid de la pluie mêlée à la neige, et qui me tombait sur le
front, me réveillait; je me mettais sur mon séant en me disant : « Où
es-tu? »

CI.

Hélas! Monsieur, je n'étais pas bien loin du secours; mais le vent, la
poussière, le bruit étaient si forts et la nuit si épaisse qu'on ne pouvait ni
me voir ni m'entendre. D'ailleurs il y avait déjà long-temps que je ne
criais plus. Le vent du midi était tombé, la neige était tiède et fondait sous

moi, les nuages ne couraient plus si bas ni si vite, ils laissaient de grands intervalles bleus et noirs dans le ciel, où j'apercevais des étoiles qui paraissaient courir comme si Dieu les eût appelées, de même que j'appelle mes poules à l'heure où je leur jette le grain. La nuit devait être avancée ; je crois que c'était bien deux heures du matin. J'avais transi, prié ou rêvé, sans m'en douter, près de la moitié de cette nuit. Ah ! quelle nuit ! Mais ne vous tourmentez pas, Monsieur, je vais vous dire la fin de tout.

CII.

Je me levai sur mes jambes engourdies ; je ne me sentais plus mes pieds tant ils étaient gelés. Je ne vis rien, il faisait trop sombre ; mais voilà qu'en écoutant comme une âme qui aurait entendu la chute d'un flocon de neige sur ce tapis muet des montagnes, j'entendis tout à coup et près de moi le mugissement lent et sourd d'une vache à laquelle répondit le chant d'un coq endormi qui chantait sans doute en rêve, ou bien qui prenait la lueur d'une étoile pour un premier rayon du matin.

Je ne puis pas vous dire ce je sentis en entendant la vache et le coq, Monsieur ; je me dis : « L'homme est là ! » Il me sembla qu'on me tirait du fond d'une rivière où j'étais noyée et qu'on me mettait dans le palais et dans le lit d'une reine. Je tombai d'émotion à la renverse, puis je me relevai pour me mettre à genoux et remercier Dieu, et j'écoutai de nouveau. Le coq chanta encore comme s'il eût voulu m'appeler, et la génisse fit entendre un second mugissement plus faible du fond de sa crèche. J'avançai au son avec précaution ; j'aperçus bientôt une noire tache de sapins sur le flanc en pente d'une colline, et l'ombre d'une maison ou d'une grange sur la blanche toile de neige qui couvrait tout le reste de la terre. En peu de minutes, je me trouvai dans une cour un peu éclairée par les étoiles, où il y avait un puits, un fumier, des chars, des jougs de bœufs, des herses dressées contre le mur et un escalier de bois de sapin montant de la cour vers la chambre. Je ne voyais aucun feu à la vitre ; je n'entendais ni voix, ni souffle, ni sabot dans la maison ; je n'osais pas appeler de peur qu'on ne me prît pour un revenant ou pour une voleuse. Je ne pouvais rester dehors sans mourir de froid et de peur le reste de la nuit. Je fus bien hardie, Monsieur, je me doutais qu'il y avait une écurie, puisque j'avais entendu une vache ; je tâtai avec mes mains le mur de la maison jusqu'à ce que je trouvai une porte ; elle n'était fermée, comme dans la montagne, que d'une cheville de bois retenue par une ficelle et qu'on faisait entrer dans un autre morceau de bois percé, comme un bouchon de liége dans le goulot d'une bouteille. Je levai la cheville ; je poussai la porte ; je la refermai sans bruit derrière moi, et je me trouvai dans une étable où je reconnus au bruit qu'il y avait plusieurs bêtes, et où il faisait aussi chaud que dans la salle de M. le curé quand j'allumai son poêle pour qu'il dît en paix son bréviaire.

Les vaches ne se levèrent seulement pas ; j'entendis seulement le son de deux ou trois clochettes qu'elles avaient au cou et qu'elles firent tinter en relevant la tête pour savoir qui est-ce qui entrait si matin dans l'étable.

CIII.

L'abri, la chaleur et la bonne odeur de l'étable des vaches couchées sur un plancher de bois bien lavé et bien balayé tous les jours dans ces montagnes, comme dans celles de la Suisse et du mont Jura, me ranimèrent en peu d'instants mieux que n'aurait fait un feu de bois clair comme le nôtre, et me rendirent le sentiment et la pensée. Je m'avançai à tâtons, éclairée seulement par le peu de jour qui tombait de la lune par une lucarne, et par les yeux des vaches inquiètes qui brillaient dans l'obscurité comme des étoiles. J'allai ensuite jusqu'au fond de l'écurie, où il faisait encore plus chaud que vers la porte, je pris une brassée de foin sec dans le râtelier, et je me couchai dessus, toute tremblante et toute trempée de neige fondue, à côté d'une superbe génisse noire, qui se rangea pour me faire place dans sa case, et qui me réchauffait de son souffle en flairant d'effroi l'inconnue qui venait partager sa litière. Je la flattai tout bas de la voix et de la main ; au bout d'un moment elle était déjà apprivoisée avec moi, et elle ruminait aussi paisiblement que si j'avais été la laitière ou la servante de l'étable. Le foin dans lequel je plongeai mes pieds, mes mains, ma tête, comme dans une serviette de chanvre rude sortant du métier du tisserand avant d'avoir été blanchie, l'air tiède, la respiration des vaches, ne tardèrent pas à m'essuyer de l'humidité de la tempête. Mon corps se réchauffa près de la génisse comme auprès d'un bon poêle qu'on entend respirer son souffle de feu. Je me sentis comme dans une crèche que le bon Dieu m'aurait bâtie sur les cimes des montagnes, comme celle où la sainte Vierge s'était réfugiée dans son temps en allant en Égypte. Cette mémoire, qui me revint à l'esprit dans ce moment, m'enleva toute l'humiliation de mendier la moitié de sa place à une bête. Je me dis : « Tiens ! puisque la servante de Dieu n'a pas eu honte d'une étable, de quoi donc aurais-tu honte, toi ? » Et je finis par m'endormir tranquillement aux derniers coups du vent qui faisait battre les volets de l'écurie et du grésil qui tintait contre les vitres.

CIV.

Quand je m'éveillai, il me sembla que j'avais dormi ma pleine nuitée, tant je me sentais fraîche, souple et reposée de tous mes membres. Cependant un faible petit filet de lumière du matin commençait à peine à entrer dans l'écurie, à travers les trous des volets et par les fentes entre le seuil et la porte ; j'entrevoyais une belle étable, dont les murailles étaient blanches comme l'eau de chaux, et dont le plancher était formé de grands troncs de sapins non écorcés, entre lesquels l'herbe et la paille du grenier à foin, bien chargé, passaient et pendaient comme des lustres. On voyait sur des planches de hêtre bien luisantes, contre la muraille, des seaux de sapin aussi jaunes que de l'or, des puits, des beurrières pour battre le beurre, du même bois, et des rangées de vases en terre cuite vernissée, les uns profonds, les autres larges et à grands bords, comme des feuilles étendues à terre, pour laisser s'étendre et reposer le lait après qu'on l'a tiré et pour écumer plus aisément la crême avec une écumoire d'érable. Il y avait neuf belles vaches, tant petites que grandes et de tous les poils, dans leurs cases. Elles étaient blondes, noires, blanches, bariolées, toutes grasses, le poil luisant et la queue aussi bien peignée que si elles sortaient des hautes gerbes en fleurs. Même on leur avait laissé leur collier de cuir et leur clochette au cou, parceque le bruit les désennuie l'hiver à la maison, en leur rappelant les prés.

CV.

Tout en regardant les vaches, les vases, la paille, le foin, les seaux, avec admiration, je me sentais dévorée par la faim et par la soif. Il y avait bien de la crême qui reposait dans un grand bassin plat, de terre, tout près de moi : mais je n'osais pas y tremper mes lèvres ou seulement le bout de mon doigt sans en avoir demandé la permission aux maîtres. « C'est bien assez, me disais-je, de leur avoir emprunté une place auprès de leurs vaches et la chaleur de leurs murs, sans que je leur vole encore la crême de leur laiterie. » Je serais morte, je crois, plutôt que d'y toucher, même d'une convoitise. Je tournais la tête d'un autre côté pour ne pas voir la tentation. Je me disais : « Quand ils seront levés, ils me donneront bien un morceau de pain et de l'eau de leur puits avant de m'enseigner le chemin d'un village ou d'un autre chalet. » Cependant, Monsieur, en pensant tout à coup que je n'avais plus de fichu sur le cou, ni coiffe sur mes cheveux, ni souliers aux pieds, et en regardant ma robe déchirée et souillée de boue, dont les bords ressem-

blaient à un balai de chemin, j'avais si honte, si honte, si peur, si peur de
l'idée qu'on aurait de moi en me voyant ainsi, que j'étais prête à me sauver
sans boire ni manger pour qu'on ne me vît pas.

Mais, au moment où je délibérais avec moi-même et où je me levais déjà
de la litière pour fuir, j'entendis des pas de sabots qui descendaient, les
uns lourds, les autres légers, l'escalier extérieur de la maison. La porte de
l'étable s'ouvrit, et deux femmes y entrèrent en causant ensemble. L'une
était une toute petite paysanne d'environ au plus seize ans; l'autre était une
belle jeune femme qui paraissait la maîtresse de l'autre, et qui montrait à
peu près vingt-trois ou vingt-quatre ans. Quoiqu'elle se tînt droite et qu'elle
marchât encore lestement, elle était enceinte; sa robe lui remontait par
devant bien au dessus du coude-pied, et on voyait par là qu'elle était bien
dans la fin du neuvième mois de sa portée.

En voyant paraître ces deux visages dans la lumière auprès de la porte,
au moment même où je venais de prendre la résolution de me sauver, je
n'eus que le temps de baisser un peu la tête et de me cacher dans le fond
de l'étable, derrière la génisse noire. Je pensais qu'elle était la dernière que
les femmes viendraient traire, et que j'aurais le temps, avant de me montrer
à elles, de m'arranger les cheveux et de cacher mes pieds nus dans la litière
en leur parlant. « Claudine, dit la maîtresse d'une voix claire, douce et un
peu lassée, comme la voix des femmes qui portent enfant, tu n'as donc pas
mis la cheville dans la clavette, hier, en rentrant de faire la litière aux vaches,
qu'elle pendait à la ficelle en dehors, quand nous sommes descendues ? —
Si fait, notre maîtresse, répondit la jeune fille, mais c'est le grand vent de
cette nuit qui aura secoué la porte et fait tomber le loquet. »

Jugez si j'étais à mon aise, si près d'être découverte pour avoir forcé une
porte ! Je ne soufflai pas.

Elles causèrent encore un moment de choses et d'autres en appropriant
la litière et en écrémant le lait. Puis, la bergère, approchant un escabeau
à trois pieds de la première vache, se mit à la traire dans un seau de bois
blanc pendant que la belle jeune ménagère, qui ne pouvait pas se courber à
cause de son état, était adossée contre le battant de la porte, les deux mains
croisées sur son tablier, causant et riant avec la petite fille.

J'aurais donné la moitié de ma vie pour rentrer sous terre. L'idée me vint
de me cacher dans la paille sous la mangeoire, mais je me dis : « Ça fera
du bruit, et la fourche de bois te découvrira. » Je suais de peur, Monsieur,
moi qui avais tant grelotté la veille. Eh bien! Monsieur, tout cela n'était
encore rien. Faites attention, je vais vous dire une chose pire que tout ce
que je vous ai dit, et qui ne s'est peut-être pas vue depuis que le monde est
monde.

Je redoublai d'intérêt en voyant l'intérêt que cette pauvre fille attachait elle-même à ce qu'elle allait me raconter. Elle reprit :

CVI.

Pendant que la bergère trayait la seconde vache, puis la troisième, puis la quatrième, puis la cinquième, en s'approchant toujours plus de l'endroit où j'étais comme une condamnée, sans mouvements, je regardais de temps à autre à la dérobée la figure de la jeune femme enceinte pour voir si sa physionomie promettait de la méchanceté ou de la compassion. Le soleil qui se levait, et dont un rayon, frappant sur la porte, rejaillissait sur sa tête, éclairait de mieux en mieux son charmant visage, un peu languissant. J'ouvrais des yeux aussi larges que les *pensées* doubles de mon pot de fleurs. Il me semblait, plus je regardais, que j'avais déjà vu quelque part ces beaux traits, ces cheveux châtains, ces épaules souples et détachées, ce cou long et penché, cette bouche souriante, ces yeux, couleur de peau de prune, vifs et tendres comme du feu à travers un tamis mouillé. Je me disais : « Pourtant, c'est impossible ; tu n'es jamais de ta vie venue dans ce pays perdu, avant cette nuit terrible où l'orage t'y a jetée comme un brin de paille. » Mais j'avais beau me dire ça, mes yeux en savaient plus que mon raisonnement, et me disaient toujours : « Tu l'as vue. Cherche bien dans ta mémoire, ce n'est pas la première fois que cette figure entre dans ton regard ; voyons, ressouviens-toi bien. »

CVII.

« Juste ciel ! que je m'écriai tout à coup tout bas en moi-même en faisant un mouvement en arrière comme si on m'avait donné un coup de poing dans la poitrine et en me sentant un frisson entre les épaules, comme s'il m'était tombé une gouttière sur le corps ; juste ciel ! mes yeux n'avaient que trop raison. Malheureuse ! où te cacher ? C'est la figure de la jeune fille qui est venue une fois dans la boutique à Voiron pour se faire faire ses robes de noce avant de se fiancer avec... avec Cyprien ! Monsieur !... Oui, et même cette robe qu'elle porte encore aujourd'hui, c'est moi qui l'ai faite... je la reconnais, quoiqu'usée... Miséricorde ! où la colère du Seigneur m'a-t-elle jetée ? O mon bon ange ! couvrez-moi de vos ailes, rendez-moi invisible, et dérobez ma misère et mon humiliation à celle qui jouit justement de la richesse, de la bonne renommée et du bonheur que j'ai eus sous la main, et que j'ai perdu en trahissant Cyprien !... »

CVIII.

Je dis tout cela et mille autres choses, Monsieur, plus vite que les paroles n'auraient pu le dire sur mes lèvres. C'était un assaut de pensées qui se renversaient les unes les autres dans ma tête, et qui me donnaient le vertige comme au bord du grand abîme en montant ici. Je rougissais, je pâlissais, je me mordais les lèvres, je me pinçais les bras pour me faire souvenir de ne pas crier. J'étais pétrifiée comme la statue de sel de ma Bible, ou plutôt je ne savais ce que j'étais; mon cœur battait et ne battait plus; j'étais une morte debout, quoi!

— Ah! pauvre Geneviève! quelle situation affreuse, en effet, lui dis-je, en passant le revers de ma main sur mes yeux.

CIX.

— Affreuse situation, en effet, Monsieur, reprit-elle. Figurez-vous bien ça. Me voilà, moi, Geneviève, jeune encore, assez jolie, disait-on, bonne et honnête ouvrière, passant pour une tailleuse achevée et pour une marchande à son aise, recevant cette jeune fille chez moi à la ville, lui vendant comme à une enfant tout ce qu'elle veut, la déshabillant, l'habillant dans ma chambre, lui passant ses boucles d'oreilles et ses colliers, la faisant plus belle qu'une reine pour qu'elle aille épouser mon propre fiancé et me faire oublier de lui, en lui plaisant davantage! Voilà cette fille qui rit, qui jase, qui est fière d'être entrée seulement chez moi, d'avoir été habillée et parée par moi, qui me croit une fille riche et rangée, quasi une dame!... qui épouse mon amour de jeunesse, mon fiancé, veux-je dire; qui est fière, et riche, et heureuse avec lui dans sa maison, devenue la sienne, dans cette maison où j'ai fait le festin des fiançailles; car à présent je reconnais bien les vaches que Cyprien m'avait nommées dans le pré!... Et puis, me voilà, à présent, une vile mendiante, déshonorée, sortant des prisons, courant les chemins, ayant vendu mes effets, sans toit et sans pain, sans robe, sans coiffe et sans sabots seulement, trouvée par cette même jeune fille, aujourd'hui sa femme à lui!... où? dans la litière des vaches de l'écurie de son mari!... Oh! c'est trop fort! Jamais, non, jamais la disgrâce humaine n'a été jusque là!...

Voilà donc ce que je me disais, Monsieur, et j'aurais voulu que la puissance de Dieu me transformât en un de ces animaux méprisés qui broutent la terre et qui mangent dans la crèche et qui labourent la friche sous l'aiguillon du bouvier, plutôt que de paraître dans la place et dans le costume où j'étais devant les regards de celle qui avait été ma rivale.

CX.

Mais le temps courait, hélas ! et la muraille du fond contre laquelle j'étais appuyée ne reculait pas. Pendant que je restais ainsi anéantie et indécise dans ces pensées, la bergère, prenant son escabeau de la main gauche et son seau de lait de la main droite, passait lentement d'une vache à l'autre, et approchait de l'avant-dernière. Je dis lentement, Monsieur ; ce n'est pas que cela me parût lent, à moi, car il me semblait toujours qu'elle allait comme le vent, et j'espérais toujours qu'il y avait encore et encore des vaches entre celle qu'elle venait de traire et la génisse noire, pour me donner le temps de penser et de me décider ! Peut-être aussi, me disais-je, que la maîtresse s'en ira, ou qu'elle oubliera de traire la génisse noire, ou qu'elle n'a pas fait le veau, et qu'elle n'a pas de lait. Enfin, Monsieur, on se raccroche à tout dans de pareils moments !

CXI.

Mais toutes les branches cassent les unes après les autres quand le bois est mûr, disent les bûcherons. Au moment où la huitième vache donnait le pis et où la bergère prenait son escabeau pour tourner le pilier de sapin de la loge de la génisse noire, elle m'aperçut encore immobile et hésitante, poussa un cri, laissa tomber le sceau rempli de lait, qui coula à terre et se sauva vers sa maîtresse en disant : « Une fille mendiante là ! » montrant d'un geste effrayé le fond de l'étable à sa maîtresse, et se sauvant jusque dans la cour pour appeler les gens de la maison.

Je profitai instinctivement du moment où la petite fille épouvantée s'était précipitée hors de l'étable, pour sortir de ma cachette, la tête basse et les mains jointes, bien doucement, bien lentement, et pour m'avancer vers la jeune femme qui était restée contre la porte. Elle fit un cri d'attendrissement, et un geste de pitié en voyant ma nudité et mon attitude humble, et mes vêtements. Je tombai à genoux devant elle, le visage quasi à ses pieds, espérant au moins qu'elle ne me reconnaîtrait pas.

« Pardonnez-moi ma faute, lui dis-je ; si j'ai osé entrer dans votre étable sans permission, c'est que la tempête et le froid m'y ont jetée malgré moi ; mais je vais m'en aller, et vous voyez que je n'ai rien pris que le chaud, » ajoutai-je en lui montrant mes mains et mes poches vides.

En disant cela, je me relevais toujours la tête basse, et je fis un mouvement comme de quelqu'un qui se sauve pour passer entre elle et la porte et pour m'échapper, en fuyant de cette maison, aux regards des autres habitants.

Mais cette femme, qui était humaine, me dit avec douceur et en se mettant devant moi pour m'empêcher de sortir : « Non, pauvre fille, vous ne vous en irez pas dans cet état; il ne sera pas dit que vous serez sortie de notre maison sans avoir goûté le pain et sans avoir pris un air de feu. Le bon Dieu ferait fondre notre sel et maigrir nos vaches. Venez là-haut, vous mangerez la soupe avec nous. »

Tout en parlant ainsi, elle regardait attentivement mon visage que je ne pouvais ni baisser ni détourner assez devant la lumière pour lui dérober ma figure. Tout à coup elle poussa un cri comme j'avais fait, et elle me dit « Est-ce bien possible?... Mam'selle Geneviève ici,... dans cette misère demandant son pain!... »

Je vis que tout était perdu, et n'ayant plus d'espoir que dans sa compassion pour me laisser échaper : « Oui, Catherine, lui dis-je à demi-voix, c'est moi, c'est la tailleuse de Voiron qui vous a cousu de ses doigts cette robe qui vous a fait belle pour vos fiançailles quand elle était elle-même riche et honorée de tous dans son état! La misère est tombée sur moi. » Et prenant le bas de sa robe dans mes deux mains : « Au nom de cette robe de noces que je vous ai faite dans le temps, lui dis-je, et au nom de l'enfant que vous portez, laissez-moi sortir sans boire ni manger; que Cyprien votre mari, ne voie pas ma honte et ma pauvreté ! »

CXII.

La belle femme portait la main à ses yeux, comme si mes paroles lui eussent été au cœur, tant elle paraissait pitoyable pour le pauvre monde, quand un grand bruit de gens qui descendaient l'escalier de bois se fit entendre à la voix de la bergère qui criait toujours. Cyprien, sa vieille mère boiteuse, le père et la gardeuse de vaches entrèrent à la fois dans l'étable. Je restai comme frappée du tonnerre, à genoux, la tête inclinée et tenant encore des deux mains le bas de la robe de la femme de Cyprien. Un grand rayon du soleil du matin donnait malheureusement en plein sur ma tête comme si le bon Dieu eût voulu me faire rougir jusque devant le feu du ciel.

CXIII.

« C'est Geneviève, la marchande tailleuse de Voiron, dit la jeune femme à ceux qui entraient. Auriez-vous jamais cru voir une demoiselle si riche et si estimée comme vous la voyez-là ? » ajouta-t-elle en leur montrant du geste ma robe en pièces, mes épaules découvertes, mes cheveux remplis d'herbe sèche et mes pieds nus. « Ce que c'est que de nous ! »

A ce nom de Geneviève, tous les visages prirent une expression sévère et rude, personne ne dit rien ni ne fit un mouvement, excepté Cyprien, qui se retourna comme si on l'avait tiré par son habit et qui se mit le visage contre le mur, les deux mains sur ses joues, pour cacher la douleur qu'il ressentait en me voyant ainsi.

« Oui, ce que c'est que de nous ! reprit enfin la vieille femme, répondant longtemps après à l'exclamation de sa belle-fille : ce que c'est que de nous quand Dieu nous abandonne, et qu'après avoir trompé longtemps le prochain, on découvre que nous ne sommes pas ce que nous paraissions, et on nous jette sur le mépris comme une fleur de mauvaise odeur sur le fumier ! »

Je ne répondis rien.

« — Dire, s'écria le vieux, qu'une fille qui était assez honnête pour ne pas vouloir voler douze sous à un pauvre homme a bien voulu vendre son honneur pour rien à des militaires, et le nom et la vie à son enfant ! Car nous savons tout, allez ! La renommée a des pas de mulet pour monter aux montagnes.

— Et dire, reprit la vieille, en l'interrompant, qu'une pareille créature a bien pu être la femme de notre Cyprien, et qu'elle a été assise là-haut en robe de soie et en coiffe de dentelle, sur le banc, à la table des fiançailles, à côté du père et de moi !...

— Ah ! mon père et ma mère, s'écria Cyprien, en laissant tomber ses bras de son visage et en se retournant les yeux tout rouges et tout mouillés, ne lui faites pas de reproches ; elle m'a trahi, c'est vrai, ajouta-t-il en sanglottant, mais je suis si heureux avec la Catherine que voilà, et elle est si malheureuse qu'il ne faut pas l'injurier...

— Oh ! oui, Monsieur Cyprien, dis-je en me retournant, toujours à genoux, du côté de sa voix, mais sans oser lever les yeux ; oh ! oui, j'ai été bien traîtresse vis-à-vis de vous ; vous devriez m'en vouloir, mais vous êtes toujours bon, je vois bien ; et puisque vous êtes bien heureux avec cette autre femme qui est bien meilleure et plus belle que moi, pardonnez-moi

le passé et laissez-moi aller chercher mon pain ailleurs, je ne savais pas être
chez vous, allez! Je serais plutôt entrée dans la porte du Purgatoire! Mais
la nuit et le bon Dieu m'ont jetée dans la seule grange où je ne voulais jamais aller!

CXIV.

Pendant que je disais ça à Cyprien en regardant le plancher et pleuran t
à chaudes larmes, j'entendis les pas d'autres sabots qui descendaient précipitamment l'escalier du grenier à foin où il y avait la chambre que Cyprien
m'avait autrefois montrée pour moi, et je vis l'ombre d'une quatrième
femme se dessiner sur la place éclairée du soleil où j'étais à genoux, et se
joindre au groupe des trois autres femmes qui me regardaient, à côté de la
porte.

— Oh! non, que nous ne vous en voulons pas, allez! reprit le vieillard,
de ne pas avoir été notre bru: nous en remercions Dieu tous les jours, au
contraire. Quelle renommée auriez-vous apportée dans un pays de braves
gens comme le nôtre!

— Oh non! que Cyprien, ni nous, ne vous en voulons pas! répéta la
vieille femme. Le bon Dieu nous a bien protégés, au contraire, en vous
perdant comme il l'a fait avant que notre nom fût mêlé avec le vôtre,
comme de l'eau de roche avec l'eau du ruisseau! Allez, Mam'selle Geneviève, allez, mauvaise fille et mauvaise mère, allez manger ailleurs le morceau de pain qu'on va vous jeter, et remarquez bien le chemin pour n'y pas
repasser. Il y a des gens qui ne peuvent jamais aller là où ils peuvent être
reconnus!

— Geneviève! s'écria une voix qui me tinta dans les oreilles comme si
ç'avait été celle de mon baptême ou de ma première communion, Geneviève?
Quoi! cette fille nue et mendiante que vous insultez ainsi depuis une heure
et qui grelotte à vos genoux, c'est Geneviève?... Ah! vous devriez être
aux siens! »

En disant cela elle fendit précipitamment le groupe des trois femmes, du
vieillard et de Cyprien, pour me prendre dans ses bras. « Ah! bien, je n'en
rougis pas, d'elle, moi! » qu'elle ajouta.

Je levai la tête, j'ouvris les yeux à cette voix et à ce mouvement, et à travers mes larmes qui m'aveuglaient presque, je reconnus, qui?... Vous ne le
diriez pas en cent mille!

La sage-femme, la mère Bélan de Voiron! celle que j'avais retirée de
prison en y entrant à sa place!

CXV.

La mère Bélan me releva et m'embrassa au moins vingt fois devant tout ce monde étonné, comme si j'avais été quelque chose. Je lui fis signe de se taire et de me laisser passer pour ce que je n'étais pas.

« — Eh bien ! c'est trop fort ! » qu'elle s'écria en frappant du pied sur le plancher des vaches et en mettant ses deux mains sur ses hanches pour regarder la mère et le père, qui faisaient avec les lèvres des airs de dégoût. « Non, c'est plus fort que moi ! J'aime mieux manquer à ma parole pour sauver une bonne fille, que de la tenir pour laisser condamner et avilir un innocent ! »

Je lui mis la main sur la bouche en lui faisant un clignement suppliant des yeux.

Elle écarta ma main de ses lèvres, et se tournant malgré moi vers le père, la mère, la bergère, Cyprien et sa jeune femme :

« — Je dirai tout, une fois dans ma vie, qu'elle fit comme en s'impatientant. Eh bien ! vous autres, leur dit elle, savez-vous qui vous injuriez, qui vous méprisez, qui vous traitez ainsi comme la balayeuse des rues ? »

Ils se turent.

« — Non !... Eh bien ! je vas vous le dire, et ça vous apprendra à ne pas parler sans savoir.

« — Eh bien ! qui ? demanda le vieux père, plus hardi que les autres.

« — La plus honnête fille de Voiron et la victime volontaire qui pâtit pour le mal qu'elle n'a pas fait ! »

Elle dit ça, Monsieur, en frappant tellement du pied, en regardant tous les visages avec un air si sûr de ce qu'elle disait, en élevant tellement la voix et en appuyant tellement sur les mots, comme si elle avait défié Dieu lui-même de la démentir, que toute l'écurie en trembla, et que le père, la mère, Cyprien, sa femme, la bergère, changèrent de figure et approchèrent leurs visages du sien pour mieux l'écouter.

Alors, malgré tout ce que je pus faire, elle leur raconta tout ! tout, Monsieur ! Mon attachement surnaturel pour Josette, ma promesse de lui tenir lieu de mère, mon chagrin d'avoir été obligée de renoncer à Cyprien pour ne pas la quitter, le mariage secret de cette enfant imprudente avec le maréchal-des-logis, son enfant, sa mort, l'accusation contre la sage-femme, la faute prise sur moi pour couvrir la mémoire et la croix de vierge de ma sœur, ma générosité (elle appela cela ainsi, Monsieur) de venir la délivrer de prison et de m'y faire recevoir à sa place en me laissant croire fautive de ce qui n'était pas ; enfin, tout, quoi !

« Et voyez, ajouta-t-elle encore en me faisant taire forcément quand je voulais l'arrêter ou la contredire, voyez! la voilà encore qui voudrait être avilie et méprisée devant vous, et qui souffre la misère, la honte, la faim et le froid plutôt que de réclamer ce qui lui revient : sa réputation et sa vertu!...

« Ce que j'ai dit est dit, » ajouta-t-elle en finissant; puis elle m'embrassa encore en pleurant, et elle me dit : « Mam'selle Geneviève, pardonnez-moi ici-bas; je suis sûre que votre pauvre sœur défunte me pardonne dans le Paradis. Si ces gens-là ne veulent pas vous rendre justice, venez chez moi moi je vous prendrai comme ma fille, et je me glorifierai devant tout Voiron de partager mon lit et mon pain avec la plus honnête et la plus pure fille du pays! »

CXVI.

Personne ne disait rien, et tout le monde pleurait, Monsieur; Cyprien se mit à genoux avec sa femme à ma place. « Pardonnez-nous, me dit-il, de vous avoir méconnue, Mam'selle Geneviève. C'est vous qui l'avez voulu. Quelque chose me disait bien toujours là qu'il devait y avoir un mystère là-dessous, et qu'en me disant adieu sur le pont, vous n'aviez pas l'intention de vous moquer de mon amitié et de me trahir. Mais, que voulez-vous? il faut pardonner à mon père et à ma mère d'avoir été trompés. Quand il y y a des brouillards sur la plaine, ça devient des nuages sur la montagne. Nous n'y avons pas vu clair avant le jour d'aujourd'hui. Mais v'là ma femme qui vous aimera bien, et ma mère et mon père qui vous traiteront comme une fille retrouvée; moi, je serai pour vous comme votre frère le soldat, s'il était rentré au pays. J'ai déjà deux enfants, je vais en avoir un troisième peut-être cette nuit, c'est pour cela que la sage-femme est ici; ça s'est trouvé comme par miracle! Dieu est Dieu, voyez-vous : ce que les gens d'en-bas appellent des rencontres, nous autres d'en-haut nous l'appelons la Providence! Ma mère est âgée, mon père est las, Catherine a trop de ses trois enfants à soigner, sans compter ceux qui pourront venir : nous avons besoin d'une servante à la maison.

« — Oui, dit Catherine en l'interrompant, j'allais le dire.

« — Oui, dit le vieillard, ça me rappellera l'histoire des douze sous. Je n'aurais pas peur qu'elle nous vole, celle-là !

« — Oui, dit la mère, ça me fera penser au festin des fiançailles. Elle servait bien à table, tout de même, celle-là !

« — Oui, oui, oui, dit la sage-femme en nous faisant embrasser, Catherine et moi; venez, Geneviève, que je vous prête du linge, une coiffe, une robe et des souliers pour que vous n'entriez pas, avec vos habits de mendiante, dans la maison où vous êtes entrée autrefois avec vos habits de fiancée. Après ça, nous irons manger la soupe. »

CXVII.

Et c'est ainsi que je devins servante, et servante de bon cœur, dans la maison où j'avais dû être maîtresse ; mais sans rancune, Monsieur, en me souvenant avec plaisir que j'avais aimé Cyprien et en aimant encore mieux sa femme à cause de lui.

CXVIII.

Ça dura comme ça trois ans et deux mois. J'aimais la maison, j'aimais mon état, j'aimais les enfants, j'aimais les vaches, j'aimais l'étable, où je couchais maintenant dans un bon lit de planches de sapin, au bruit des clochettes du bétail. Je passais la plus grande partie du jour, pendant les mois d'été, à garder les génisses dans les prés d'en-haut, au bord des sapins, en tricottant mon bas ou en faisant mes prières. Je me disais, en voyant des tourbillons de neige folâtrer sur les têtes des arbres et poudrer les prés : « Voilà pourtant ce qui devait être ton linceul et ce qui t'a conduite dans une bonne maison où tu ne crains plus ni honte, ni froid, ni faim ! » Ah ! la grâce de Dieu, Monsieur, on ne sait jamais par où elle passe ! on n'y croit jamais assez, voyez-vous ! Aussi je ne m'inquiétais quasi plus de rien.

CXIX.

Eh bien ! j'avais tort, pourtant : il ne faut jamais tenter Dieu, ni par un excès de défiance, ni par un excès de présomption. Souvent le bonheur est là, qu'on le croit bien loin, et le malheur est derrière la porte !

Le malheur !..... ah ! quel malheur !..... Il arriva comme personne n'y pensait.

Vous savez ce que je veux dire, Monsieur ; vous êtes jeune, mais il n'y a de cela que dix ans. Vous avez entendu parler de la maladie qu'on appelle l'épidémie et qui a tant fait mourir de pauvre monde pendant trois mois qu'elle a passés, d'abord dans la plaine, et puis sur ces montagnes, où l'on dit que les aigles ont été la prendre pour la donner aux oiseaux, les oiseaux aux poules, les poules aux insectes, les insectes aux hommes. Elle monta jusqu'à chez nous, Monsieur ; elle emporta d'abord le curé comme pour être plus libre de ravager le troupeau ; puis elle frappa de maison en maison à presque toutes les portes, comme le marguillier quand il va faire la quête des *Rogations*. Le charpentier et ses deux fils ne pouvaient pas suffire à faire les cercueils. Bientôt un des fils mourut, puis l'autre, puis le père. Il fallut enterrer le dernier sans bière, dans son linceul.

Depuis le commencement de la maladie, j'avais laissé les vaches seules au pré et je ne soignais plus que les pauvres malades. Comme j'étais de la ville, et plus entendue aux remèdes et aux soins que les paysannes du village, Cyprien et sa femme m'avaient cédée aux deux sœurs de l'hospices qui étaient montées de Grenoble pour assister les mourants. Je les aidais dans leurs fonctions pour l'amour de Dieu, et j'appris d'elles ainsi toutes les tisanes qu'on fait dans les hôpitaux. Quand elles eurent gagné l'une et l'autre la mort à cette bonne œuvre, ce fut moi qui les remplaçai seule pour tout le pays.

Mais, hélas ! bien que la maison de Cyprien fût écartée et exposée au courant d'air sain et rafraîchissant qui descend de la gorge de l'avalanche, la mort trouva la porte. Elle emporta dans mes bras d'abord le père, puis la jeune mère avec ses trois petits enfants en trois jours, comme la grappe avec les graines ; puis le pauvre Cyprien lui-même, moitié de chagrin, moitié de maladie. Ce fut moi qui le veillai la nuit de sa mort et qui lui ôtai son anneau de mariage du doigt pour le porter au moins après sa fin, en mémoire de nos fiançailles. (Que Dieu me le pardonne !) Hélas ! je croyais que je ne pensais plus au passé ; mais je vis bien que je l'aimais toujours sans m'en douter. Les yeux sont comme ces oranges que je pressais pour faire sa tisane, Monsieur ; quand on les a pressées une fois, on croit qu'il n'y a plus d'eau amère dedans, mais, quand on les presse davantage, il y en a toujours ; elles ne coulent pas, voilà tout ! La vieille mère fut la seule qui résista. « La mort ne veut pas de moi à cause de mes péchés envers vous, Geneviève, me dit-elle ; j'ai été trop dure dans le temps du mariage. Le bon Dieu me punit. Je vais me retirer chez des parents. »

CXX.

Ce fut à ce moment, Monsieur, que le nouveau curé, mon pauvre ami, fut envoyé dans la paroisse pour remplacer le curé défunt, comme un enfant perdu qu'on envoie à la brèche pour combler le fossé de son corps ou pour tenir le drapeau debout un moment de plus. Aucune servante d'en-bas n'avait voulu le suivre ; il n'avait point de gages à donner que la peine de secourir les agonisants et de donner le lait de sa chèvre aux petits orphelins dont l'épidémie avait enlevé les mères. Ce pauvre jeune homme, tout humain et tout miséricordieux qu'il était, il ne pouvait pas tout faire; il n'avait pas les mains adroites et douces pour ces créatures comme une femme accoutumée aux malades et aux enfants. Je lui demandai s'il voulait m'accepter comme servante, connaissant l'endroit et sachant faire un peu de tout. « Nous ne parlerons pas de gages, monsieur le curé, que je lui dis; vous me nourrirez, vous m'habillerez, j'aurai mes soirées à moi pour tiller du chanvre, filer de la laine, ou faire des bas; ça me suffira. Je n'étais pas si riche quand je suis montée ici; je peux bien en redescendre pauvre si jamais vous me renvoyez de chez vous. »

Les gages furent convenus ainsi, et j'entrai dans ma dernière place.

CXXI.

Ah! Monsieur, que j'ai donc été heureuse, et que le bon Dieu m'avait bien ménagé après tant d'ennui la compensation de mes peines! Pensez donc, un homme si bon, si charitable, si aumônier, qu'il ne se gardait pas seulement une once de sel ou une salade du jardin, si je n'y avais pas pensé pour lui! Jamais un mot plus haut que l'autre. Toujours triste, mais toujours résigné. Une cuisine à faire comme pour une mouche! Du pain sur la table pour quiconque frappait à la porte. Une vache, une chèvre, un chien, des oiseaux à soigner. Des ruches entourées de giroflées sous la fenêtres; des pots de fleurs sur la galerie. La paix, tout le jour assise, là ou les pieds au soleil sur le pas de la porte; les enfants à faire épeler leur croix-de-par-Dieu et de pauvres femmes venant causer avec leurs rouets, l'hiver sous la voûte chaude du four! Rien à faire que les cierges à allumer aux baptême et les dragées à recevoir des parrains et des marraines en sortant de l'église. Tous les matins et tous les soirs la prière, tant que cela me plaisait dans le chœur. J'étais heureuse, Monsieur, cela ne pouvait pas durer!

CXXII.

— Mais, ma pauvre Geneviève, lui dis je, qu'allez-vous devenir à présent?

— Ah! Monsieur, je ne m'en inquiète pas, répondit-elle. Celui qui m'a menée, par la main, de mon cercueil dans la neige à l'étable chaude de la mère Cyprien saura bien me conduire encore où il fera bon pour moi. N'y a-t-il pas encore des étables dans la montagne? Et n'y suis-je pas connue et même aimée? Je puis m'en vanter. Il y a bien des braves gens qui me garderont et me nourriront pour mes sarclages au printemps, pour mes glanes l'été, pour mes quenouilles filées l'hiver. Je ne demande que mon nécessaire, voyez-vous ; ça n'est pas beaucoup, et le monde en ce pays est généreux. Ne pensez pas à moi. Et puis, si je deviens infirme, je connais les sœurs de Grenoble ; elles me feront bien avoir un lit à l'hospice. En faut-il plus pour mourir ?

Oh ! lui dis-je, j'espère bien que, toutes les petites dettes payées, il restera pour vous un petit pécule sur le prix du mobilier de mon pauvre ami, et je vous prierai de l'accepter en mémoire de lui et en souvenir de moi.

Ah ! Monsieur, me répondit-elle, ne pensez donc pas à moi ! le bon Dieu n'y a-t-il pas toujours pensé, et n'y pensera-t-il pas bien encore jusqu'à ce qu'on me couche ici sous l'herbe de Cyprien et de sa femme, aux pieds de mon pauvre maître, dans le cimetière ? Il y a des lits faits pour tout le monde dans la dernière hôtellerie du bon Dieu ! Le tout est d'y arriver avec une bonne conscience et sans regrets.

Et puis, tenez, Monsieur, ajouta-elle en se levant vivement de sa chaise et en tirant de la caisse noire du tournebroche un livre de messe froissé, usé et enfumé, qu'elle ouvrit à une page marquée par un morceau de papier plié en quatre, tenez, je vais vous dire une chose encore qui m'a toujours soutenue dans ma condition.

CXXIII.

Un soir du dernier hiver, il vint ici un vieillard en habit d'ermite demander à passer la nuit au presbytère. M. le curé était descendu à Grenoble ; tout de même je reçus bien le pauvre pélerin. Je lui fis la soupe, je lui préparai des œufs, je lui donnai un lit, je mis de la braise au feu, nous passâmes la soirée à causer ensemble, comme nous voilà, jusqu'à près de minuit. Ah ! Monsieur, excepté M. le curé lui-même quand il parlait de Dieu en chaire, je n'ai jamais entendu un homme parler comme celui-là. Je le regardais quelquefois en dessous pour voir si ce n'était pas un ange déguisé ! Je lui demandai de m'apprendre une prière de mon rang et de mon état.

En s'en allant, le lendemain matin, il me laissa ce morceau de papier qu'il avait écrit avec la plume de M. le curé, et il me dit de la lire quelquefois en me souvenant de lui. La voilà, Monsieur, lisez-la. Et je lus :

PRIÈRE DE LA SERVANTE.

« Mon Dieu ! faites-moi la grâce de trouver la servitude douce et de l'ac-
» cepter sans murmure, comme la condition que vous nous avez imposée à

« tous en nous envoyant dans ce monde. Si nous ne nous servons pas les
» uns les autres nous ne servons pas Dieu, car la vie humaine n'est qu'un
» service réciproque. Les plus heureux sont ceux qui servent leur prochain
» sans gages, pour l'amour de vous. Mais nous autres, pauvres servantes, il
» faut bien gagner le pain que vous ne nous avez pas donné en naissant.
» Nous sommes peut-être plus agréables encore à vos yeux pour cela, si
» nous savons comprendre notre état ; car, outre la peine, nous avons l'hu-
» miliation du salaire que nous sommes forcées de recevoir pour servir
» souvent ceux que nous aimons.

» Nous sommes de toutes les maisons, et les maisons peuvent nous fer-
» mer leurs portes ; nous sommes de toutes les familles, et toutes les fa-
» milles peuvent nous rejeter ; nous élevons les enfants comme s'ils étaient
» à nous, et, quand nous les avons élevés, ils ne nous reconnaissent plus
» pour leurs mères ; nous épargnons le bien des maîtres, et le bien que
» nous leur avons épargné s'en va à d'autres qu'à nous ! Nous nous attachons
» au foyer, à l'arbre, au puits, au chien de la cour, et le foyer, l'arbre, le
» puits, le chien nous sont enlevés quant il plaît à nos maîtres ; le maître
» meurt, et nous n'avons pas le droit d'être en deuil ! Parentes sans pa-
» renté, familières sans familles, filles sans mères, mères sans enfants,
» cœurs qui se donnent sans être reçus ; voilà le sort des servantes devant
» vous ! Accordez-moi de connaître les devoirs, les peines et les consola-
» tions de mon état ; et, après avoir été ici-bas une bonne servante des
» hommes, d'être là-haut une heureuse servante du maître parfait ! »

CXXIV.

Ici finit le récit de Geneviève.

Elle continua tranquillement son tricot après l'avoir terminé, comme si
je n'avais interrompu son travail et le cours ordinaire de ses pensées que
pour lui demander un de ces légers services qu'elle me rendait vingt fois
dans la journée. Elle ne croyait pas qu'un récit si simple valût la peine de
se reposer après l'avoir achevé, encore moins qu'il fût de nature à produire en moi la moindre admiration. D'ailleurs, elle ne se regardait jamais
elle-même ; elle ne se croyait pas, dans la pensée d'autrui et dans la sienne
même, plus d'importance qu'un de ses brins de chanvre qu'elle foulait sous
ses sabots ou qu'elle balayait au feu après les avoir tillés. « Je ne suis pas
quelqu'un, moi, disait-elle ; je suis quelque chose. Dieu veuille seulement
que je sois encore bonne à je ne sais quoi. » Jamais je n'avais vu un si complet désintéressement de soi-même que celui de cette jeune fille.

Je restai longtemps après ce récit à regarder la braise du foyer sans dire un mot, car je craignais de remuer plus longtemps dans ce cœur simple les souvenirs de *Cyprien*, de *Josette*, de *Jocelyn*, qui devaient en renouveler les émotions. Je me reprochais presque ma curiosité, puisqu'elle lui avait coûté quelques larmes. Pourquoi troubler l'eau qui dort pour prendre dans sa main un peu de sable qui est au fond, et pour le regarder au soleil? Ce sable est fait pour rester sous l'eau. Il en est ainsi du limon pur ou impur d'une vie cachée. Il faut le laisser au fond de son bassin.

Je sifflai mon chien, et j'allai me coucher sans dire adieu à Geneviève, en amortissant le bruit de mes pas dans la cuisine et dans le corridor, de peur de lui laisser prendre garde à moi. Elle tricotait toujours.

CXXV.

Le lendemain, de bonne heure, j'entendis Geneviève aller, venir, appeler les poules, flatter le chien, lâcher la chèvre, siffler les oiseaux, arroser les pots de fleurs, bêcher les laitues, épousseter les tables, cirer l'armoire, répondre à la porte, causer avec les passants, comme à l'ordinaire. C'était le jour de la vente, cependant. Elle avait le cœur bien gros de voir s'en aller ici et là, à l'enchère, dans la petite cour, tous les objets de ce pauvre mobilier qui faisait pour ainsi dire partie de sa vie. Heureusement, cela ne fut pas long. Avant dix heures du matin, tout était enlevé par les voisins, qui voulaient tous avoir à tout prix quelque chose qui eût appartenu à leur ami : l'un le bois de lit, l'autre la table, celui-ci l'écritoire, celui-là le crucifix de cuivre, les femmes une poule, les jeunes filles un chapelet. La mère Cyprien acheta la chèvre, que Geneviève lui recommanda sur son âme. J'achetai pour moi le chien et pour Geneviève les oiseaux. Elle pleura bien à chaque chose qu'on adjugeait et qu'on emportait de la cour. Quand tout fut vide, nous rentrâmes tristement, elle et moi, sans chaises pour nous asseoir. Les murs nous regardaient et nous disaient : Voilà ce que c'est qu'une maison qui contient tant qu'elle est remplie d'amour, de bonheur et de douleurs de l'homme : quatre pierres liées par un peu de chaux et recouvertes de quatre tuiles ! « Ce que c'est que de nous ! » s'écriait Geneviève en touchant ces murs nus et couverts, derrière les meubles absents, de poussière noirâtre et de toiles d'araignées. « Est-ce la peine de s'enraciner » à cela ? Autant ne vaut-il pas quatre pelletées de terre sur son corps ! » Je n'en ai point, de maison ; mais il y aura bien toujours pour moi » un coin quelconque sous les pierres et sous la tuile des autres ! »

Nous avions gardé un morceau de pain que nous mangeâmes au bord de la fontaine en émiettant le reste pour les hirondelles de Jocelyn et pour les passereaux et les rouges-gorges que nous allions laisser après nous.

CXXVI.

— Vous allez descendre avec moi chez ma mère, dis-je à Geneviève ; vous coucherez avec une des servantes de la maison et vous mangerez notre pain pendant tout le temps qui vous sera nécessaire pour retrouver une bonne place dans le pays. Ma mère vous ressemble, par le cœur elle a l'âme douce et tendre comme vous, elle s'est faite la servante volontaire de toute la contrée : on la dérange tout le jour et on la réveille toutes les nuits pour celle-ci et pour celui-là ; elle n'est pas riche d'argent, mais elle est riche de cœur comme vous ; aussi c'est quasi la même chose, Geneviève, car, on a beau dire, allez ! il y a plus d'amitié et de service dans un cœur que dans un écu.

— C'est vrai pourtant, dit-elle en souriant, je n'y avais jamais pensé ; mais pourquoi ? reprit-elle en m'interrogeant du regard.

— Pourquoi ? lui dis-je. Mais, c'est tout simple ; c'est qu'un écu n'est jamais qu'un écu, et qu'un cœur, ça se multiplie ! Et puis, l'un vit et l'autre est mort ! ajoutai-je encore.

— Et puis, l'un est chaud et l'autre est froid, me dit-elle finement. Nous finîmes par rire tout en pleurant.

CXXVII.

— Eh bien ! Monsieur, partons donc quand vous voudrez, vint-elle me dire un moment après, en tenant sous son bras, dans un tablier, toute sa petite fortune, composée du peu de linge et des petits objets qui étaient dans l'armoire.

— Allons ! lui dis-je. Et nous partîmes, non sans nous retourner bien des fois pour revoir les murs gris couleur de rocher et les tuiles rougeâtres du presbytère, qui se dessinaient derrière nous, sur le bleu du ciel, au milieu des flèches noires de sapins. On voyait des hirondelles raser le toit où il n'y avait plus d'amis pour elles. Allez, allez, pauvres petites, disait Geneviève en sanglotant, je n'y suis plus pour recevoir vos petits dans mon étoupe, et pour vous les rendre quand ils tomberont du nid !

— Allons, Geneviève, faites-vous une raison, lui disais-je ; le bon Dieu y sera toujours.

— C'est vrai, Monsieur, me répondit-elle en s'essuyant les yeux, mais, que voulez-vous ? c'est plus fort que moi. Je ne puis voir souffrir les bêtes. Encore bien heureux, ajouta-t-elle, qu'il n'y ait personne pour me voir passer devant les portes des maisons, parce qu'il fait beau et que tout chacun est à son ouvrage !

CXXVIII.

Tout en devisant ainsi nous descendions les rampes rocailleuses du village, dont les cailloux brûlaient les pattes des deux chiens, et nous étions déjà à un tournant du sentier qui débouche sur le torrent de la cascade, et où un gros rocher surmonté d'une croix à notre gauche nous dérobait la vue du pont Rouge.

Voilà la limite de la paroisse, me dit tristement Geneviève ; ça me coupe les jambes pourtant, de la traverser ! Et dire que je ne la repasserai jamais plus ! et dire, ajouta-t-elle en rougissant un peu comme d'orgueil involontaire, dire que moi qui m'en vas comme ça, à pied, mon paquet sous le bras, recevoir asile par charité de votre mère, on m'a vue là, sur ce même pont, à cheval sur un mulet, endimanchée, au milieu du monde qui me complimentait comme une vraie dame, et qui jetait des coquelicots sous les pas de la bête ! Ah ! c'en était un triomphe, ça, Monsieur, comme on n'en reverra plus ! Et puis il y en avait bien un autre dans mon cœur en ces temps-là ; car Cyprien vivait, et je pouvais être sa femme !...

CXXIX.

— Allons, allons, n'y pensons plus, Geneviève ; je me repens de vous en avoir fait souvenir. Le soleil baisse et il nous faut sortir des gorges avant la nuit, et si nos pensées font un retour en arrière chaque fois que nos pieds font un pas en avant, quand arriverons-nous ? Et je l'engageai à presser le pas.

Mais au moment où nous tournions l'angle du rocher pour nous engager sur la culée du pont de *Bois-Rouge*, Geneviève s'arrêta en poussant une exclamation de surprise et en laissant tomber son paquet, qui roula dans la poussière. « Tiens ! qu'est-ce que je vois, mon Dieu ! » s'écria-t-elle. Je m'avançai, et je vis une quarantaine d'hommes, de femmes, de vieillards, de jeunes filles et de petits enfants, groupés au milieu du pont, tous tenant quelque chose à la main et regardant du côté où nous descendions, comme pour arrêter quelqu'un au passage.

CXXX.

En apercevant Geneviève, tout ce monde s'ébranla, les enfants les premiers, les filles après, puis les hommes, puis les femmes, puis les vieillards, comme dans une procession des Rogations dans ces chemins jonchés de branchages de sapin. — La voilà ! la voilà ! criaient les petits enfants en battant des mains. — Oui c'est elle et le Monsieur, disaient les jeunes filles. — Elle croit partir tout de bon, disaient les femmes ; mais elle n'aura pas le cœur de quitter ainsi le pays, peut-être ! — Nous saurons bien l'en empêcher, disaient les hommes en étendant les deux bras vers les balustrades rouges du pont, comme pour le barrer ; la rivière est au bon Dieu, mais le pont est à nous ! Les chiens, effrayés, s'étaient réfugiés entre nos jambes, Geneviève restait changée en statue au bout du pont.

— Eh bien ! Geneviève, lui dis-je tout bas en souriant, avant que le groupe nous eût tout à fait abordés, vous disiez qu'on ne reverrait plus jamais un triomphe comme celui du jour où vous fûtes arrêtée sur ces mêmes planches avec le mulet ! En voilà un autre pourtant, de triomphe ! Si ce n'est que le pont était jonché de coquelicots et qu'aujourd'hui il est jonché de tous ces cœurs qui vous aiment !

— Ah ! oui, Monsieur, répliqua-t-elle avec un gros soupir ; mais il y en avait un alors, de cœur, qui m'aimait pour tous ! Et elle sanglota d'émotion.

CXXXI.

Le groupe s'arrêta, se débrouilla, fit place à un bon vieillard qui déplia une écharpe et qui s'en décora gravement comme pour une cérémonie publique, puis il s'avança vers Geneviève, tira un papier de la poche de sa veste, et il lut ce petit discours :

« Mademoiselle Geneviève, vous voyez ici devant vous les magistrats, » les habitants, les femmes et les enfants de la paroisse de Valneige, » que vous avez sauvés de l'épidémie et secourus dans toutes leurs ma- » ladies, misères ou afflictions, pendant l'année où ils étaient aban- » donnés de tout le monde et pendant sept années consécutives après. » Ça suffit pour que nous ne vous laissions pas comme des ingrats et mal » appris aller gagner votre pain ailleurs dans vos vieux jours. On dirait » dans le canton : Regardez donc les habitants de cette commune, ils » n'ont pas même la mémoire des animaux, car les animaux, ça connaît

» les personnes qui leur ont fait du bien et ça s'y attache pour la vie.
» De même nous, Mademoiselle Geneviève, nous nous sommes attachés
» à vous, femmes, enfants, jeunes filles, vieillards, pauvres ou riches,
» jusqu'à la mort, et nous avons décidé entre nous que nous ne vous
» laisserions jamais partir et passer ce pont de notre gré, mais que cha-
» cun de nous, suivant ses moyens, vous garderait qui six mois, qui
» trois mois, qui un mois, qui huit jours, dans sa maison, dans son
» étable, à sa soupe, jusqu'à votre vieillesse, passé laquelle la paroisse
» se cotisera volontairement et sans permission de l'autorité, ni besoin
» du collecteur, pour vous payer un lit et une chambre à l'hospice des
» sœurs hospitalières de Grenoble, qui sont venues nous assister avec
» vous et qui vous connaissent. En foi de quoi, moi, adjoint au maire
» de la commune, en l'absence du maire décédé, je vous défends de
» passer ce pont, et je vous commande de me suivre, le premier, dans
» ma maison, où ma femme et mes filles vous ont fait un lit ! »

Après ce beau discours, l'adjoint remit son papier dans sa poche, et ayant donné le signal et l'exemple en embrassant Geneviève, tout le monde se précipita à son cou pour l'embrasser ; puis les enfants ramassèrent son paquet et le portèrent en poussant des cris de joie devant elle, et on la força à reprendre le chemin du village. Je lui dis adieu en l'embrassant à mon tour, les yeux mouillés, le cœur attendri. Elle sanglotait si fort, qu'elle ne pouvait presque me parler... — Ah ! oui, cependant, dit-elle, vous aviez raison, en voilà un de triomphe ! bien sûr que je ne m'y attendais pas ! — Ni moi non plus, lui dis-je, mais il ne faut jamais désespérer des bons sentiments. L'ingratitude a son jour, mais la reconnaissance a son lendemain. Adieu, Geneviève, et soyez heureuse avec cette famille, elle vaut bien celle que vous a refusée le bon Dieu.

Le chien de Jocelyn la suivit.

ÉPILOGUE.

Deux ans plus tard, une longue chasse aux ours, qui dura plusieurs semaines, me ramena dans les forêts voisines de Valneige. Je voulus savoir ce qu'était devenue la pauvre Geneviève. Je laissai mes camarades de chasse à l'auberge des Abîmes, et je montai seul au village par le pont Rouge.

« — Oh ! Geneviève, me dit le premier enfant que je rencontrai ; elle

» ne loge plus chez l'un et chez l'autre comme avant. On lui a bâti une
» petite maison à elle entre l'église et la cure, où il y a deux lits pour les
» malades de la paroisse qui n'ont personne pour les soigner chez eux,
» et c'est elle qui tient l'infirmerie. »

Je m'y fis conduire. Elle était seule. Il n'y avait point de malade en
ce moment dans le village. Elle me reconnut et m'embrassa comme sur
le pont. « Oh ! je suis bien heureuse, Monsieur, me dit-elle ; je ne suis
» plus servante de personne, mais je suis la servante de tous ceux qui
» n'en ont point. Quelquefois, comme aujourd'hui, je n'ai que le bon
» Dieu à servir ! et vous, si vous voulez, ajouta-t-elle avec grâce, car la
» chambre des pauvres est vide et le lit est bien propre, acceptez donc
» d'y passer la nuit. Nous ne manquerons ni d'œufs, ni de miel, ni de
» pain de seigle quand on saura dans le village que c'est vous. Et puis,
» le chien ! Ah ! va-t-il être aise de vous revoir, lui ! Car il vous con-
» naissait bien pour l'ami de son maître, et quand je dis votre nom par
» badinage, il branle la queue comme s'il voyait dans sa mémoire. »

CXXXII.

J'acceptai avec joie l'hospitalité de Geneviève, et toutes les voisines,
sachant par elle qu'elle avait le monsieur à nourrir, apportèrent plus
qu'il ne fallait pour un souper de chasseur.

Nous soupâmes ensemble comme à la table de la cure, en causant du
vieux temps de deux ans. Après souper, elle jeta une brassée d'éclats de
sapin au feu, et nous continuâmes à parler de choses et d'autres jusqu'à
onze heures de nuit, au bruit du tonnerre qui grondait bien fort et de la
pluie à torrents qui tombait contre les vitres de la chambre.

CXXXIII.

En ce moment, trois petits coups de marteau, frappés d'une main
évidemment timide, à la porte de la cour, interrompirent les réflexions
que je voulais lui faire sur son récit si simple, et les questions que je
voulais encore lui adresser. Mais, bien qu'il fût tard et que la nuit fût
sombre, Geneviève courut ouvrir sans manifester le moindre hésitation
et la moindre terreur. Je mis la tête machinalement à la fenêtre qui
donnait sur le chemin, pour savoir qui pouvait frapper à une porte
isolée à une pareille heure, et j'entendis le dialogue suivant :

—Ouvrez, pour la grâce de Dieu, et donnez-moi une place au grenier à foin ou dans une grange pour passer la nuit !

— Qui êtes-vous ?

— Je suis un petit garçon *magnien* qui a perdu sa route, et qui va chercher au pays la femme de son maître.

La voix disait assez d'elle-même que c'était un enfant en bas âge ; car cette voix était claire, douce et timbrée comme celle d'une jeune fille.

— Et où est-il votre maître ?

— Il est à Voiron, resté malade à l'hôpital.

— Entrez, mon pauvre petit, dit Geneviève. Et je l'entendis tourner le verrou et faire tourner le battant de la porte de chêne à gros clous sur le gond criard de la porte.

Elle remonta bientôt l'escalier de la galerie et rentra dans la cuisine, accompagnée d'un enfant de dix ou douze ans qui s'appuyait sur un bâton de bois blanc, plus haut que lui, et qui pliait sous un gros sac de toile de chanvre attaché sur ses épaules par deux bretelles de cuir.

Il y avait eu un grand orage dans la soirée. Le sac, les habits, le chapeau de feutre blanc et les cheveux pendants de l'enfant ruisselaient comme s'il était sorti de la fontaine.

Geneviève jeta au feu, qui allait s'éteindre, une brassée de branches de pin, d'où jaillit à l'instant une grande flammme résineuse ; elle coupa une tranche de pain sur le bout de la table, tira du buffet le reste de la salade du soir, et versa dans un verre un doigt de vin. Pendant ce temps-là, l'enfant défaisait ses bretelles, ôtait sa veste, secouait son chapeau et retournait son sac sur une chaise de bois, devant la flamme du foyer pour faire sécher la toile.

CXXXIV.

Je le regardais en souriant, ce petit voyageur, qui faisait déjà seul le tour de ces sauvages montagnes, et qui aurait été obligé de faire deux ou trois de ses petits pas pour franchir une des grosses fourmilières que l'on rencontre dans ces bois de sapin.

C'était une des plus charmantes et des plus touchantes figures féminines d'enfant que j'eusse jamais vues dans ma vie. De grands yeux noirs avec des cils qui faisaient ombre sur sa paupière inférieure, semblable à cette ombre artificielle dont les femmes d'Orient en bordent l'ovale pour en relever l'éclat ; une bouche entr'ouverte comme celle de

tous les enfants qui semblent avoir à aspirer toute une longue vie, et qui
n'ont rien encore à retenir dans leur cœur ; des dents petites et rangées
comme des grains de grenade dans leurs alvéoles de chair rose ; un
petit nez dont les narines transparentes palpitaient comme les ailes d'un
petit oiseau qui s'efforce d'entr'ouvrir ses ailes avant qu'elles aient les
plumes ; un front arrondi, blanc sur les yeux, marqué de rose sous les
cheveux par la trace du lourd chapeau qui en avait pressé la peau trop
tendre ; des cheveux d'un blond foncé approchant du noir, longs, ondés,
vernissés et séparés, par l'eau qui en coulait, en nattes fines et humides,
comme ceux d'une femme peignant le matin ses tresses sortant du ré-
seau qui leur a donné ses plis nocturnes. Avec tout cela quelque chose
dans le regard, dans la physionomie, dans l'attitude, dans les mouvements, de sérieux, de réfléchi, d'attentif à ce qu'il faisait, au-dessus de
son âge. Je ne me lassais pas de le voir ôter sa veste, l'étendre sur ses
genoux pour la faire égoutter, vider ses poches, retourner son sac sur
la chaise, ranger son bâton derrière la porte, aller, venir dans la cuisine,
en prenant garde de ne rien déranger et de ne pas marcher avec ses gros
souliers ferrés sur les pattes du chien ou du chat. Geneviève ne le con-
templait pas avec moins d'attention et ne l'admirait pas avec moins d'é-
tonnement que moi ; elle semblait même l'étudier d'un œil plus fixe et
plus attendri, comme s'il y avait eu dans ce visage et dans ce caractère
je ne sais quel souvenir ou quelle ressemblance qui reportait sa pensée
au loin et où elle ne voulait pas aller.

CXXXV.

Quand l'enfant eut fini de souper sur le bout du banc et qu'il nous
crut occupés à causer auprès du feu sans faire attention à lui, il vint
doucement prendre son sac séché au feu sur la chaise ; il le porta sur la
table, où il venait de manger son pain ; il le dénoua, et il étala un à un
devant lui, sur la nappe, tous les petits objets contenus dans sa valise
d'enfant. Il les touchait, les examinait, les essuyait, les rangeait pour
s'assurer que la pluie n'avait rien gâté de ce qu'il portait avec tant de
soin à la femme ou aux filles de son maître *le magnien*. C'étaient des étuis
de bois peints à grosses fleurs rouges et jaunes, des aiguilles et des épingles dans de petits carrés de papier bleu, des jouets d'enfants, des cha-
pelets de petits grains noirs et rouges pour colliers, des bagues de laiton
et enfin une lettre enveloppée d'un double de gros papier gris dans
lequel les épiciers enveloppent leurs pains de sucre. Il regardait, tou-

chait, tournait, retournait, essuyait, polissait tout cela comme aurait pu
faire une personne raisonnable et soigneuse, comme s'il eût senti, par
un isolement précoce, l'importance du dépôt dont il était chargé par son
maître, ne s'apercevant seulement pas que Geneviève et moi nous le regardions du coin de l'œil.

Quand il eut fini sa revue, il replia tout, rangea tout dans différents
papiers et remit tout dans le sac qu'il noua avec soin par la gueule.
Puis, ôtant de nouveau sa veste, il ouvrit sa chemise de grosse toile dont
la rudesse et la couleur faisaient ressortir la finesse et la délicate blancheur de sa peau d'enfant. Il prit des deux mains et enleva de son cou
un long collier de crin noir, au bout duquel était suspendu sur son sein
un objet apparemment plus précieux et plus personnel qu'il posa sur la
table, qu'il retourna avec des doigts encore plus soigneux et qu'il exa-
mina avec des yeux encore plus attentifs. C'était une large boîte ronde
et plate en étain ou en fer-blanc battu comme celles où les pèlerins portent leurs reliques, et les matelots leurs papiers.

L'enfant, après l'avoir bien soufflée de sa petite haleine et bien polie de
sa petite main, finit par l'ouvrir pour s'assurer mieux sans doute que la
pluie n'y avait pas pénétré. Il en tira quelque chose qui était roulé dedans la boîte en sept à huit cercles, entouré de papier, comme les anneaux d'un serpent apprivoisé qui dort dans le creux de la main d'un
psylle arabe. Il déroula les anneaux, déplia le papier, et nous en vîmes
lentement sortir une longue tresse de cheveux châtain sombre, aussi
souples, aussi ondoyants, aussi vivants de teinte et de vernis naturel,
que s'ils venaient de tomber sous les ciseaux de sa sœur ou de sa mère,
du front d'une jeune fille de seize ans. A la vue de cette boucle de cheveux, Geneviève, qui s'était levée de sa chaise pour se glisser derrière
l'enfant, poussa un cri, arracha les cheveux de ses petits mains, les prit
dans les siennes, toute tremblante, les approcha de la lampe, les regarda, les toucha, en pâlissant toujours davantage, puis s'écria en regardant le petit garçon :

— De qui tenez-vous ces cheveux ?

— De la religieuse, répondit l'enfant.

— Quelle religieuse ? dit Geneviève.

— De la religieuse de l'hospice de Grenoble.

— Vous êtes donc un enfant de l'hospice ?

— Oui, dit l'enfant en baissant la tête et en rougissant comme s'il eût
déjà compris qu'il y avait de la honte dans sa misère.

— Et de qui vous a-t-elle dit que venaient ces cheveux ? ajouta-t-elle
avec une telle précipitation de paroles et une telle palpitation du cœur,

que les mots semblaient s'entrechoquer sur ses lèvres, et que la boucle tremblait comme la feuille au vent dans ses doigts.

— De ma mère ! répondit l'enfant.

— De votre mère ! s'écria Geneviève, et elle tomba évanouie, les bras passés autour du cou de l'enfant.

J'entrevis qu'un grand mystère allait se poser de nouveau, insoluble peut-être, devant le cœur de la pauvre fille ; mais je dis comme elle : Dieu est Dieu, et ce que les hommes appellent rencontre, les anges l'appellent Providence !

CXXXVI.

L'évanouissement de Geneviève ne fut que d'une seconde ; elle se releva à l'instant du banc sur lequel elle s'était assise en sentant fléchir ses genoux, et se précipita, les deux bras jetés au cou de l'enfant, en criant : Josette, Josette ! L'enfant, effrayé de ce geste et de ces cris, et ne comprenant rien à cette violence de l'émotion de Geneviève, croyait qu'elle voulait lui dérober les lettres, la boîte et les cheveux qu'il avait étalés sur la table ; il les couvrait de ses deux petites mains comme pour les retenir de toutes ses forces ; il criait en regardant vers moi, tout éploré, me demandant secours de la voix et des yeux. Geneviève, sans s'apercevoir de l'effroi qu'elle causait à l'enfant, tenait à deux mains sa tête, l'approchait, la repoussait, la rapprochait tour à tour de son sein et de la lampe pour s'assurer qu'une illusion ne trompait pas ses sens, et que les traits de l'enfant qu'elle examinait ainsi et qu'elle comparait dans sa pensée avec des traits qu'elle avait dans la mémoire, étaient bien ceux de sa pauvre sœur. Elle ne jetait çà et là que des exclamations rapides et entrecoupées qu'elle s'adressait à elle-même. Est-ce bien son front un peu bombé ainsi et séparé au milieu par ce petit pli que ma mère appelait le nid de mes lèvres ? — Oui ! et elle embrassait le front lisse et blanc de l'enfant à la même place où elle avait embrassé tant de fois celui de Josette. — Est-ce bien son nez un peu relevé par le bout avec deux belles petites narines fines à travers lesquelles on voyait transpercer le soir la clarté rose de notre lampe ? — Oh ! oui, c'est bien cette forme et cette transparence, et elle collait le visage du petit contre son sein. — Est-ce bien cette bouche, dont les deux coins, noyés dans ses joues, se relevaient quand elle était gaie, et fléchissaient comme cela quand elle avait envie de pleurer ? — Oh ! oui ! oui ! Tenez, il me semble qu'elle va me parler et me dire mon nom. — Et elle joignait ses mains devant les lèvres tremblantes et prêtes à pleurer de l'enfant ! — Sont-ce bien ses yeux du même bleu que le ciel d'hiver ? Est-ce bien son menton creusé de cette même fossette ? ce cou rond, blanc, un peu incliné, où le poil follet des cheveux descendait en serpentant jusque entre les épaules ? — Oh ! oui ! oui ! Et en disant cela elle ôtait délicatement la cravate de l'enfant, examinait attentivement le cou du petit, devant, derrière, des deux côtés, et l'embrassait à toutes les places ! Puis tout à coup jetant un cri plus fort, et se tournant vers moi en me montrant du doigt quelque chose ; Oh ! tenez ! voyez donc, Monsieur, tout ! tout ! jusqu'au signe que nous appelions le grain de beauté que Josette avait juste à l'endroit où son cou s'emmanchait avec sa poitrine, comme si les anges lui avaient attaché en venant au monde une belle épingle de jais à la naissance du sein ! Tenez ! le voilà ! le voilà ! Monsieur ! Qu'on me dise maintenant que ce n'est pas elle ! En poussant ces cris de surprise et de joie, elle entr'ouvrait un peu la grosse chemise de toile écrue de l'enfant et me montrait, en effet, un large signe déjà couvert d'un duvet blond ; elle l'embrassa avec plus de transport encore qu'elle n'avait embrassé le front, les cheveux, le menton, les joues !

Ce signe, posé à la même place que sur la poitrine de Josette, paraissait à Geneviève l'acte de naissance, signé par Dieu lui-même, de l'enfant que le hasard remettait ainsi dans ses bras.

Elle se cacha un peu et retomba assise sur le banc en regardant toujours le charmant visage étonné du pauvre *magnien* et en s'essuyant les yeux, d'où coulèrent à la fin deux flots de douces larmes.

CXXXVII.

— Pourquoi donc que cette dame me déshabille comme ça et qu'elle pleure ? dit le pauvre enfant tout tremblant et me regardant comme pour m'interroger, car il voyait bien que la servante sanglotait trop fort pour lui répondre.

— C'est qu'elle a connu votre mère, lui dis-je, et que vous lui ressemblez tant, qu'elle croit la revoir après sa mort et l'embrasser en vous.

— Ma mère ? dit le petit, elle n'est pas morte, Dieu merci ! Elle se porte bien, au contraire ; elle est bien plus jeune et bien plus rouge sur les joues que celle-là ; et puis, tout le monde dit que je ne lui ressemble pas du tout, pas plus qu'un agneau blanc ne ressemble à une brebis noire. Elle a les cheveux comme la plaque de la cheminée, et moi je les ai comme les sarments de notre treille. Après cela, ajouta-t-il, c'est possible pourtant, attendu que moi j'en ai eu (il compta sur ses doigts) ; oui, j'en ai eu une, deux, trois, peut-être bien quatre, de mères. On dit au pays que les autres n'en ont qu'une ; c'est peut-être ce qui fait la raison de cette demoiselle.

CXXXVIII.

—Tu en as eu deux, trois, quatre, de mères ? s'écria Geneviève, qui avait tout entendu, en se relevant de nouveau par un élan convulsif et en me regardant d'un regard de triomphe qui me disait : Voyez si le cœur et les yeux m'avaient trompée !

Eh bien ! dit-elle après au petit, qu'elle se reprit à interroger avec plus de calme et avec la même tendresse de voix, quelle était donc ta première ? Voyons, conte-nous ça.

—Oh ! la première, répondit l'enfant, je ne l'ai jamais vue. On dit qu'elle demeure dans un pays bien loin, là-haut, par-dessus les neiges et les étoiles où l'on ne va qu'après sa mort !

— Tenez ! murmura Geneviève, qui buvait ses paroles, je ne lui fais pas dire, sa première est morte.

—Non ! elle n'est pas morte, dit l'enfant, en la reprenant, mais elle ne vit pas dans le même pays que nous autres !

—Allons, bien ! comme tu voudras, mon enfant, dit Geneviève ; et la seconde, la connais-tu ?

—Oh ! celle-là, répondit l'enfant, je m'en souviens un peu, un peu, mais pas beaucoup, elle était bien méchante, et elle me faisait avoir bien soif et bien froid, je ne sais seulement pas son nom !

— Et la troisième ?

—Oh ! la troisième, dit-il, en battant joyeusement ses deux petites mains l'une contre l'autre, c'est ma meilleure mère, c'est la vraie mère ! c'est Luce, c'est la femme de mon père le *magnien* ! Celle-là, nous nous aimons bien, allez ! Elle a soin de moi comme vous ! et elle a bien pleuré quand je l'ai laissée à la Saint-Jean, après la foire, en accompagnant la première fois mon père pour faire aller le soufflet sur les chemins, pendant qu'il étame les marmites du monde des villages.

— Et où demeure-t-elle, la troisième mère ? demanda Geneviève.

— Elle demeure là-bas, bien loin, de l'autre côté des *Echelles*, dans un pays qu'on appelle le *Gros-Soyer*, où il y a cinq maisons écartées les unes des autres, qui ont chacune un verger et un pré avec des noyers et des sorbiers, et les plus beaux sont à nous.

— Mais le clocher du pays, comment l'appelle-t-on ? dit la servante.

— Ah ! le clocher, on l'appelle la paroisse, dit l'enfant avec assurance.

— Tu ne lui sais pas d'autre nom ?

— Non, dit le petit, mais je sais bien le chemin, allez, et quand on a passé les *Echelles*, on tourne à gauche, on suit le torrent pendant une heure, et puis on tourne à droite, on monte, on monte, on monte par le sentier des chèvres, et on arrive, quand le soleil se couche, à la maison de mon père le *magnien*. S'il plaît à Dieu, et si vous voulez me donner demain, avant le jour, un morceau de pain dans ma poche, j'espère bien que j'y serai le soir, tout petit que je suis ! Mais, mon Dieu ! que ma mère va donc avoir de chagrin quand je lui dirai pourquoi je reviens tout seul, et que mon père m'envoie la chercher pour lui dire adieu avant de partir pour un pays dont on ne revient plus jamais ! jamais ! jamais ! répéta deux ou trois fois l'enfant consterné.

— Oh ! tu n'iras pas tout seul, s'écria Geneviève en l'embrassant de nouveau ; j'irai plutôt avec toi, vois-tu ? moi, ou plutôt tu n'iras pas plus loin qu'ici ; j'irai à ta place, moi ; je vais partir tout de suite pendant que tu dormiras ; je demanderai aux *Echelles* la paroisse où il y a le hameau du *Gros-Soyer*, et je te ramènerai ta mère Luce demain soir, que tu mèneras à Voiron voir son mari, et il faut espérer qu'il ne lui dira pas adieu pour si longtemps que tu crois, pauvre petit !

En se disant cela, Geneviève se mit à ôter ses sabots, à chausser ses souliers. Je l'arrêtai par le bras.

— Non, lui dis-je, Geneviève ; vous n'irez pas, ni le petit non plus. Je vais aller réveiller un de vos bons voisins, qui connaît le pays, je lui payerai sa journée et celle de son mulet, pour aller chercher au *Gros-Soyer* la femme du *magnien*. Il fera monter, en revenant, cette pauvre femme sur sa bête, et ils seront ici avant la fin de la journée de demain. Vous, vous allez faire dormir quelques heures le petit qui succombe de fatigue et de sommeil. Au point du jour, vous monterez tous les deux sur mon cheval, qui est bien doux et que je mènerai moi-même par la bride. Nous descendrons ensemble à Voiron, le petit nous conduira dans la maison où il a laissé son père malade ; je ferai venir un médecin, qui est un de mes amis ; vous soignerez le mari de Luce comme vous avez tant l'habitude d'en soigner d'autres ; sa femme viendra après le consoler de son adieu s'il doit mourir, ou le ramener s'il doit vivre, et vous éclaircirez, avec la pauvre femme, le mystère que la figure de cet enfant a remué dans votre cœur. Qui sait, comme disait Jocelyn, si l'oiseau tombé du nid sur le pas de la porte ne sera pas quelquefois le plus heureux de la couvée ?

— Vous avez raison, Monsieur, dit Geneviève en remettant ses sabots et en prenant une physionomie un peu contrainte, comme si elle eût senti à regret la justesse de mon observation, tout en regrettant pourtant bien fort que ces vingt-quatre heures de retard ajournassent d'autant l'impatience qui la dévorait de causer avec Luce de cet enfant qu'elle adorait déjà et qu'elle craignait de perdre encore ; vous avez raison, je vais réveiller le vieux père la Cloche. On l'appelle comme cela à cause du collier de clochettes qu'il met au cou de son mulet et qui fait qu'on l'entend de loin à travers les neiges. Il est justement rentré avant-hier du Grésivaudan, et sa bête sera reposée.

CXXXIX.

En quelques minutes, l'enfant fut couché et endormi, le père la Cloche éveillé, mon marché fait avec lui pour aller chercher la femme du magnien au Gros-Soyer et le mulet sellé d'un bât recouvert d'un coussinet de laine pour asseoir la pauvre femme au retour. J'entendis bientôt les clochettes de la bête résonner en s'éloignant du côté de la Savoie.

J'allai prendre quelques heures de sommeil. Quant à Geneviève, elle avait une telle fièvre d'émotions, d'incertitudes et d'espérances luttant dans son cœur, qu'elle ne voulut pas quitter la cuisine où dormait l'enfant et qu'elle s'accouda seulement sur le dossier de sa chaise, les yeux tournés vers le lit où il reposait, comme si elle l'avait couvé du regard, de peur qu'il ne disparût pendant son repos. Je crois bien qu'elle entendit sonner ainsi toutes les heures de cette courte nuit.

CXL.

Avant que le jour dessinât tout à fait nettement les flèches noires des sapins sur le bleu du ciel, Geneviève, qui n'osait pas m'appeler, mais qui désirait pourtant m'avertir, fit tant de mouvement dans la maison et tant de bruit sur les dalles avec ses sabots, que je compris cet appel indirect et que je me levai de mon lit, où j'avais dormi tout habillé. J'allai à l'étable de la petite hôtellerie, où j'avais laissé mon cheval. Je le sellai, je le bridai ; j'empruntai une couverture de grosse laine pour l'étendre sur la selle ; j'y fis monter Geneviève, qui tenait l'enfant serré dans ses deux bras devant ; je pris la tête du cheval de la main droite, mon

fusil sous le bras gauche, et nous marchâmes ainsi, tantôt en silence, tantôt en causant, jusqu'à la porte de Voiron, où nous arrivâmes avant midi.

CXLI.

Nous fûmes guidés par l'enfant, dont la mémoire semblait avoir retenu
toutes les pierres du chemin et toutes les portes, jusque dans une misérable hôtellerie du faubourg de Lyon. Nous entrâmes dans une vaste cour
remplie d'équipages de rouliers, de chaînes jonchant la terre devant les
timons de leurs guimbardes, de chevaux que l'on menait boire, et de
tout le tumulte d'une cour d'auberge, où l'on entendait sortir des salles
basses les chocs des verres et les jurements cyniques des charretiers. L'enfant courait devant nous. Il s'arrêta au fond de la cour à droite, sous un
hangar obscur d'où partait une espèce d'escalier ou plutôt d'échelle de
bois sale et vermoulu qui montait au logement des colporteurs, des re-
mouleurs et des *magniens*, quand ils s'arrêtaient pour une nuit à Voiron. L'enfant paraissait bien impatient de revoir son père. Cependant,
avant de monter la première marche de l'escalier, il s'arrêta ; et, se retournant, avec un air de mystère qui contrastait avec la gracieuse naïveté
de sa figure, du côté de Geneviève : « Mademoiselle, lui dit-il tout bas,
» ne parlez pas de ce que je vous ai dit de ma première mère, de ma se-
» conde mère et de ma troisième mère devant mon père ; Luce ne veut
» pas. Elle m'a dit qu'elle m'abandonnerait dans le chemin si je parlais
» jamais de cela à son mari, parce qu'il ne faut pas que lui sache que j'ai
» plusieurs mères. Elle dit que cela lui ferait du chagrin et que cela la
» ferait gronder. »

Nous nous regardâmes, étonnés de la précaution de Luce et de la pru-
dence de l'enfant, Geneviève et moi. Nous promîmes au petit de ne
point parler de ses confidences, surprises la veille à sa naïveté, et nous
montâmes l'escalier.

CXLII.

Nous trouvâmes en haut, dans une espèce de grenier formé de planches de sapin mal jointes, une grande chambre empruntée sur le fenil, et
meubléede cinq à six bois de lit couverts de leurs paillasses et de quelques
chaises. La porte seule donnait de l'air à ce logement brûlant, échauffé
par les vapeurs âcres de l'écurie qui était au-dessous. Une lanterne de

roulier suspendue au plancher par une corde et où brûlait un morceau
de suif, éclairait les grabats. Ils étaient tous vides, à l'exception du dernier contre la cloison du fenil. La lueur de la lanterne éclairait sur ce
lit les formes d'un corps sous la couverture, et la tête pâle du pauvre
malade sur le traversin.

— C'est moi, père! cria l'enfant en se précipitant vers le lit et en jetant
ses petits bras au cou du mourant.

— Ah! c'est toi, répondit-il d'une voix éteinte par le mal et qui semblait se réveiller du fond d'un rêve de fièvre ; et où est Luce ? Est-ce que
tu n'as pas su retrouver ton chemin ?

— Luce vient demain sur un mulet, avec un homme de Valneige, qui
est allé la chercher de la part d'un monsieur et d'une demoiselle qui
sont bien bons pour le pauvre monde et qui m'ont ramené sur un beau
cheval à Voiron, pour avoir soin de toi.

L'enfant raconta alors en peu de mots tout ce qui s'était passé à l'hospice de Valneige, la veille et la nuit dernière, sans parler néanmoins de
la découverte de ses cheveux et de l'effet de sa ressemblance avec la
sœur de la servante. Puis il fit signe à Geneviève et à moi de s'approcher
du lit, et il dit à son père : « Voilà la dame et voilà le monsieur. »

Le malade chercha à se soulever sur son coude affaibli, et se con-
fondit en remerciements et en étonnements sur tant de bontés que des
personnes étrangères avaient pour son enfant, pour sa femme et pour un
pauvre homme comme lui. Nous lui défendîmes de parler de reconnaissance avant qu'il fût bien guéri. Geneviève, après avoir fait rafraîchir
l'enfant, se mit à balayer et à laver le plancher de la chambre, à allumer
un petit feu dans un fourneau sur le palier pour faire de la tisane, à cas-
ser du sucre, à changer les draps trempés de sueur du malade d'une main
si douce et si exercée, qu'il s'aperçut à peine qu'on l'avait remué ; l'enfant
l'aidait avec un zèle et une intelligence au-dessus de son âge. Je descendis dans la salle basse de l'hôtellerie ; je payai à l'hôte le prix de tous
les lits de son grenier pour qu'on n'y logeât aucun étranger jusqu'à la
guérison ou jusqu'à la mort du *magnien*. Je dis que cet homme était un
des métayers de ma famille, auquel je prenais un intérêt particulier. Je
donnai une étrenne au garçon d'écurie pour qu'il empêchât autant que
possible les rixes et les vociférations sous le hangar, et j'allai moi-même
chercher le jeune médecin, mon ami de collège, excellent homme, qui
mettait plus de cœur encore que de science dans sa pratique. Mais c'est
ce qui me donnait confiance en lui, car la médecine, selon moi, est surtout une intention plus qu'un art de guérir. La science du médecin n'a
que des axiômes ; son cœur a des divinations. La volonté de soulager est

par elle-même une puissance qui soulage. Un médecin doit être bon ; c'est plus de la moitié de son génie.

Je le trouvai sortant de sa visite de l'hôpital. Il me suivit à l'auberge et tâta le pouls du malade. Il affecta un air de satisfaction et de confiance dans ses paroles et dans sa physionomie devant lui. Il savait que l'espérance est une grande force vitale et qu'il faut encourager la vie surtout pendant qu'elle lutte avec la mort. Il ordonna à Geneviève, qu'il connaissait, le traitement simple, doux et cordial, convenable à ces natures où les maladies mêmes sont simples comme les professions.

Après avoir ainsi rassuré l'homme souffrant et consolé l'enfant qui regardait le visage du médecin comme les anges regarderaient celui d'un prophète, il nous prit à part sur le palier de l'escalier, Geneviève et moi, et nous dit avec une expression de doute et d'inquiétude : « C'est une pleurésie à son cinquième jour, le neuvième décidera. Le cas est grave, mais pas désespéré. Les boissons, la sueur et la tranquillité d'âme sont le seul traitement à observer. Je viendrai plusieurs fois tous les jours diriger Geneviève. Elle y peut plus que moi. Je ne suis que l'œil qui voit le mal, elle est la main qui le touche et qui le combat à tous les moments. »

Geneviève retourna à son poste auprès du lit ; l'enfant se mit à nettoyer les outils de son père et à raccommoder le soufflet dans la cour, au pied de l'escalier, allant et venant sans cesse de son ouvrage à Geneviève et de Geneviève à son ouvrage, les pieds nus pour ne point faire de bruit. Je pris une chambre dans l'auberge en face du hangar. Je voyais de ma fenêtre tout le petit tracas que Geneviève et l'enfant faisaient sur l'escalier de l'écurie. Toutes les fois qu'elle sortait pour respirer ou pour aller chercher une chose ou l'autre à la cuisine de l'hôtellerie, la pauvre fille passait la main dans les cheveux blonds de ce bel enfant, les effilait entre ses doigts comme des soies, les regardait reluire au soleil, et lui baisait le front en cachette, croyant que personne ne la voyait.

CXLIII.

Trente-six heures se passèrent ainsi sans apporter aucun changement à l'état du malade. Le troisième jour, qui était le neuvième de la maladie, le médecin fit, en s'en allant, un geste de découragement.

— Nous n'avons plus que les miracles pour nous, me dit-il, en descendant l'escalier, et la nature ne les multiplie pas ; si je le touve aussi mal ce soir, il sera temps de dire à ce pauvre jeune homme de songer à ses dernières dispositions.

Je fis quelques pas avec mon ami dans la rue, et je rentrai triste, pour Geneviève et pour l'enfant, du pronostic du médecin.

A peine étais-je rentré dans la cour de l'auberge que les grelots d'un mulet des montagnes se firent entendre derrière moi. En me retournant, je vis un vieillard encore vert, un long bâton avec le pommeau garni de lanières tressées de cuir à la main, qui menait par la bride un petit mulet sur le bât duquel était assise une jeune paysanne d'environ vingt-six ans. Geneviève avait reconnu avant moi le son des grelots et pressenti le père *la Cloche*. Elle était déjà sur l'escalier, se précipitant au-devant de lui avec l'enfant. Elle dit bonjour au vieillard, pendant que l'enfant, qui la devançait et qui avait reconnu sa mère, se jetait en fondant en larmes dans les bras de la jeune paysanne.

CXLIV.

C'était une charmante tête de Greuze, ce peintre qui, né sous la chaumière, a surpris le mieux, après Raphaël, la Vénus rustique, la beauté champêtre, la simplicité, la grâce et la candeur de visage des jeunes filles et des enfants des hameaux. Le frère de Greuze était curé d'une des terres de mon grand-père ; quand le Raphaël des paysans venait passer des jours d'été dans sa famille, le curé amenait le peintre au château. En s'en allant, il laissait toujours quelque ébauche de son pinceau à mon grand-père, une figure, une tête, un trait de mœurs esquissé sur un lambeau de toile. On encadrait, après le départ du peintre, ces jeux négligés de son génie. Ces figures de Greuze ont été les premiers tableaux sur lesquels mes regards d'enfant se soient reposés ; c'est de là, je pense, que m'est venu ce sentiment de la beauté villageoise, beauté douce à l'œil, qui n'éblouit pas, mais qui touche, et dont l'expression uniforme et paisible rappelle la pénétrante mélancolie de ces notes simples que les flûtes des bergers font retentir toujours les mêmes, dans le lointain du fond de nos vallons boisés.

CXLV.

Telle était la figure de Luce, la jeune femme du *magnien*. Les pervenches qui croissaient à l'ombre, au bord de la source, n'étaient pas d'un bleu plus pâle et plus nuancé de reflets d'eau courante que ses yeux. Ses traits étaient calmes comme des lignes que la passion n'a jamais altérées ; sa bouche, même dans l'inquiétude et dans le chagrin qui pâlissaient et qui faisaient palpiter ses lèvres, avait ce pli de tendresse et ce sourire vague de bonté qui reste, pour ainsi dire, sculpté sur les bouches toujours entr'ouvertes des jeunes paysannes. De belles dents courtes et rangées comme des dents de brebis éclataient sous ses lèvres. Un chapeau rond, à forme tout à fait plate et à larges bords, relevés d'un galon de fil noir, couvrait sa coiffe blanche. Il en sortait à peine quelques nattes de cheveux noirs. Un fichu de laine rouge était croisé sur sa poitrine ; une robe de laine verte, très-courte, des bas gris et de gros souliers ferrés recouverts sur le coude-pied d'une agrafe d'argent, formaient tout son costume.

CXLVI.

A peine eut-elle embrassé le petit, en l'élevant de ses deux bras vigoureux jusqu'à son visage, comme s'il eût été un nourrisson de dix-huit mois, qu'elle monta l'escalier en l'emportant suspendu à son cou. L'enfant lui montra la porte, puis le lit ; elle s'approcha à pas muets, et, tombant à genoux au chevet, elle entoura le corps du malade de son bras droit, et baisa son front moite à plusieurs reprises, tout en serrant encore de son bras gauche le pauvre petit. Geneviève et moi, nous l'avions suivie sans qu'elle eût fait grande attention à nous, et nous assistions, émus et muets, à ce triste embrassement.

— O mon Jean ! dit-elle, me reconnais-tu ?

Le malade ne lui répondit qu'en lui serrant la main avec tout ce qui lui restait de forces et en tournant vers elle ses yeux où l'on vit monter deux dernières grosses larmes. Elle les essuya avec ses doigts et baisa après sur ses yeux cette impuissante expression de la tendresse du mourant.

— Ah ! tu me reconnais ! Eh bien ! c'est bon, dit-elle, je t'empêcherai bien de mourir, puisque ton cœur parle encore en toi pour moi ; car qu'est-ce que je deviendrais sans toi, moi qui n'ai plus ni père, ni mère, ni frère au monde ? Et qui est-ce qui couperait le bois ? Et qui est-ce qui faucherait le coteau ? Et qui est-ce qui travaillerait l'hiver pour reporter en été du pain et des liards à la maison ? Et qui est-ce qui élèverait l'enfant, et qui lui apprendrait l'état ? Et qui est-ce qui aimerait autant sa pauvre Luce ?... Enfin, elle se mit à lui dire toutes les raisons pour lesquelles il lui était interdit de mourir, comme si elle avait cru que mourir était un acte de volonté ou de découragement de sa part, et que la maladie était un caprice qu'on écartait à force de bonnes raisons.

Mais le pauvre malade, un moment réveillé de son assoupissement par le son de voix et l'embrassement de sa femme, ne l'entendait déjà plus. Ses yeux s'étaient refermés, sa poitrine respirait péniblement, ses balbutiements inarticulés annonçaient ses derniers rêves. Sa femme, le visage caché dans ses couvertures, relevait de temps en temps son visage pour le regarder. L'enfant cherchait à la consoler en lui parlant de Geneviève, dont les soins l'avaient sauvé jusque-là, du médecin qui venait le visiter deux ou trois fois par jour comme si c'était un *monsieur*, et de moi qui les avais menés, lui et Geneviève, en tenant leur monture par la bride et qui ne les laissais manquer de rien dans la maison.

CXLVII.

Ces mots paraissaient ranimer l'espérance et le courage dans le cœur de la pauvre femme. Elle parut s'apercevoir seulement alors qu'elle n'était pas seule dans la chambre avec son enfant et le malade. Elle s'approcha timidement de Geneviève, qu'elle connaissait parfaitement de nom et de caractère par les récits que le père *la Cloche* lui avait faits en chemin des services et de la bonté de la servante de leur hospice.

— Je vous remercie bien, lui dit-elle en lui prenant la main. On dit que vous m'avez remplacée avec tant d'obligeance auprès de mon pauvre Jean, que s'il revient de cette maladie, c'est bien à vous que je devrai son salut en ce monde. Qu'est-ce que je pourrai jamais faire pour me reconnaître envers vous, Mademoiselle? Hélas! je n'ai rien à vous donner.

— Qui sait, ma pauvre femme? répondit Geneviève. Peut-être, si Dieu conserve la vie à votre mari, aurez-vous à me donner autant que je vous donne!

Elle pensait à l'enfant en parlant ainsi, mais Luce n'y comprenait rien.

— Et vous, Monsieur, dit Luce en se tournant vers moi, que pourrons-nous jamais faire pour vous rendre la grande complaisance que vous avez eue pour des pauvres gens comme nous?

— Le cœur est la monnaie de ceux qui n'en ont point d'autre, lui répondis-je avec un sourire attendri, par lequel je voulais lui cacher mon inquiétude sur l'état de son mari, et c'est la meilleure, comme dit l'Évangile. Je serai assez payé de mes pas en descendant la montagne de quelques jours perdus à Voiron, si Dieu vous rend votre mari.

CXLVIII.

Mais, hélas! la Providence ne paraissait pas vouloir exaucer nos souhaits pour le rétablissement de Jean. Le soir du neuvième jour il fut à l'agonie. On appela un prêtre pour bénir son départ de la terre. Le médecin vint essayer en vain les derniers cordiaux sur sa faiblesse croissante. Il s'approcha de Geneviève et de Luce qui pleuraient autant l'une que l'autre au pied du lit, Luce à cause de son mari, Geneviève à cause de Luce, car elle commençait à l'aimer comme une sœur.

— Il faut que cet homme fasse appeler le notaire, dit-il à voix basse aux femmes, s'il ne sait pas écrire, il n'a point laissé chez lui de testament, et il a des dispositions à faire.

Jean avait, outre son état et ses outils, un petit bien comme tous les montagnards, consistant dans sa chaumière, un jardin, un coin de broussailles sur la colline, un ou deux petits prés et une steppe dans le creux du rocher. Il n'avait jamais pensé, si jeune qu'il était, à en disposer après lui. Il croyait que ce petit patrimoine passerait tout naturellement à sa femme et à son enfant. Il ne s'en était jamais inquiété. Cependant, quand le médecin lui eut expliqué que l'enfant posséderait tout quand il aurait vingt-un ans, et que sa pauvre Luce serait peut-être à la merci d'une belle-fille dans son propre foyer, il consentit à laisser venir un notaire et des témoins pour partager le bien entre sa femme et son fils. Je fus un des témoins tout prêts pour cet acte suprême qui unit le mort aux survivants par l'héritage. Le notaire logeait à deux pas de l'auberge.

Jean, comme il arrive toujours au dernier moment, avait repris toute la lucidité de son intelligence.

CXLIX.

Il dicta à voix haute son testament au notaire, qui écrivit sous sa dictée ces mots : « Je lègue la jouissance de mon bien au *Gros-Soyer* à Luce, ma femme, et la propriété, après elle, à mon fils. »

—Est-ce tout ? dit le notaire au mourant.

— Oui, reprit le pauvre homme. Puisque la femme est si bonne mère; elle aura soin de l'enfant pendant sa vie, et, après elle, l'enfant trouvera tout ce que je laisse... N'est-ce pas, Luce ? dit-il en regardant sa femme , cela ne va-t-il pas bien à ton idée comme cela ?

Luce ne répondit pas et se retourna contre le mur avec un geste de désespoir que la douceur habituelle de son caractère et le calme mélancolique de son attitude me firent trouver étrange. Depuis qu'on avait parlé de notaire et de testament, et que l'officier public était entré avec les témoins dans la chambre, elle paraissait en proie à une agitation qui n'avait pas seulement l'expression de la douleur, mais qui avait tous les symptômes de l'angoisse et de la convulsion de l'âme.

— Eh bien ! signons, Messieurs, dit le notaire après avoir revêtu ce court testament des formalités d'usage.

Je m'avançai pour signer. Tout le monde était dans ce silence qui suit un grand acte suprême accompli. Je tenais la plume dans mes doigts et j'avais déjà écrit les premières lettres de mon nom de baptême. Un cri terrible fit tomber la plume de ma main.

— Arrêtez, Monsieur, arrêtez ! ne signez pas, cria-t-elle en se retournant tout à coup, le visage en feu, les mains suppliantes tournées vers son mari, en se jetant convulsivement à genoux devant le lit, et en se frappant la poitrine du poing comme quelqu'un qui se confesse, et qui se punit soi-même d'un crime ! Arrêtez, Messieurs, je suis une misérable ! je ne suis pas digne d'un si bon mari que le bon Dieu m'avait donné dans Jean, que voilà ! Je l'ai trompé ! J'ai menti huit ans de suite pour ne pas lui faire de la peine, et j'allais faire mentir à son insu la mort dans sa bouche pour ne pas déshériter un enfant que j'aime trop !

— Un enfant que tu aimes trop, Luce ? dit le mari, étonné du geste et du cri de sa femme ; et pourquoi donc que tu l'aimes trop, notre petit ? Est-ce qu'il n'est pas le tien comme le mien ?

— Oh ! pardonne-moi, pardonne-moi, mon pauvre Jean ! dit Luce, en lui prenant les deux mains froides dans les siennes et en y collant son front comme pour l'enfoncer dans l'ombre de la mort. Non, ce n'est pas le mien, non, ce n'est pas le tien ! Le nôtre est mort à deux mois ! Je n'ai pas voulu t'affliger à ton retour en te l'avouant, j'ai menti, j'ai menti, par amour pour toi d'abord et puis par amour pour le petit après ! Mais je ne veux pas mentir à Dieu jusqu'à la mort, ni charger ma conscience du vol que je te ferais faire à nos parents en te faisant donner tout ton pauvre bien à un enfant qui n'est pas le nôtre ! Ce testament serait un

larcin, Jean ! Ecrivez, Monsieur le notaire, ce qu'il vous dira maintenant !

Luce, après avoir arraché ces aveux de sa conscience, attendit,
comme frappée de la foudre, la réponse du mourant.

— Eh bien ! dit Jean, après un long intervalle de silence pendant lequel il semblait rechercher péniblement dans sa mémoire les fils em-
brouillés de sa pensée ; tu ne m'as trompé que pour ma tranquillité,
dit-il à sa femme ; je te pardonne et je te bénis pour ton mensonge à
l'article de la mort, Luce ! J'aimais ce petit comme s'il était le tien et le
mien ; mais je ne dois pas priver mes parents. Ecrivez, Monsieur le notaire, que je laisse mon bien en jouissance à ma femme, et après elle à
mes parents.

Le notaire écrivit, les témoins signèrent et se retirèrent. Le malade,
épuisé d'émotions, retomba dans les sommeils et dans les délires d'où
l'arrivée du notaire l'avait momentanément tiré.

Luce fut prise d'une légère fièvre à force de trouble d'âme, et couchée
sur un des lits de la même chambre où Jean luttait contre la mort. Geneviève eut deux personnes à soigner au lieu d'une. Elle suffisait à tout,
passant du chevet de Jean au chevet de Luce, avec l'enfant qui l'aidait
et qui s'attachait d'heure en heure à elle de toute la tendresse qu'il avait
pour Luce et pour Jean. Il n'avait rien compris à la scène du notaire et
du testament. On lui aurait dit mille fois que Luce et Jean n'étaient pas
son père et sa mère, que son cœur lui aurait toujours dit plus fort qu'il
était leur enfant.

CL.

Trois jours se passèrent ainsi sans qu'il y eût aucun changement dans
l'état du pauvre *magnien*. Sa femme, soulagée du poids de sa conscience,
ne tarda pas à se rétablir. La lenteur du mal commençait à lui rendre
l'espérance de voir son mari rendu par Dieu à son amour. Le médecin
lui-même trouvait les symptômes plus rassurants. Il y avait dans la
chambre habitée par les quatre pauvres gens des heures de silence et de
calme pendant lesquelles on n'entendait que la respiration plus douce et
plus régulière de Jean assoupi. Les deux femmes, qui ne se quittaient
plus, causaient alors à voix basse auprès de la fenêtre. L'enfant jouait
ou travaillait avec les outils de Jean sur le palier. Geneviève s'introdui-

sait de plus en plus dans le cœur et dans la confiance de Luce. Depuis que cette jeune femme avait jeté le cri de sa conscience devant le notaire, Geneviève semblait l'aimer davantage. Elle ne la perdait pas un moment de vue, comme on surveille de l'œil un trésor ou un mystère qu'on craint de voir disparaître avec la personne qui en est dépositaire et qui emporterait tout en disparaissant. Luce rendait cœur pour cœur à Geneviève. Dans ces cœurs simples, l'amitié n'a pas les réserves et les prudences qui la rendent lente et soupçonneuse dans les classes où les sentiments sont plus compliqués. Se rendre service, c'est se connaître ; se plaire, c'est s'attacher. La nature ne réfléchit pas, elle sent : ces deux femmes s'aimaient.

CLI.

E Un soir, Jean, presque convalescent, dormait d'un sommeil paisible sur son traversin, éclairé d'un rayon du soleil couchant. Je félicitais Geneviève et Luce du miracle obtenu de Dieu et de la nature par leurs prières et par leurs soins. Geneviève ne perdait pas un instant de vue la pensée d'éclairer le mystère déjà à demi découvert de l'enfant. Elle s'assit sur le rebord d'un des lits éloignés du malade, à côté de Luce.

Je m'assis moi-même sur le rebord du troisème grabat, en face des deux femmes. Les yeux de Geneviève me sollicitaient de parler à Luce. Je le compris. J'amenai l'entretien à ce ton grave et attendri d'intimité produite par un bonheur senti en commun. Le bonheur ouvre l'âme, et tout s'échappe par les fentes du cœur avec les larmes douces de la joie.

— Vous n'avez dit qu'un mot l'autre jour devant les témoins, dis-je à Luce, un mot qui vous a bien coûté, nous l'avons vu, pour avouer à votre mari que vous l'aviez trompé sept ans, en lui faisant accroire que cet enfant que vous paraissez tant aimer était le vôtre ; mais aujourd'hui que Jean est sauvé et que vous aurez à lui dire tout, à loisir et sans crainte, racontez-nous, à Geneviève et à moi, par quel concours de circonstances et de sentiments, vous qui paraissez si franche et si consciencieuse, vous avez pu être amenée à mentir et à tromper ainsi celui que vous aimez tant.

— Je le veux bien, dit-elle ; je ferai pénitence, par la honte que j'en aurai devant Geneviève, de la faute que j'ai commise.

Geneviève, tous les traits tendus et recueillis par l'attention, écoutait d'avance de toutes ses oreilles, espérant trouver dans le récit la confirmation de ses pressentiments sur l'enfant et quelques preuves de plus de son origine.

CLII.

Quand j'ai épousé Jean, j'avais seize ans, dit Luce; nous ne savons pas ni l'un ni l'autre quand nous avons commencé à nous courtiser, nous avons été élevés ensemble dans la chaumière de sa mère. Nous étions deux agneaux de la même étable. Son père était *magnien* aussi, il avait gagné sou par sou son petit domaine défriché sur la montagne. Sa mère gagnait sa vie en prenant à l'hospice des nourrissons et en les allaitant pour quatre francs par mois; après quoi, quand ils avaient l'âge d'aller en champ, elle les mettait en maîtres et recevait un petit loyer pour leur travail. Je suis moi-même un de ces pauvres enfants abandonnés, nourris et élevés par elle. C'est sans doute ce qui m'a plus tard inspiré ma faute. On aime ceux qui portent le même nom méprisé du monde que nous. Cependant quand je fus grande, la mère de Jean, qui s'était attachée à moi plus qu'aux autres, parce que j'étais plus fine de peau et plus délicate de tempérament, et que je lui avais donné plus de peine, ne voulut pas se séparer de moi. Elle me traita tout comme si j'avais été sa propre fille et m'éleva avec Jean, qui avait seulement quatre ans d'âge en avant de moi. On disait aussi que j'étais l'enfant d'une dame de Genève ou de Chambéry qui ne pouvait pas me reconnaître, mais qui faisait passer secrètement, tous les ans, de petits cadeaux de beau linge et d'habits à ma mère nourrice pour l'engager à avoir un soin plus tendre de moi. Mais je n'en ai jamais su autre chose, si ce n'est que la mère de Jean disait quelque temps avant sa mort à une voisine qui lui reprochait de m'avoir laissé épouser à son fils : « Dites ce que vous voudrez de Luce, allez ; si » elle n'a pas d'extrait de naissance du maire, elle en a un fameux du » bon Dieu, allez ! S'il y a de la honte dans ce mariage, elle n'est pas pour » mon garçon. »

CLIII.

Donc, j'aimais Jean sans le savoir, et Jean m'aimait sans s'en douter, et la mère le voyait bien, elle; et voilà qu'un jour elle nous dit : Vous vous aimez? — Tiens! que nous dîmes tous deux en rougissant, c'est donc vrai pourtant? — Eh bien! dit la mère, il faut vous épouser. Nous fûmes bien aises, bien aises, car nous nous aimions véritablement depuis l'âge de douze ans, sans connaître comment ça s'appelait, et nous nous mariâmes pour rester, lui et moi, tout seuls et toute la vie avec la mère de Jean, qui n'avait plus ni mari, ni enfants à la maison.

CLIV.

Jean s'en allait l'hiver et revenait l'été. Je soignais sa mère et les vaches en son absence. Nous étions bien heureuses quand il remontait des plaines. Nous fûmes longtemps sans avoir d'enfants. Enfin, au bout de trois ans et demi, et un an seulement après la mort de sa mère, je devins enceinte. Jean fit venir et me laissa à la maison une sage-femme de bien loin pour me délivrer en son absence. J'accouchai pendant que mon mari était à faire son tour de Savoie. Ah ! le bel enfant que je nourrissais toute seule à la maison quand la sage-femme fut partie, et comme je me faisais fête de le montrer à Jean qui désirait tant un garçon, pour l'aider dans son état, et pour aller rapiécer à sa place quand il voudrait ne plus me quitter au domaine !

CLV.

Il faut vous dire, Monsieur, que le domaine que nous appelons le *Gros-Soyer* (c'est un arbre qui a de la moelle dans le bois, et avec lequel les enfants font des sifflets), que le domaine du Gros-Soyer est situé bien haut, bien haut et bien loin de toute paroisse. La maison est toute seule, sur le bord d'une large ravine au fond de laquelle coule une gouttière qu'on voit briller çà et là, à travers les feuillages qui la couvrent. Des sapins, des hêtres, des houx et des érables poussent sur les deux côtés de la ravine, et leurs têtes montent jusque dehors, pour chercher la respiration et le soleil. Notre toit de genêts est à demi caché par ces branches, excepté du côté du matin, où il y a une petite cour, avec une galerie en bois et un escalier en pierres brutes qui mène à la chambre. De ce côté, on voit le soleil jusqu'à midi, pendant que les oiseaux chantent, sifflent dans l'ombre des arbres sur le derrière de la maison. C'est comme un nid, quoi! Aussi les voisins, quand j'étais petite, m'appelaient la *bergeronnette*.

Quand je dis les voisins, Monsieur, je veux dire ceux qui dépendent des hameaux épars du *Gros-Soyer*, et qui habitent la même montagne. Tous ces hameaux ne se composent que de sept à huit masures, bien loin les unes des autres et qui ressemblent plus à des huttes de bûcherons qu'à de vraies maisons. Elles sont habitées par de pauvres gens qui montent des paroisses d'en-bas, quand ils n'ont aucun héritage et qu'ils viennent défricher un coin de sable et bâtir une grange et une maison avec les pierres grises et non taillées qu'ils tirent des champs en les rompant de la pioche. Les hommes vont les étés moissonner dans les plaines, l'automne vendanger pour les vignerons, l'hiver se louer pour battre le blé en grange; quelques-uns savent ressemeler les souliers, d'autres sont contrebandiers entre Savoie et France, d'autres, comme mon mari, vont étamer les cuillières de fer et rapiécer les assiettes cassées avec des brides de fil de fer. Les femmes restent quasi toute l'année seules à la maison ou aux champs. Elles ont toutes un nourrisson de l'hospice parce que ça les aide à vivre et qu'on dit que l'air est sain dans les bruyères et dans les genêts.

CLVI.

Or, nous n'avions pour plus près voisin qu'une femme, déjà sur l'âge, dont le mari, pris en contrebandier, après s'être battu contre les douaniers, était, depuis cinq ans et encore pour sept ans, aux galères sur mer. Elle s'appelait la mère Maraude, à cause de l'état de son mari, qu'elle suivait souvent dans ces rapines sur la frontière. Elle vivait seule avec deux chèvres et quelques brebis, qu'elle faisait téter à ses nourrissons, car elle se donnait impudemment à l'hospice pour avoir du lait, quoique ses enfants à elle eussent déjà mis la main au chapeau pour la conscription; et quand on refusait de lui en donner, elle en achetait des autres et les nourrissait au rabais, pour trois francs par mois. Voilà comment elle gagnait son pain, et aussi en allant marauder, la nuit et le jour, dans les vergers pour voler des poires, des noix ou des sorbes, qu'elle vendait en bas dans les paniers de son âne.

Ah! c'était bien la plus dure et la plus inhumaine femme que l'on ait jamais connue dans le pays. On disait qu'on ne voudrait pas être seule-

ment son âne ou sa chèvre, car elle battait toutes les créatures du bon
Dieu, et surtout les pauvres enfants, pour les empêcher de crier la
faim.

Sa maison basse est toute cachée sous un gros rocher qui la domine.
On descend du rocher sur le toit et du toit dans la cour. C'est la maison la plus proche de chez nous. Au bout de notre grande bruyère, où
le père de mon mari a planté un verger, il y a un gros poirier de poires
d'hiver à plein vent, qui laisse tomber ses feuilles la moitié dans notre
verger, et la moitié dans la cour de la mère Maraude. C'est un arbre qui
a bien deux cents ans de vie, et qui porte les bonnes années plus de quatre
paniers d'âne de bonnes poires rouges comme des feuilles de cerisier
après la gelée d'automne. Mais, hélas ! nous n'avions guère que le plaisir
de les voir fleurir et rougir sur l'arbre ; dès qu'elles étaient mûres, la
mère Maraude cueillait sa moitié, et, les nuits suivantes, le vent ou les
corneilles faisaient si bien, à son dire, qu'il ne restait pas grand fruit de
notre côté. Mais nous voyions les feuilles sur le pré, par exemple, comme
si le vent et les oiseaux avaient eu des frondes et des perches pour battre
l'arbre ! Il était bien visible pour nous que la mère Maraude en avait
pour eux, et la dépouille de ce malheureux poirier, qui nous donnait
toujours l'espérance et rarement un plein chapeau de ses fruits, était
chaque année, entre la mère Maraude et nous, le sujet de querelles qui
nous rendaient la vie dure et qui nous faisaient dire de mauvaises paroles
à cette mauvaise voisine. J'avais toujours peur que Jean ne finît par la
battre, et Jean avait toujours peur qu'elle ne finît par mettre le feu à
notre pauvre toit de genêts.

CLVII.

Eh bien ! Monsieur, vous ne croiriez pas que ce qui me faisait le plus de
peine d'avoir cette méchante voisine si près de nous, qui aimions la paix,
ce n'était pas tant de voir le poirier récolté et les autres arbres du verger visités tour à tour la nuit, que d'entendre tout le jour crier les malheureux petits nourrissons qu'elle élevait sur son grenier sans compa-
raison comme des cabris dans une étable. Leurs gémissements et leurs
plaintes me faisaient trembler le cœur dans les flancs. Je ne pouvais travailler ou coudre en joie pendant que je sentais souffrir autour de moi
ces innocentes créatures.

Vous me direz : Qu'est-ce que la mère Maraude et ses nourrissons font à votre racontance ?—Vous allez comprendre pourquoi je vous dis ce détail, et je ne dis pas par médisance. D'ailleurs, la méchante femme est morte, et Dieu veuille lui pardonner les cris de ses enfants, comme Jean et moi nous lui pardonnons les poires.

CLVIII.

Je vous ai dit, Mam'selle Geneviève, que j'étais accouchée d'un beau garçon, mais un peu délicat de peau, pourtant, comme moi, et que la sage-femme étant partie de chez nous pour son village, j'allaitais toute seule mon fruit de trois mois dans notre maison, en attendant mon mari et en me faisant une image de son plaisir. L'enfant profitait que c'était une bénédiction ; on aurait dit que j'avais assez de lait pour en abreuver deux. Je le promenais la moitié du jour dans le verger, en le faisant sauter dans mes bras tendus et en le recevant sur le sein comme une escarpolette.

Souvent, dans ces promenades à travers le verger, je m'approchais jusque vers le poirier, et j'entendais pleurer de soif ou crier des mouches un joli nouveau petit nourrisson de six mois que la mère Maraude avait rapporté, il n'y avait pas longtemps, de la ville, soi-disant pour lui donner le sein. La méchante, la menteuse, elle ne lui donnait que le pis de sa chèvre, et encore quand les cabris en avaient de reste !

De plus, elle s'en allait des journées entières en commerce ou en moisson, avec sa serpe ou son âne, sortant le matin, ne rentrant qu'au soleil couché, et laissant, pendant toutes ces heures, le pauvre enfant lié dans son berceau, sur le palier de sa porte, gardé par le chien et par le cochon. La chèvre avait plus de pitié que la femme. En rentrant des bruyères, elle venait d'elle-même se placer en travers sur le berceau, pour faire téter le petit humain ; mais, tout le reste du temps, il n'y avait ni femme ni chèvre autour de lui ; il dormait ou il criait du fond de la cour comme une complainte qu'on chante seule dans des murs vides. Il n'y avait rien de si triste, Monsieur, que ce gémissement continu et désespéré d'une voix qui pleure dans la nuit d'une maison sans être entendue de personne !

CLIX.

Mais moi, Monsieur, je l'entendais, je l'entendais tant et toujours, ce petit enfant, qu'à la fin je n'y pus pas tenir. Je pensai : Mon Dieu ! si c'était le mien, pourtant, je serais bien aise qu'une voisine, attendrie par sa misère, vînt lui prêter un peu de ce lait qui lui manque, et quand ce ne serait que lui sourire pour réjouir un peu ses pauvres yeux !

Donc, un jour après midi que la mère Maraude ne devait pas revenir et que le nourrisson pleurait encore plus misérablement que de coutume, je pris mon petit endormi dans mes bras, je m'avançai toute tremblante vers le poirier, je montai sur le rocher d'où l'on voit la cour, et je descendis sur le palier, les pieds nus, pour consoler le malheureux nourrisson.

Ah ! le bel enfant que je vis ! Mais tenez, vous pouvez bien le voir lui-même, c'est *Bastien* que voilà ; il a bien grandi, mais c'est toujours la même jolie figure de jeune fille et les mêmes cheveux, un peu brunis par la fumée de la colophane du *magnien* seulement.

Il avait dégagé ses bras pour chasser les mouches qui lui suçaient le peu de sang qui lui restait. Il me les tendit comme pour me demander de les prendre. Il sourit à mon petit, il balbutia je ne sais quoi ; on eût dit qu'il cherchait à parler. Cela me fendit l'âme en deux, Monsieur. Je déposai le mien sur le pied du berceau ; j'ôtai les bretelles du maillot : je pris l'enfant dans mes bras, je l'approchai à la source, je jouai avec lui, et puis, n'y pouvant plus résister, à la peine et au plaisir que son gracieux visage me faisait, je pris ma hardiesse à deux mains, j'ouvris mon fichu et je lui donnai le sein tant qu'il voulut bien. Si vous l'aviez vu, Geneviève, quel transport ! quelle joie ! quelle ivresse de ce petit affamé ! quels trépignements de mains, quels piétinements de ces jolis petits pieds nus sur ma poitrine ! Je croyais qu'il allait me boire tout entière. Mais en vraie vérité de Dieu, j'étais si aise de le voir rassasié une fois dans sa vie, que je ne pensais pas à en garder pour le mien. Mais le bon Dieu est le bon Dieu, comme dit Jean ; là où il y en a pour un, il y en a pour deux.

Quand il eut tété sa suffisance, je le remis dans son berceau, je le portai sous le poirier à l'ombre avec mon petit, et je restai là jusqu'au soleil couchant à les faire tantôt dormir, tantôt jouer, tantôt téter en—

semble. Après cela, je remis tout sur le palier de la mère Maraude comme je l'avais trouvé, et je me sauvai à petit bruit dès que j'entendis le grelot de son âne dans le bas du sentier au fond de la ravine.

Ah! quelle bonne journée j'avais passée et comme ça me fit endormir plus contente! Ce n'était pas mal, n'est-ce pas? bien que je n'eusse pas le droit d'aller dans la cour et dans l'escalier de la voisine sans sa permission.

— Oh! non, dit Geneviève, je ne crois pas que ce fût mal.

CLX.

Eh bien! ça continua ainsi tous les jours, et deux ou trois fois par jour pendant deux mois. Il fallait voir comme l'enfant profitait! on eût dit qu'il tétait les fées pendant son sommeil.

Quant à moi, ma pauvre Geneviève, il me semblait que j'avais deux enfants au lieu d'un, et que mon cœur se partageait entre celui-là et le mien! On m'avait bien toujours dit que l'enfant se greffait par la mamelle à la femme étrangère comme le fruit d'un autre arbre se greffe aux branches de nos sauvageons dans notre verger, mais je ne l'avais jamais cru. Ah! je le crois bien à présent, allez! Quand je sentais à mon sein la jolie petite bouche rose de ce petit abandonné, qui ne voulait pas plus s'en décoller que l'agneau du sein de sa brebis, quoiqu'on le tire par la patte, et quand je sentais que la douce chaleur de mon corps et du sien se confondait sur mon propre cœur comme pour chauffer un berceau vivant à ce petit malheureux tombé sans nid sur la terre, et quand mon lait faisait un petit ruisseau sur les lèvres, et que je me disais: Cette vie qui va couler en lui et grandir avec ses membres d'enfant, c'est pourtant ma vie; ah! il s'en fallait de bien peu que je ne regardasse ce nourrisson aussi amicalement que s'il était sorti de mes flancs! Le lait, c'est une parenté, soyez-en sûre, Geneviève, et, quand on a nourri un enfant six semaines ou deux mois, on se sent presque autant sa mère que si on l'avait porté neuf mois!

J'éprouvais tout cela pour celui-là, et, quand je me réveillais la nuit et que la bise soufflait dans les branches, ou que l'eau pleurait et grelottait dans le fond de la ravine sous la maison, il me semblait toujours que je l'entendais crier et m'appeler. Je comptais les heures jusqu'à celle où la mère Maraude partait avec son âne pour la plaine, afin d'aller recevoir, caresser, bercer et nourrir son petit,

CLXI.

Hélas ! c'est ce qui me perdit. J'avais trop d'attachement pour ce pauvre être ; le bon Dieu m'en punit. Je vais vous dire ce que je n'ai jamais dit, excepté à la mère Maraude. Elle est morte. Ainsi, je le cacherais encore, si je voulais ; mais j'aime mieux tout vous dire pour me soulager une fois la conscience.

Donc, un jour de printemps, ah! un jour bien malheureux, croyez-moi, Geneviève ! j'étais allée dès le matin jouer avec mes deux petits sur le rocher garni de mousse, de primevères et de genêts fleuris, qui domine, comme je vous l'ai dit, la cour et le palier de l'escalier de la maison de la mère Maraude. J'avais les jambes pendantes du côté du précipice, mais je n'y faisais pas attention, parce que nous autres qui sommes nés au bord de ces abîmes, comme les fougères qui croissent sur les pentes et qui s'y balancent par leurs racines, nous n'y prenons pas garde tant seulement. J'avais mis les deux enfants ensemble sur mes genoux pour jouer au soleil dans le creux de mon tablier. Ça m'amusait de les regarder faire. Ils s'embrassaient, ils s'enlaçaient, ils se repoussaient, ils s'attiraient, ils se regardaient, ils se riaient l'un à l'autre comme deux chevreaux blancs entre les jambes repliées de la mère, et moi je les agaçais du front et de la bouche et des doigts pour les encourager à jouer.

CLXII.

Voilà qu'au moment où je ne pensais à rien, celle des chèvres de la mère Maraude qui nourrissait aussi le petit saute tout à coup de la muraille de la cour sur le rocher, comme si elle eût été jalouse qu'on lui prît son nourrisson, et s'élance contre moi les cornes contre mon sein, Je fais un geste pour me garantir le visage avec mes deux mains, mes genoux s'ouvrent sans que j'aie le temps d'y songer, et les deux petits roulent sur mes pieds du rocher, d'abord lentement, lentement comme deux gerbes de foin léger que le vent et la pente entraînent, puis enfin vite, vite, de touffe d'herbe en touffe d'herbe, de fougère en fougère jusqu'au fond de la ravine, où il y avait une large flaque d'eau ! Je me lève, je jette un cri, je lève les bras au ciel, je penche la tête sur le précipice pour voir au fond, je supplie tous les anges du Paradis de faire pousser miraculeusement une épine, une racine, une pierre, pour retenir mes pauvres petits sur la pente avant le bord de l'eau où ils peuvent se noyer ! Je me suspends moi-même par les orteils de mes pieds nus et par les ongles de mes doigts aux herbes et aux sables, pour glisser au fond avant eux et les retenir avant leur chute ! Hélas ! c'était trop tard, ma pauvre demoiselle ! J'en entends un dont le corps fait le bruit d'une pierre lourde éclaboussant l'eau ; les feuilles m'empêchent de voir lequel. Est-ce le mien ? est-ce l'autre ? Est-ce le faux ? Je m'évanouis dans ce doute affreux, je roule au fond, le froid de l'eau me réveille dans le lit creux du ruisseau, à côté de mon pauvre petit ! du mien ! entendez-vous ! il ne respirait plus ! il avait été noyé en une minute !

Et l'autre ! l'autre que voilà, celui de la mère Maraude, il était devant moi qui me tendait les bras, qui regardait et qui riait, sans jugement, le pauvre innocent, accroché par les jambes à un fil de lierre, comme un oiseau pris à un *regepiace* par la patte.

Ah ! tenez, Mam'selle Geneviève, dit Luce en cet endroit de son récit, en relevant son tablier de ses deux mains et en s'enveloppant le visage, dispensez-moi de vous en dire davantage là-dessus ! Mes cris, mes pleurs auraient fendu le rocher pendant tout ce jour-là, si les pierres avaient un cœur. Qu'il vous suffise de savoir que l'enfant de Jean et de moi était mort, et que l'enfant étranger était vivant. Pauvre petit Moïse, retenu par les joncs comme celui de la Bible de Jean !

Il fallait bien le nourir puisqu'il vivait et qu'il criait, et qu'il me demandait sa mamelle ! Je la lui donnai. Et je l'aimai encore, malgré le malheur dont il avait été cause ; mais était-ce sa faute ou la mienne, aussi !

. . . .
. . . .

CLXIII.

Je fis emporter mon pauvre enfant noyé, par deux enfants des voisins, à la paroisse ; personne que moi n'a jamais su de quoi il était mort ; un enfant de quatre mois, on n'y fait pas plus d'attention dans les villages de chez nous qu'à une mouche qui tombe de la vitre à la gelée. On l'enterre au cimetière sans savoir seulement son nom.

Je restai seule, seule, seule, avec le lit vide de Jean et le berceau vide de mon enfant à la maison. Ah ! que les jours me paraissaient longs et les nuits sans fin !

CLXIV.

Et puis, je me disais : Ce pauvre Jean ! qui croit qu'à son retour, il va trouver son enfant tant désiré pour lui sourire enfin dans n es bras ! Que va-t-il dire ? Il croira que c'est ma faute ! Il ne m'aimera peut-être plus du tout quand il me reverra les mains vides ! Et puis, ce pauvre petit de la mère Maraude, si je cesse de le nourrir je n'aurai plus de lait ! il se desséchera de nouveau comme une herbe sans source. Je l'aimais tant après le mien ! comment ferai-je pour me consoler de deux, moi qui ne puis pas me consoler d'un ? Et je continuais, malgré mon chagrin, à aller tout le jour, en cachette, allaiter et caresser tristement ce pauvre petit.

CLXV.

Le moment du retour ordinaire de Jean approcha ; il me vint une idée que je ne pouvais plus chasser, comme un mauvais rêve. Ce rêve finit par s'emparer tellement de moi, que j'en devins folle pour ainsi dire et que je ne pensais plus à autre chose. Enfin cette folie me donna un courage et une hardiesse que je n'avais jamais eus de ma vie pour aucune chose au monde, et que je ne me suis jamais retrouvés depuis. Je résolus de me contenter, coûte que coûte. Voilà comment.

J'allai un soir chez la mère Maraude, et je lui dis : « Vendez-moi le » petit, le mien est mort ! J'ai du lait, j'en prendrai soin ; je ne dirai » rien à Jean, il croira que c'est le sien ; vous mettez votre doigt sur vos » lèvres ; je recommanderai bien aux enfants qui ont porté le mien en » terre de ne rien dire à Jean. La paroisse est loin, le curé est mort. » Personne ne viendra lui parler de son enfant mort, et si jamais on » lui en parle un jour, ce sera trop tard, il sera apprivoisé au petit, il ne » voudra pas plus que moi s'en désapprivoiser.

» — Tout ça se peut, dit la voisine, — l'argent fait tout. Que me don-

» nerez-vous pour mon enfant? et que me donnerez-vous pour mon
» silence? »

Nous nous assîmes sur le bât de son âne dans sa cour, pendant
qu'elle donnait une poignée de foin volé à ses bêtes, et le marché fut
fait ainsi:

Je lui laissai les six francs par mois de l'hospice avec la layette, comme
si elle avait véritablement nourri et vêtu l'enfant trouvé chez elle, et il
fut convenu que je lui prêterais l'enfant pour le montrer aux sœurs de
l'hospice toutes les fois qu'on demanderait à s'assurer de son existence ;

Et que pour payer son silence, je lui donnerais tous les ans pour rien
tous les fruits du poirier qui croissait au bout de notre verger, près de
sa maison, et lui faisait tant d'envie et tant commettre de mauvaises
actions pour s'en approprier les poires ; et que cela durerait tout le temps
qu'elle ne dirait rien à Jean ni aux autres de notre arrangement.

Le marché fait, je lui donnai des arrhes et j'emportai l'enfant tout nu
en lui laissant le berceau et la layette. Je sentais bien que je faisais
mal, et pourtant j'étais plus contente en m'en allant que si j'avais déterré
un trésor. Je n'aurais jamais cru que du bien fît tant de plaisir ! C'est
aussi que je pensais à la douleur que cela allait épargner à mon cher
Jean !

CLXVI.

Tout se passa comme j'avais pensé. Jean, à son retour, me voyant ce
bel enfant au sein, ne se douta seulement de rien, et il aima ce petit
comme il aurait aimé le sien. La tête a des yeux, voyez-vous, Geneviève,
mais le cœur n'en a pas. Il aime ce qui se laisse aimer, sans demander le
nom ni l'extrait de baptême. Cela a duré comme cela neuf ans. Le bon
Dieu ne m'a pas donné d'autre enfant. Mon mari a appris son état à Bastien, et il a commencé, depuis un an, à le conduire avec lui pour allumer
sa forge entre deux pierres et pour mener le soufflet.

Maintenant, que vouliez-vous que je fisse, quand j'ai vu que le pauvre
Jean s'y trompait jusqu'à l'article de la mort, et qu'il allait déshériter ses
vrais parents en donnant sa maison et sa broussaille à un étranger? Il
fallait bien avouer ou aller un jour devant Dieu comme une voleuse du
bien d'autrui ! Ohçà, non ! Tromper le cœur d'un homme pour son bien,
oui ; mais voler à tout jamais l'avoir d'une pauvre famille, non. Qu'auriez-vous fait à ma place, Mam'selle Geneviève ?

—Oh ! moi, dit Geneviève en regardant l'enfant, j'aurais fait comme vous ! Je le sens, j'aurais volé l'enfant, mais j'aurais rendu l'héritage !

Mais il ne s'agit pas de cela, continua Geneviève en parlant bas à Luce et en l'emmenant à l'écart dans la chambre ; si on vous disait à qui est véritablement le petit, le rendriez-vous comme vous avez rendu le bien à la famille de Jean ?

—Ah ! dame ! dit Luce en levant les bras au ciel, je le voudrais bien, mais je ne serais pas maîtresse. On rend l'enfant à qui il appartient, mais on ne peut pas rendre son cœur.

Geneviève, toujours tourmentée de l'idée d'approfondir le mystère de l'origine du petit et de retrouver dans Bastien le fils de Josette, emmena Luce à l'écart dans la cour, s'assit avec elle sur la dernière marche de l'escalier, demanda à l'enfant les cheveux et les signes de reconnaissance qu'il portait attachés à son cou dans l'étui de fer-blanc, les plaça sur les genoux de Luce, et, la priant de bien l'écouter, elle lui raconta pendant plus de deux heures son histoire et celle de sa sœur, s'efforçant, autant qu'il m'était permis de le comprendre par les gestes des deux femmes, de convaincre Luce des droits qu'elle avait par la parenté à la possession de l'enfant. Luce ne répondait rien ; elle paraissait à la fois convaincue et attérée par les raisons de Geneviève. Enfin, les deux femmes se relevèrent pour remonter, avec cette attitude de réflexions indécises et ce pas qui avance et recule, témoignage certain d'un entretien qui a tout agité dans deux âmes et rien conclu.

CLXVII.

J'avais suivi de l'œil, moitié par désœuvrement, moitié par intérêt de cœur, l'entretien des deux femmes dans la cour. Assis dans ma chambre auprès de la fenêtre, je lisais et je regardais tour à tour ce qui se passait en bas. Ce drame se nouait plus fortement d'heure en heure. Luce jetait des regards à la dérobée sur l'enfant comme sur un bien qu'on ne possède déjà plus avec sécurité.

De nouveaux arrivants allaient compliquer ce petit drame entre ces deux bons cœurs de femme.

Je vis entrer chez moi le médecin, mon ami. Il avait la physionomie rayonnante d'un homme qui pressent quelque événement imprévu, et qui jouit d'avance du plaisir qu'il vient annoncer.

— Ton malade est sauvé, me dit-il en souriant, mais je crains bien que sa pauvre jeune femme n'ait à mêler quelques larmes de tristesse aux larmes de joie que lui fait répandre la miraculeuse conservation de son mari, et j'ai bien peur aussi pour les yeux de Geneviève

— Comment donc? lui dis-je étonné.

— Ecoutez, répondit-il en s'asseyant, il y a du nouveau à l'hospice où je vais faire ma visite tous les matins.

La supérieure, femme de la plus tendre vertu et du plus affectueux dévouement pour les malheureux, m'a fait monter après la visite dans le parloir pour m'entretenir d'une exposition mystérieuse d'enfant qui eut lieu il y a environ neuf ans, dont l'administration, barbare et païenne en pareille matière, voulut faire perdre les traces, afin de dépayser la tendresse de la mère illégitime, et que la famille du père cherche aujourd'hui vainement à retrouver. Une sœur de Geneviève, charmante enfant, célèbre ici par sa beauté et par sa mort précoce, est mêlée, dit-elle, à tout ceci. Une dame pieuse, âgée, étrangère à ce pays, est logée à l'hospice depuis cinq semaines dans un appartement particulier, occupée à faire des recherches sur l'exposition de ce pauvre enfant perdu, à découvrir s'il existe encore et à le revendiquer pour elle au nom du père, jeune militaire, tué à sa première affaire, et qui était son neveu chéri. La supérieure de l'hospice, dont cette dame est l'amie, l'aide dans son enquête charitable et ne néglige aucun soin pour recueillir les témoignages et pour remonter sur toutes les traces de l'enfant. Elle a connu Geneviève pendant l'épidémie qui a désolé nos contrées. Elle a appris par moi que cette charitable servante du curé de Valneige était ici, passant ses jours et ses nuits au chevet d'un montagnard moribond; elle a voulu recueillir les souvenirs et les renseignements secrets qui peuvent aider la dame étrangère à constater l'existence et l'identité du fils de sa sœur. Ces deux femmes vont venir à l'instant ici; avertissez Geneviève de leur visite et de leurs recherches. C'est un sujet bien délicat pour elle, puisqu'il s'agit à la fois de l'honneur de sa sœur Josette, et de rendre un nom, une famille et une fortune à un enfant auquel cette bonne fille doit s'intéresser.

— Oui, dis-je à mon ami, cet enfant l'intéresse trop en effet, car elle croit l'avoir retrouvé toute seule dans l'enfant de Luce que vous voyez là, jouant dans la cour avec mon chien de chasse, et dont vous avez admiré la figure et la sensibilité tous les jours auprès du lit du pauvre *magnien*. Je vais préparer Geneviève à cette visite.

Et je sortis.

CLXVIII.

En entrant dans la chambre du malade, je trouvai la supérieure, l'étrangère, Geneviève et Luce dans un entretien déjà fiévreux, qui révélait par l'émotion des visages et par l'accent des paroles les sentiments divers dont chacune d'elles était agitée. J'écoutais sans me mêler à la conversation, si ce n'est quand j'étais interpellé par un regard suppliant de Geneviève.

CLXIX.

— Mais enfin, Madame, disait Geneviève à la dame étrangère, femme âgée, infirme, et dont le costume annonçait un rang distingué, comment avez-vous pu avoir connaissance des rapports de votre neveu avec ma sœur, et de la naissance d'un enfant, fruit de leur amour et d'un mariage clandestin ?

— De deux manières, Mademoiselle, répondit l'étrangère avec une grande assurance et une douce dignité : premièrement, par le prêtre léger et coupable qui, ayant prêté témérairement son sacré ministère à une union illégale et cachée, s'en est repenti, en a fait l'aveu en mourant à son évêque, et l'a prié de faire instruire notre famille de ce fait et de l'existence probable de quelque fruit déshérité de ce mariage ; secondement, par mon pauvre neveu lui-même ; avant la fatale affaire où il succomba, il avait eu le pressentiment de ses dangers, et il avait écrit un testament que j'ai là, dans mon portefeuille. Il l'avait confié, en cas de mort, à un soldat de son peloton, fils d'un de nos métayers, et dont la famille habite le même village que nous. Ce soldat, qui ne sait ni lire ni écrire, a attendu son retour dans sa famille pour nous remettre ce papier, dont il ne soupçonnait pas toute l'importance. Cette pièce nous révélait tout. Elle donnait à Josette et à son enfant toute la part d'héritage dont mon neveu pourrait se trouver possesseur à l'heure de son décès. Cette part n'est pas considérable, bien que ses frères et ses sœurs soient morts depuis, car ils ont laissé des enfants ; mais enfin, bien que cette part d'héritage ne s'élève qu'à un millier de louis, j'aurais été bien coupable devant ma conscience et devant Dieu si je n'avais pas cherché tous les moyens de la restituer à la mère et à l'enfant auxquels cette petite fortune était destinée. Et puis, j'ai une certaine fortune moi-même ; j'adorais mon neveu ; il me serait si doux de le retrouver dans un autre être me rappelant ses traits et me rendant une partie de son cœur. Je ne devais rien négliger et je ne négligerai rien, en effet, pour sauver cet orphelin, s'il existe, de la misère et de l'abandon.

Geneviève, à ces mots, regardant d'un œil significatif la supérieure, comme pour lui dire : Observez ce qui va se passer, se leva de sa chaise, alla sur le palier, prit l'enfant par la main, et, le menant devant les genoux de l'étrangère, ne lui dit rien, mais appela, comme par hasard, son attention sur ce joli visage, en étudiant la physionomie de la vieille dame.

L'interrogation muette ne fut pas longtemps sans réponse.

— Quel est cet enfant ? mon Dieu ! s'écria la bonne dame, quel est cet enfant, Mademoiselle ? Je crois revoir l'image de mon neveu quand il avait l'âge de cet innocent !

— C'est le mien, Madame, dit Luce en hésitant, en rougissant et en pâlissant tour à tour comme si elle avait dit un mensonge.

— Oh ! oui, c'est le nôtre, dit le malade, comme si, par ce mot, le premier qu'il disait depuis son agonie et depuis l'aveu de Luce, il eût voulu tout à la fois indiquer indirectement à sa femme qu'il lui pardonnait et qu'il adoptait aussi l'enfant.

— Non, non, ne mentez pas, Jean ; ne balbutiez pas, ma pauvre Luce, dit Geneviève ; c'est votre enfant par l'amour, oui, mais ce n'est pas votre enfant par la parenté.

Luce se voila le visage de son tablier et ne répondit rien.

— Oui je suis le tien, dit tout bas l'enfant en prenant le tablier de Luce par un pan, et en le rabattant de son front sur ses genoux. Pourquoi donc que tu rougis de moi devant le monde ? Est-ce que j'ai fait quelque mal aujourd'hui ?

Luce l'embrassa sans répondre.

CLXX.

Alors, la supérieure, ayant fait monter le jeune médecin, le notaire, le curé de Voiron et le juge de paix, qui étaient prévenus par elle pour assister à l'éclaircissement qu'elle croyait avoir à demander et à donner seulement devant Geneviève et avec elle, fit asseoir tout le monde sur les lits qui garnissaient la chambre de Jean, et s'asseyant elle-même à côté de la dame étrangère, elle parla ainsi en s'adressant à Geneviève :

CLXXI.

— Ma pauvre Geneviève, il n'y a plus de honte dans le Ciel. Votre charmante petite sœur y est avec les anges, auxquels elle ressemblait tant, je n'en doute pas ; ainsi, l'heure est venue de dire librement et consciencieusement la vérité sur une faute dont la mort l'a trop punie, et dont vous avez pris l'humiliation dans le pays pour en décharger sa mémoire.

Votre sœur a été unie, il y a neuf ans et quelques mois, par un mariage clandestin, au jeune sous-officier neveu de la dame que voilà.

— Je ne puis plus le nier, dit Geneviève.

— Un enfant est venu de cette union, et, dans l'embarras où vous étiez d'avouer et de légitimer sa naissance, vous l'avez fait déposer, pour être allaité, à l'hospice, avec l'intention de le retirer secrètement aussitôt que vous le pourriez sans perdre votre sœur de réputation.

Geneviève ne dit rien et baissa la tête en signe de consentement.

La sage-femme qui le portait fut suivie par le commissaire de police et emprisonnée. On enleva au petit les signes de reconnaissance et la boucle de cheveux de sa mère, attachée à son cou. L'administration, plus sévère et plus cruelle que la religion, nous avait ordonné, quand nous recevions des enfants au tour, de détruire ces signes pour intimider les mères coupables en leur ôtant tout espoir de retrouver jamais leur fruit, et en confondant tous ces pauvres orphelins dans le même troupeau, comme des enfants trouvés où personne ne pût reconnaître le sien. C'est triste à dire, et c'est pourtant vrai, Messieurs, dit-elle en regardant les magistrats et le médecin.

Mais la charité des femmes a toujours transgressé, tant qu'elle a pu, la loi. Quand la loi des hommes est contraire à la loi de la nature et de Dieu, on est coupable de lui obéir. J'ai pris sur ma conscience de ne jamais obéir à celle-là.

— Oh ! quel bonheur ! s'écria à demi-voix Geneviève, en joignant les mains.

— Le commissaire me remit en secret les cheveux et les autres signes de reconnaissance qu'il avait enlevés à la sage-femme. Je les glissai, par un pieux subterfuge, entre deux doubles de toile, dans la layette du pauvre abandonné, et quand sa première nourrice vint le prendre, je lui indiquai de l'œil et du doigt la place où j'avais cousu cet extrait de naissance, invisible aux administrateurs, afin qu'elle le décousît plus tard et qu'elle en fît à tout hasard le témoin inséparable de son nourrisson.

A ces mots, Geneviève s'élança d'un bond sur le groupe, où Luce et le petit se tenaient tout tremblants auprès du lit du malade, et ouvrant de ses mains promptes comme la pensée le gilet et la chemise de l'enfant, qui pleurait et qui se défendait de cette violence de tendresse, elle en arracha la boîte de fer-blanc, le papier et la boucle blonde des cheveux de Josette :

— Est-ce cela, Madame? oh! de grâce! dites, dites, est-ce cela? s'écria-t-elle, en étalant la tresse sur les genoux et sous les yeux de la supérieure.

— C'est cela, ma fille, dit solennellement la religieuse. Que Dieu soit loué, chère amie! dit-elle aussitôt, en reprenant la boucle de cheveux des mains de Geneviève et en la donnant à la dame étrangère; tenez, voilà qui désormais est à vous; c'est votre titre de propriété de cet orphelin.

Geneviève resta les bras pendants et les mains vides, consternée d'avoir ainsi, à son insu, travaillé pour une autre, et de perdre la possession de l'enfant, qu'elle se croyait enfin acquise à jamais.

Luce était pâle et immobile comme le marbre d'une Niobé sauvage.

Jean se cachait la tête sous sa couverture.

CLXXII.

— Vous allez donc nous reprendre mon enfant! dit enfin la malheureuse Luce, en recouvrant la parole et en serrant Bastien sur ses genoux. L'enfant se pendait à son cou, et jetait de cet asile un regard de colère et d'effroi à la supérieure, à Geneviève, à l'étrangère et aux assistants.

— Vous le voyez, il n'est pas à vous, dit sévèrement le juge de paix.

— Il n'est pas à moi! s'écria Luce en se levant comme par un ressort mécanique et en élevant le petit dans ses bras, comme pour prendre Dieu à témoin de la violence que ce rapt allait faire aux droits qu'elle se sentait dans le cœur; il n'est pas à moi! qu'il me rende donc le mien, que j'ai perdu pour l'amour de celui-là! le lait dont je l'ai nourri, les pleurs de mes yeux, dont je l'ai arrosé dans ses maladies ; le sang de mon cœur, qui a passé dans le sien ! et essayez donc voir de lui ôter aussi son cœur à lui de sa poitrine, pour qu'il me le reprenne, s'il peut ! et qu'il le rende à celle-là, et à celle-là, ajouta-t-elle avec un air et un accent de mépris, en jetant un coup d'œil devenu presque farouche sur Geneviève et sur la dame étrangère.

— Oui, dit Bastien en montrant les poings et en répétant les mots de sa mère : essayez voir de me prendre mon cœur, qui est à Luce et Jean pour le donner à celles-là. Non, non, non, pas même à toi, Geneviève, quoique tu sois si bonne, et que tu aies guéri mon père.

Geneviève se sentit atteinte au cœur. La vieille dame parut surprise et déconcertée, la supérieure embarrassée. Les hommes et la religieuse échangèrent entre eux des regards d'étonnement, comme pour se dire : « Nous avions compté sans la nature ! »

CLXXIII.

— Mais, mes braves gens, dit enfin la vieille dame, et toi, mon enfant, vous ne pouvez pas vous obstiner ainsi à refuser à la famille et à la tante du père naturel de cet orphelin ce qui leur appartient par la société et par la loi.

— Et par la nature aussi, dit Geneviève en pensant à elle-même.

— Non, reprit la supérieure, vous ne le pouvez pas, ma pauvre femme. Je suis là obligée en conscience d'être témoin contre vous. L'enfant est bien le fils du sous-officier qui l'a reconnu par testament et de la sœur de Geneviève, qui a les mêmes droits sur sa possession, puisque c'est son sang et qu'il lui a coûté tant d'années de honte imméritée et de peines !

Geneviève regarda la supérieure avec un regard de reconnaissance plein d'espoir.

— Il est aux parents du père, dit le juge de paix. Vous n'avez qu'à parler, Madame ; vous n'avez qu'à produire à Grenoble le testament de votre neveu et le témoignage de madame la supérieure, et l'enfant vous sera remis sans contestation par la justice.

— Et vous appelez cela de la justice ! dit Luce en s'élançant vers la porte comme pour emporter et pour aller cacher son nourrisson...

On la retint.

— Je ne suis pas venue de si loin pour réparer un mal par un autre, dit tristement la vieille dame. Je n'emploierai certainement pas la main de la justice pour arracher le fruit greffé de l'arbre auquel il s'est identifié depuis huit ans. Je ne déchirerai pas trois ou quatre cœurs pour consoler et guérir le mien.

— Que faire? dit la supérieure.

— Que faire? dit Geneviève.

— Que faire? dit la vieille dame.

— Laissez faire la loi! dit le juge de paix.

— Laissez faire la nature! m'écriai-je tout ému et tout attendri.

Luce se jeta à mes genoux et me jeta l'enfant dans les bras, comme si j'avais été une main offerte du bord à une mère tendant un fils à sauver du fond d'un torrent débordé.

Je le déposai à terre devant Geneviève, qui se baissa pour l'embrasser, et je dis à la vieille dame :

— La loi vous le donne, Madame ; la nature le donne à Geneviève ; mais la tendresse le donne à Luce... Mais lui-même, à qui se donne-t-il?

— A ma mère, à ma mère, à ma mère Luce! s'écria le pauvre enfant en cherchant à s'échapper de mes mains et en tendant ses petits bras à la villageoise.

Geneviève releva le coin de son tablier pour essuyer ses yeux, et dit tout bas en sanglotant à Luce :

— Je vous ai, avec l'aide de Dieu, sauvé votre mari ; je ne veux pas vous prendre votre enfant, je vous le donne.

— Et moi, dit gravement la vieille dame, je ne veux pas, pour la consolation de mes vieux jours, enlever à cet enfant une si excellente mère, je vous le donne aussi. Ce que Dieu a placé lui-même est bien placé. Je ne dérangerai pas la Providence.

— O bonté divine! s'écria Luce en se jetant aux genoux de la supérieure et de son amie avec le petit, si vous me l'aviez repris, je serais morte !.... Et Jean, ajouta-t-elle en regardant son mari, que serait-il devenu sans son apprenti?

— Et moi donc, dit Geneviève, il aurait donc fallu que vous me prissiez avec lui, car je ne pourrais pas plus m'en séparer à présent que je ne puis me séparer de la pensée de ma pauvre sœur.

Puis elle dit à Luce :

— Vous me prendrez au *Gros-Soyer* avec vous, n'est-ce pas? Je suis d'un petit appétit, je ne coûte pas cher à nourrir ; je gagnerai bien mon pain avec vous, allez, et je ne vous demanderai jamais d'autres gages que de voir l'enfant, de lui apprendre à lire et à prier pour sa première mère, pour la seconde et pour vous, Madame, ajouta-t-elle en prenant tendrement la main de l'étrangère et en la portant à ses lèvres.

—Non, vous n'aurez pas besoin de gages chez la paysanne, ma pauvre fille, dit la vieille dame à la villageoise, c'est moi qui les payerai.

A ces mots, elle se tourna vers le notaire et vers le juge de paix, et leur dit : Voici un portefeuille qui contient les vingt-quatre mille francs que mon neveu a laissés pour son fils, dans le cas où je parviendrais jamais à constater son existence. J'en donne la jouissance à Luce et à son mari, à la charge de loger, de nourrir et de soigner Geneviève chez eux jusqu'à sa mort, et la propriété à cet enfant après eux. Vous aurez soin d'employer cette somme à l'acquisition de quelques petits domaines, attenant à l'habitation de ces pauvres gens au *Gros-Soyer*. Jean était *magnien*, il deviendra laboureur. C'est un état plus sédentaire et plus respecté.

—Oh ! Dieu ! quel bonheur ! dit Luce en se frappant les mains l'une contre l'autre. Jean, mon ami, tu ne me quitteras donc plus pour courir ainsi les chemins ! Ah ! que les hivers me paraissaient longs seule dans notre maison sur la montagne ! Nous serons quatre à présent, et nous achèterons la chaumière, le pré et les châtaigners de la mère Maraude.

—Et le poirier ? dit Geneviève en badinant.

—Oh ! c'est vrai, répondit Luce, je n'y pensais pas ; je l'avais vendu pour cet enfant, et voilà que cet enfant me le rend avec la cour, la maison et le champ qui étaient sous ses branches.

—C'est ainsi que fait le bon Dieu, reprit Geneviève, il vous prend une poire, et il vous rend un panier. Ah ! vous me ferez voir l'arbre, n'est-ce pas, Luce ? et j'irai m'asseoir au pied pendant l'été en filant ma quenouille et en gardant vos bêtes, ça me fera penser à Josette.

Tout fut fait comme il avait été dit dans cette rencontre. Jean guérit, Geneviève quitta l'hospice provisoire de Valneige, où on envoya une sœur hospitalière à sa place. La pauvre servante suivit Luce, son mari et l'enfant à la montagne, où elle file encore au pied du poirier, et où je la revois tous les ans quand la chasse me ramène aux montagnes.

DE LAMARTINE.

FIN.

PARIS. — Imprimerie de Wittersheim, rue Montmorency, 8.

www.ingramcontent.com/pod-product-compliance
Lightning Source LLC
Chambersburg PA
CBHW070410090426
42733CB00009B/1611